本书获福建教育学院学术著作基金资助

国家社科基金项目
"林权改革之后林区农民专业合作组织发展研究"
（课题编号：08CJY038）

农民林业专业合作经济组织发展研究

黄丽萍 著

厦门大学出版社 国家一级出版社
XIAMEN UNIVERSITY PRESS 全国百佳图书出版单位

图书在版编目(CIP)数据

农民林业专业合作经济组织发展研究/黄丽萍著.—厦门:厦门大学出版社,
2012.11
ISBN 978-7-5615-3712-1

Ⅰ.①农… Ⅱ.①黄… Ⅲ.①林业经济-农业合作组织-研究-中国
Ⅳ.①F326.2

中国版本图书馆 CIP 数据核字(2012)第 276129 号

厦门大学出版社出版发行

(地址:厦门市软件园二期望海路 39 号　邮编:361008)

http://www.xmupress.com

xmup@xmupress.com

三明日报社印刷厂印刷

2012 年 11 月第 1 版　2012 年 11 月第 1 次印刷

开本:787×1092　1/16　印张:14.5

插页:2　字数:253 千字

定价:28.00 元

本书如有印装质量问题请直接寄承印厂调换

序

由于我国70%左右的土地是山地,林权制度改革已成为一场关乎农村经济社会发展全局的综合改革。集体林权改革在克服集中经营、效率低下等弊端的同时,小农户分散细碎的经营与大市场、现代化生产之间的矛盾也逐渐暴露出来,林农面临着诸多难题,农户拥有的林地规模小,经营实力分散,抵御市场风险的能力低。由于林业的生产周期长,而市场本身是瞬息万变的,市场周期和生产周期之间的不同使林农面临着比普通农业更大的市场风险和不确定性。而农民林业专业合作经济组织的实践和理论研究明显滞后于种植业的农民专业合作经济组织,因此,加强对农民林业专业合作经济组织的研究对于推动林业发展、林农增收、林区和谐和林业生态文明具有重要的意义。

该书是作者在国家社科基金项目研究成果的基础上修改而成,目前很少有人涉足农民林业专业合作经济组织研究。该书运用马克思主义的经济理论,借鉴西方经济学理论的合理成分,如契约理论、产权理论、博弈论等,紧紧围绕合作组织"组建难、效率低、稳定性差"等问题,对农民林业专业合作经济组织从理论和实践两个方面进行深入分析,初步建立了农民林业专业合作经济组织发展的理论框架。该书研究了农民林业专业合作经济组织的组建理论,分析了各组建者的动力、优势和局限;探讨了不同地区、不同主体、不同林产品在不同的市场发展阶段应该采用的合作组织形式;讨论了所有权安排、盈余分配机制对农民林业专业合作社和股份合作组织绩效的影响;从宏观和微观角度分析了农民对林业专业合作经济组织的具体期望和意愿;并在上述分析的基础上有针对性地提出政府对农民林业专业合作经济组织进行扶持的财政、税收和贷款等政策建议。

该书的主要特色和理论建树在于:

1. 研究视角较新,方法科学

该成果对内注意所有权和收益分配机制对发展的影响,对外关注形式选择对发展的影响;既分析了组建者的动力和素质,农民的需求和期待,也关注了政府扶持政策的实效;既有对成功案例的分析和借鉴,也有对失败案例的剖析和思考。研究方法上把理论分析和实证分析、定性分析和定量分析、统计描述和回归分析、规范的问卷调查和个案分析有机地结合起来,从而使得出的结论更为可靠。

2. 观点切合实际,且颇具新意

(1)在组建者的分析中,该书认为,农民应该是组建农民林业专业合作经济组织的最主要的力量,林业经营大户是主要力量中的骨干,促进合作组织的发展必须培养适度的规模经营大户并强化经营大户的组建动力,农户之间一定差异性的存在和有效的分配机制能够增强大户的组建动力,但差异太大将使小户的参与显得可有可无,从而弱化大户的组建动力,难以提升农民自发组建林区农民专业合作经济组织的动力;在合作组织发展的初级阶段,龙头企业也是重要的组建力量,但龙头企业与林农毕竟是不同的利益主体,龙头企业与林农的违约将导致其所组建的专业合作经济组织稳定性差、发展难。因此确保龙头企业组建的专业合作经济组织的稳定要促使无限次重复博弈的形成,要增加龙头企业的专用性投资等。(2)在合作组织形式的分析中,该书认为,要素契约和商品契约相对来讲是各有优势的,要根据对要素契约和商品契约的比较优势对合作组织的形式选择进行全面深入的分析,而非单纯地追求更为紧密、复杂的组织形式,更不能一味盲目地追求高度统一的生产和分配。专业协会虽然是松散型的合作组织,但是在特定的条件下有其特定优势。林业的生产过程较为漫长,一个完整的林产品生产过程,林农可以根据各产品、各阶段的实际,参与不同的合作经济组织。(3)在所有权和盈余分配机制方面,该书认为,在农民企业家才能缺乏以及成员异质性较高的条件下,股权一定程度的集中能够提高农民林业专业合作经济组织的绩效,但股权的过度集中并不利于提高合作组织的营利能力或社员满意度;股份合作组织的成员数量要坚持适度的原则,不可贪大求多。(4)在成员需求的分析中,该书认为,不同经营对象、经营环节的农户对专业合作经济组织的类型偏好也各不相同,除了专业协会普遍被不同农户所接受外,经营水果的农户对专业合作社的期待强于其他类型的农户,倾向于股份合作组织的农户则以经营用材林为主。(5)该书对政府扶持重点的分析到位,认为政府的扶持应该突出重点,政府不能直接干预,而应该通过财政、税收、贷款等经济手段加以扶持和引导。由于对策建议的提出是建立在对已有的扶持政策实效分析的基础上,因此更具针对性和实效性。

3. 调查深入、资料翔实

该书对6个省份的320个农民林业专业合作经济组织和420户农户进行调查,这是一项艰难而又很有意义的研究,有利于获得翔实的第一手资料。同时该书还精心选择了典型的个案进行剖析。可以看出,作者为此付出了艰辛的劳动。

该书观点鲜明,论据充分,分析深入,思维严密,结构层次分明。该研究成果具有较高的理论和实践价值。当然,农民林业专业合作经济组织的发展才刚刚起步,还有很多新经验需要总结和分析,还有很多新问题、新情况、新现象需要进一步研究,因此该书对农民林业专业合作经济组织的研究仅仅是个开始,但这是一个良好的开始。这是一本有分量的学术著作,我相信,它的出版可为农民林业专业合作经济组织的发展提供必要的指导,还可以为政府部门提供决策参考,具有重要的理论意义和实践意义。

值该书出版之际,作者邀我为之作序,因本人对此书的写作过程比较清楚,故欣然应允,并特向黄丽萍同志表示祝贺。

福建师范大学　李建平
2012年2月于福州

目　录

第一章　导　论 ……………………………………………………………（1）
　一、集体林权改革的简要回顾 ……………………………………………（1）
　　（一）集体林权改革：均山分林的艰难探索 …………………………（1）
　　（二）深化集体林权改革：呼唤统和分的辩证统一 …………………（4）
　二、农民林业专业合作经济组织：统和分辩证统一的载体 ……………（5）
　　（一）连接小农户与大市场的载体 ……………………………………（6）
　　（二）连接小规模经营与现代化大生产的载体 ………………………（7）
　三、基本框架和研究方法 …………………………………………………（9）
　　（一）基本思路 …………………………………………………………（9）
　　（二）主要内容 …………………………………………………………（9）
　　（三）研究方法 …………………………………………………………（12）
　四、主要概念的界定和研究特色 …………………………………………（13）
　　（一）主要概念的界定 …………………………………………………（13）
　　（二）研究特色 …………………………………………………………（17）

第二章　农民林业专业合作经济组织研究综述 …………………………（21）
　一、国外关于农民专业合作经济组织的研究文献综述 …………………（21）
　　（一）西方早期的合作经济思想 ………………………………………（21）
　　（二）马克思恩格斯的合作经济组织理论 ……………………………（23）
　　（三）西方经济学的合作经济组织理论 ………………………………（24）
　　（四）简要的评论 ………………………………………………………（29）
　二、国内关于农民专业合作经济组织的研究文献综述 …………………（30）
　　（一）20世纪初到改革开放之前的合作经济组织思想 ………………（30）
　　（二）改革开放后的农民专业合作经济组织研究 ……………………（34）
　　（三）简要的评论 ………………………………………………………（46）

三、关于农民林业专业合作经济组织的研究文献综述……………(47)
 (一)关于农民林业专业合作经济组织作用的研究 ……………(47)
 (二)关于农民林业专业合作经济组织发展历史的回顾 …………(48)
 (三)关于农民林业专业合作经济组织的现状和对策分析 ………(49)
 (四)关于政府在农民林业专业合作经济组织发展中的
   角色定位分析 …………………………………………………(50)
 (五)关于林区农民对专业合作经济组织发展的需求和
   行为分析 ………………………………………………………(50)
 (六)简要的评论 …………………………………………………(51)

第三章 农民林业专业合作经济组织的组建者分析 ………………(53)
一、农民林业专业合作经济组织的组建者之一:林农大户 ………(54)
 (一)智猪博弈与林区农民组建专业合作经济组织的动力 ………(54)
 (二)林农大户自发组建专业合作经济组织的优势与局限性 ……(57)
 (三)林农大户组建局限性的突破 …………………………………(58)
 (四)林农大户组建专业合作经济组织的案例分析 ………………(59)
 (五)小结 ……………………………………………………………(63)
二、农民林业专业合作经济组织的组建者之二:龙头企业 ………(64)
 (一)龙头企业组建农民林业专业合作经济组织的动力 …………(64)
 (二)龙头企业组建农民林业专业合作经济组织的优势与局限性 …(67)
 (三)重复博弈与龙头企业组建局限的突破 ………………………(70)
 (四)龙头企业组建农民林业专业合作经济组织的案例分析 ……(73)
 (五)小结 ……………………………………………………………(74)
三、农民林业专业合作经济组织的组建者之三:供销部门 ………(75)
 (一)供销部门组建农民林业专业合作经济组织的动力 …………(75)
 (二)供销部门组建农民林业专业合作经济组织的优势与局限 …(77)
 (三)供销部门组建局限的突破 ……………………………………(79)
 (四)供销部门组建农民林业专业合作经济组织的案例分析 ……(80)
 (五)小结 ……………………………………………………………(82)
四、农民林业专业合作经济组织的组建者之四:林业技术部门 …(82)
 (一)林业技术部门组建农民林业专业合作经济组织的动力 ……(82)
 (二)林业技术部门组建农民林业专业合作经济组织的
   优势与局限 ……………………………………………………(84)
 (三)林业技术部门组建局限的突破 ………………………………(85)

（四）林业技术部门组建农民林业专业合作经济组织的案例分析 … (86)
　　（五）小结 …………………………………………………………… (87)
　五、结论和启示 ………………………………………………………… (87)
　　（一）结论 …………………………………………………………… (87)
　　（二）启示 …………………………………………………………… (88)

第四章　农民林业专业合作经济组织的形式选择 ……………… (90)
　一、农民林业专业合作经济组织的形式及对应的内部契约类型 …… (91)
　　（一）农民林业专业合作经济组织的三种主要形式 …………… (91)
　　（二）不同的林业专业合作经济组织形式所对应的内部契约类型 … (92)
　二、影响农民林业专业合作经济组织内部契约选择的因素分析 …… (93)
　三、对农民林业专业合作经济组织内部契约选择的若干案例分析 … (97)
　　（一）对林业专业协会的案例分析——以福建、江西
　　　　　"护林联防协会"为例 ……………………………………… (97)
　　（二）对林业专业合作社的案例分析——以浙江缙云笋峰茶业
　　　　　专业合作社和福建建瓯竹笋专业合作社为例 …………… (99)
　　（三）对林业股份合作经济组织的案例分析——以福建漳平市云中山
　　　　　专业合作社和福建沙县高桥某股份合作林场为例 ……… (102)
　四、结论和启示 ………………………………………………………… (105)
　　（一）结论 …………………………………………………………… (105)
　　（二）启示 …………………………………………………………… (107)

第五章　农民林业专业合作经济组织的所有权和盈余分配机制 ……… (108)
　一、关于农民林业专业合作经济组织所有权、盈余分配机制与
　　　绩效关系的理论假说 ……………………………………………… (109)
　　（一）理论假说的提出 ……………………………………………… (109)
　　（二）假说提出的理论依据 ………………………………………… (110)
　二、对农民林业专业合作社所有权、盈余分配机制与
　　　绩效关系的实证分析 ……………………………………………… (113)
　　（一）度量指标的选择 ……………………………………………… (113)
　　（二）回归模型的选择 ……………………………………………… (116)
　　（三）调查样本的选择和调查方法 ………………………………… (117)
　　（四）对农民林业专业合作社的实证结果及其解释 ……………… (117)
　三、对农民林业股份合作经济组织所有权、盈余分配机制与
　　　绩效关系的实证分析 ……………………………………………… (124)

（一）度量指标的选择………………………………………………（124）
　　（二）回归模型的选择………………………………………………（126）
　　（三）调查样本的选择和调查方法…………………………………（127）
　　（四）对农民林业股份合作经济组织的实证结果及其解释………（127）
　四、结论和启示…………………………………………………………（132）
　　（一）结论……………………………………………………………（132）
　　（二）启示……………………………………………………………（133）

第六章　林区农民对专业合作经济组织的需求分析…………（135）
　一、理论假说……………………………………………………………（136）
　二、调查的方法和调查的主要内容……………………………………（137）
　　（一）调查方法………………………………………………………（137）
　　（二）调查内容………………………………………………………（138）
　三、林农家庭基本情况及经营特征与合作意愿关系的实证分析……（138）
　　（一）指标的选择和度量……………………………………………（138）
　　（二）林农家庭基本情况及经营特征的基本统计…………………（140）
　　（三）回归结果及解释………………………………………………（142）
　四、林区农民对专业合作经济组织的具体需求分析…………………（147）
　　（一）林区农民对服务内容的期待…………………………………（147）
　　（二）林区农民对专业合作经济组织类型的态度…………………（147）
　　（三）林区农民对组建和管理机制的态度与期待…………………（148）
　　（四）林区农民对专业合作经济组织的最大期待…………………（150）
　五、结论和启示…………………………………………………………（150）
　　（一）结论……………………………………………………………（150）
　　（二）启示……………………………………………………………（151）

第七章　促进农民林业专业合作经济组织发展的对策选择…………（153）
　一、政府促进农民林业专业合作经济组织发展的基本思路和
　　　重点分析……………………………………………………………（154）
　　（一）政府促进农民林业专业合作经济组织发展的重点分析………（154）
　　（二）政府促进农民林业专业合作经济组织发展的基本思路………（156）
　二、政府扶持农民林业专业合作经济组织的财政政策研究…………（161）
　　（一）财政扶持的基本状况…………………………………………（162）
　　（二）财政扶持的初步效果…………………………………………（166）
　　（三）财政扶持过程中存在的问题…………………………………（170）

（四）提高财政扶持资金使用效率的建议 ……………………… (172)
　三、政府扶持农民林业专业合作经济组织的贷款政策研究 ………… (174)
　　（一）贷款扶持的基本状况 …………………………………………… (174)
　　（二）贷款扶持的初步效果 …………………………………………… (180)
　　（三）贷款扶持过程中存在的问题 …………………………………… (182)
　　（四）进一步做好贷款扶持的政策建议 ……………………………… (183)
　四、政府扶持农民林业专业合作经济组织的税收政策研究 ………… (186)
　　（一）税收扶持的基本情况 …………………………………………… (187)
　　（二）税收扶持的初步效果 …………………………………………… (190)
　　（三）税收扶持过程中存在的问题 …………………………………… (191)
　　（四）进一步做好税收扶持的政策建议 ……………………………… (193)
　五、结论和启示 ……………………………………………………………… (196)
　　（一）结论 ……………………………………………………………… (196)
　　（二）启示 ……………………………………………………………… (197)

附录 ………………………………………………………………………………… (198)
　一、关于农民林业专业合作社的问卷调查 ……………………………… (198)
　二、关于农民林业股份合作经济组织的问卷调查 ……………………… (204)
　三、关于林区农民的问卷调查表 ………………………………………… (208)

参考文献 ………………………………………………………………………… (212)

第一章 导 论

一、集体林权改革的简要回顾

林权制度主要包括林地、林木所有权制度和使用权制度。林权改革是对以"集体所有、集体集中经营"为特征的集体林业产权制度的改革,是在坚持集体林地所有权不变的前提下,依法将林地承包经营权和林木所有权,通过家庭承包经营方式落实到本集体经济组织的农户,确立农民作为林地承包经营权人的主体地位,也就是集体林权改革。研究林权改革之后农民林业专业合作经济组织的发展,首先要对集体林权改革进行简要的回顾。

(一)集体林权改革:均山分林的艰难探索

我国69%的国土是山区,56%的人口生活在山区。全国集体林地有25亿多亩,占全国林地面积的58%,主要分布在山区。"七山一水二分田"是我国众多山区的真实写照。

20世纪70年代末80年代初发轫于农村的农地家庭联产承包责任制,是对"二分田"的重大变革,它赋予了农民相对稳定的土地经营权,在中国社会主义建设史上第一次实现所有权和经营权的分离。它有效地解决了农业最基本的生产要素——土地配置问题,极大地调动了农民的生产热情和劳动积极性,从根本上克服了集中经营、效率低下的弊端,为我国全面建设小康社会、走中国特色的农业现代化道路提供了产权支撑。

"二分田"改革的成功是有目共睹的,"七分山"的改革却艰难而曲折。集体林权改革几乎是与农业改革同时起步的,但是由于林业同时肩负经济效益和生态效益的重任,必然使集体林权改革受到更多传统体制的束缚,历经20多年的探索,集体林权改革才得以破题。集体林权改革艰辛的发展过程可以分为三个阶段:

1. 多种形式的承包制及分户经营时期(20世纪80年代初—80年代末)

1981年,国务院颁布了《关于保护森林发展林业的若干问题的决定》,"林业三定"政策开始在林区实施。"林业三定"就是"稳定山权林权,划定自留山,确定林业生产责任制"。在"林业三定"中,"确定林业生产责任制"是主要的也是艰巨的任务。这一时期的林业生产责任制具有以下几个特点:(1)承包形式多样化。有某个生产环节的承包,如管护承包、砍伐承包等;有普通农户的分户承包经营,如浙江省经济林、荒山的分户承包;有大户的承包经营,如福建仙游县李金耀向集体承包了大量山地进行造林。(2)承包范围局部化。农业家庭承包责任制在短时间内得以全面推广,而林业生产责任制则主要是在荒山和经济林中进行分山到户,未能覆盖全面林地和林种。(3)以集体经营为主。农业的家庭承包责任制以家庭经营为主,而林业生产责任制则是强调集体统一经营为主。以上几个特点表明,这一时期的林业生产责任制还处于"摸着石头过河"的探索时期。

突破范围的局限,率先进行全面"分林到户"改革的是安徽岳西。安徽岳西提出了"两山并一山,统作自留山"的办法,把所有的用材林、经济林均山到户。由于山林权属复杂不明确,农民对"分林到户"政策稳定性的预期极不乐观,加上林区农民较为贫困,所以农民在分林到户后不久就作出了大砍树的消极反应。安徽岳西的实践引发了一场关于改革的大讨论。主流观点认为,分林容易导致森林资源的大规模破坏,并不适合林业。与主流观点不同的是,也有观点认为,岳西失败的原因是多方面的,不能因此把大包干的家庭承包责任制设置为林改的禁区,[①]而应该认真分析和总结岳西的教训,努力探索出一条符合林业特点的林权改革道路。安徽岳西的教训以及学界的激烈争论表明了分林到户的改革需要更多的条件和探索。

2. 分林到户的禁区和集体经营、联合经营的回归(20世纪80年代末—2002年)

安徽岳西的深刻教训直接导致了林改政策的转折,政府对林改政策的导

---

① 张春霞. 分林到户的家庭承包不应成为禁区:兼论林业生产的大包干责任制[J]. 林业经济问题,1985(1):17~21

向由允许多种形式的探索转变为明确强调集体和联合经营,均山分林成为不可逾越的禁区。1987年,中共中央、国务院颁布《关于加强南方集体林区森林资源管理,坚决制止乱砍滥伐的指示》,提出要"严格执行森林采伐限额制度","集体所有集中成片的用材林凡没有分到户的不得再分",林改选择了回归集体经营和重新联合经营的道路。

1988年4月,经国务院批准,福建省三明市设立了"分股不分山,分利不分林"的改革项目,并在此基础上成立了林业股东会。林业股东会的核心内容是在保持集体林统一经营不变的前提下,每个农户按照家庭人口数占有一定比例的股份,并以此为依据分享经营收益。成立林业股东会的初衷是防范风险以更好地保护森林资源,同时也通过林业股东会的制度创新来提高林业的活力。从林业股东会的实践看,股东会的成立的确在一定程度上制止了乱砍滥伐的行为,也便于林业部门的技术指导和服务,降低了交易成本,提高了规模效益。但是,股东会并没有彻底解决产权问题,"分股不分山,分利不分林"的股份合作模式模糊了农户和土地间的权属对应关系,[①]绝大部分股东会只是名义上的独立,事实上并没有脱离原来由干部控制的集体统一经营的轨道,林农并没有真正以山林主人的身份直接参与林业股东会的生产和经营活动,没有克服"大锅饭"的低效率;收益分配时股份分红少,抑制了林农护林、造林的积极性,林业股东会也因此失去了活力。正是由于股东会自身所存在的弊端,到了20世纪90年代,以三明市为代表的林业股东会在经历了短暂的辉煌之后逐步趋于消亡。

与三明试验区同时进行改革的湖南怀化试验区则有不同的改革探索。"怀化山区开放开发试验区"于1990年被国务院批准为全国农村改革试验区,重点是探索山区综合开发与改革的道路。怀化试验区是对已经承包到户的山林进行多种形式的联合经营,而不是集体经营。由于是在产权明晰基础上进行的多主体联合,怀化试验区的经营更具活力,这说明了产权明晰对于林改的重要性,也说明了集体经营的模式难以提高效率。由于怀化试验区的改革是比较典型的自上而下的实施模式,政府在最初发起和推动的过程中发挥了重要的作用,而群众的参与度和认同度并未同步提高,从而使改革的效果受到抑制。

不管是"三明模式"还是"怀化模式",它们都是绕开"均山分林到户"的禁

---

① 徐晋涛,孙妍,姜雪梅,等.我国集体林区林权制度改革模式和绩效分析[J].林业经济,2008(9):27~38

区,并且都十分强调"合"的经营,"三明模式"是集体经营的代表,而"怀化模式"是联合经营的代表。集体经营和联合经营是这一时期的主旋律,一直延续到2002年。

3. 集体林权改革的破题与启动阶段(2003年至今)

尽管各地改革的探索没有止步,但我们不得不面对的事实是,在家庭联产承包责任制改革的20多年后,林业改革没有在集体林权制度上取得实质性突破,大多数人仍把这种体制当作"大集体"对待,对林业的发展不够重视。林业在整体上仍然存在产权虚置、经营与责任主体缺位、责权利严重不统一等问题。山区经济发展水平相对落后,耕地稀少,比较丰富的森林资源本应是村民摆脱贫困的重要物质基础,但制度环境使他们缺乏公平利用林业资源的权利。[①] 林业产出率低,林区发展落后,林农收入不高,经济、社会、生态效益低下。特别是随着市场经济的发展,一些人受经济利益的驱动,盗伐林木的现象时有发生。谋求发展必须思变。自1998年7月起,福建永安洪田镇洪田村两委在市镇两级的默许下,顺应民心民意提出以落实集体林木林地所有权、经营权、处置权和收益权等"四权"为主要内容的集体林权经营体制改革路子,决定把"集体林"变成"个人林"。经过4个多月的努力,到1998年11月,洪田村率先完成商品用材林"分山到户"工作,同时把生态公益林管护责任以捆绑形式落实到户,洪田村率先迈出了"分山到户"的实质性步伐,因此被称为中国林改的"小岗村"。洪田村的成功试验增强了决策层改革的信心,为了给生产力的发展寻找更加广阔的空间,2003年6月《中共中央、国务院关于加快林业发展的决定》颁布,新一轮由福建首倡,之后在江西等地推广的集体林权重大改革由此拉开序幕,尽管它是"迟到的改革",但它终于在历经曲折之后于2003年破题启动了。2008年6月8日,中共中央、国务院颁布了《关于全面推进集体林权制度改革的意见》,集体林权制度改革正式在全国全面推行。

(二)深化集体林权改革:呼唤统和分的辩证统一

2003年启动的林权改革实现了从"承包"到"均山分林"的历史性跨越。[②] 均山分林是面向全体林农的改革,这次改革从明晰产权入手,确立了林农的经

---

① 张敏新."均山":集体林权制度改革的现实选择[J].林业科学,2008(8):131~136
② 张春霞.林权改革30年回顾[J].林业经济,2009(1):55~58

营主体地位,真正实现了"明晰所有权、放活经营权、落实处置权、确保收益权",使全体林农都拥有了独立使用集体林地的经营权和林木的财产权。农村集体林权制度改革是农村综合改革的重要组成部分,是家庭联产承包责任制的继续、深化和完善。这场改革是我国农村经济社会的又一次革命性进展,也是农村生产力的又一次解放。集体林权改革由合趋分,大大提高了林农护林营林的积极性,出现把山当田耕、把林当菜种的新气象,林业发展了,林农收入增加了,农村经济激活了,林区生态文明了,林区社会和谐了。集体林权改革是林业迈向现代化的新起点。

但是,我们必须清醒地认识到,由于林业承载着生态效益和经济效益的双重使命,集体林权改革比农业改革更为复杂。在集体林权改革的初期阶段,林农对"分"的制度普遍满意,但是随着时间的推移,林农逐渐感受到"分"所产生的新问题以及"统"的不足,如农户家庭分散经营所形成的科技服务难、采伐管理难、森林管护难、效率低、集约化程度低、与大市场对接难、规模不经济等问题。如何在分的基础上实现统和分的辩证统一成为深化林权改革亟待解决的问题。改革之初中央决策部门所指的地区性合作经济组织已无力承担集体统一经营的重任,难以为全体农民提供有效服务,统一经营层次明显缺位。村集体作为社区性的组织,不完全具备企业性的经济服务职能。农民林业专业合作经济组织作为统和分辩证统一的有效载体得到越来越多的认同,深化集体林权改革迫切呼唤农民林业专业合作经济组织的发展。

二、农民林业专业合作经济组织:统和分辩证统一的载体

在坚持林地所有权和家庭承包经营长期不变的前提下,大力发展农民林业专业合作经济组织,提供与社区集体组织相适应的新型服务形式,有利于破解"分"的难题,提升"统"的效率,实现统和分的辩证统一,提高规模效益,为中国特色的林业现代化提供组织支撑。具体而言,其意义主要表现在以下几个方面。

(一)连接小农户与大市场的载体

集体林权改革之后,林地所有权拥有者从一个个村集体变成为数众多的一家一户,农户拥有的林地规模小,经营实力分散,抵御市场风险的能力低。由于林产品的生产周期长,而市场本身是瞬息万变的,生产周期和市场周期之间的不同使林业面临着比普通农业更大的市场风险和不确定性。分散、小规模的农户面临大市场严峻的挑战:(1)小农户缺乏规避市场风险的能力。林产品加工、销售企业和农户是两个不同的利益主体,它们之间既存在产业链上下游的共生关系,也是竞争对手的关系。林产品加工、销售企业处于强势地位,而小农户处于弱势地位,常常陷入被动的谈判局面,双方的利益格局往往是失衡的。林产品加工、销售企业可以凭借产业链的延伸规避市场风险,而小农户却难以分享产业链延伸带来的收益,也难以通过产业链延伸规避市场风险。小农户和林产品加工、销售企业的矛盾时常发生,阻滞了林业产业化的进程,降低了林业产业化的效率。(2)小农户生产的交易成本高昂。无论林农经营规模大小,其交易成本大体相近。林农经营规模越小,单位林产品所要分摊的交易成本就越高。林区小农户以极小的份额进入市场,交易方式盲目、被动,若要掌握林产品的完全信息,就要花费比较高的信息成本、订立合约的成本、监督执行合约的成本,缺乏市场竞争能力和自我保护能力。林木市场在一定程度上还要受到政策的限制,林木的采伐需要申请办理采伐证。林农不仅需要和市场打交道,还需要和政府打交道,林农以极小的份额申请办理采伐手续,单位林产品所要分摊的采伐成本高昂。(3)小农户生产具有盲目性和自发性。林业中的水果、茶叶、花卉和名贵木材等产品的供求变化明显,市场价格波动大,而林区大多地处偏僻山区,交通不便,分散经营的小农户难以及时、准确地掌握市场信息,生产盲目性和自发性明显。

农民林业专业合作经济组织就是在坚持林农家庭承包经营方式不变的前提下把从事同类林产品生产的农户联结起来,自愿联合、民主管理、互助互利的经济组织。农民林业专业合作经济组织既保证了农户的独立生产者地位,又以联合的方式进入生产,实现了规模经营。它使农民以整体的形式进入市场,更加及时、准确地把握市场信息,增强交易的有序性和主动性,避免了分户交易的盲目;它降低了交易费用,增加了合作收入,使农户在市场竞争中占有一席之地;它提高了农户的谈判地位,增强林农的谈判能力,并有助于规范林农和林产品加工、销售企业之间的契约关系,防范、解决农户和林产品加工、销售企业之间的矛盾,从而实现小生产与大市场的有效连接。

(二)连接小规模经营与现代化大生产的载体

林业现代化大生产不仅需要现代化的产业经营体系、现代化的生产技术、现代化的劳动者,还需要现代化的管护机制和必要的经营规模。集体林权改革通过生产关系的变革为林业现代化奠定了必要的制度基础,使林业发展站上了现代化的新起点。但是,集体林权改革之后,千家万户分散、小规模的经营极易陷于"小而全"的传统生产方式,与林业现代化的发展要求相比,林农小规模经营仍然存在诸多不适应,具体表现在:(1)产业结构单一。小规模、分散化的林农资金严重不足,加工能力薄弱,靠单个农户的力量,它们中的绝大多数还无法进入林业产业化经营体系。它们往往只能局限于单一的林产品原料生产,同产前、产后部门没有连成一体,不能分享育种、林产品的加工和销售等环节的利润。(2)生产技术落后。在一家一户分散、小规模经营的情况下,大规模的林业机械和先进林业科学技术的推广应用十分困难;科学技术研发、推广的高额费用以及推广过程中所面临的高风险,更令小农户难以承担。从基层农业技术推广体系来看,其经费保障、推广条件、人员编制等也存在诸多难题。(3)生产经营主体的素质不高。乡村20~65岁的人口是我国农村主要的劳动力。而第六次人口普查的数据显示,乡村20~65岁的人口中,具有大学本科及以上文化程度人口仅占0.6%,大专文化程度的人口占1.9%,具有高中文化程度的人口占8.1%,初中文化程度的人口占52.4%,小学文化程度的人口占32.5%,未上学的人口占4.5%。由于林区受到经济、交通等条件的约束,林农的受教育程度还相对更低。由于长期受到林产品市场化水平的限制,林农没有完全摆脱市场压力,也没有完全融入市场,大多数林农的市场竞争意识不强、经营理念不足。更值得一提的是,随着我国工业化和城市化进程的加快,林区青壮年劳动力加速向非农产业转移,目前从事农业生产的绝大多数是老人、妇女和未成年人,林业劳动力的素质不升反降,与现代林业的需求存在巨大的差距。(4)管护机制落后。林业管护环节的周期较长,管护特别是防火、防盗、防病虫害的难度较大,单家独户的分散林农根本无力承担管护责任,现代管理机制尚未建立。

农民林业专业合作经济组织是建立现代产业经营体系的载体,它可以直接组织农户参与林业产业化经营体系,促进林业产业结构的升级。分散的农户在合作组织内部或实行分户生产,或合作育种,或合作管护,或合作采伐,或合作加工,或合作运输储存,或合作销售,形成林产品产前、产中、产后一体化经营的产业体系,让农民从产业化经营中得到实惠,在合作组织的内部分工和协作中获得益处。农民林业专业合作经济组织是现代林业技术体系的有效载体,它为现代技术的运用提供必要的规模条件,而且可以充分发挥合作组织在技术传播方面的功能和作用,降低技术推广的费用和阻力。农民林业专业合作经济组织是提升林农素质的有效载体。合作组织所提供的培训、技术指导是提高林农素质的有效途径。

建立农民林业专业合作经济组织是集体林权改革之后林业发展的迫切需要。但是,农民林业专业合作经济组织的实践及理论都明显滞后。从合作组织的实践发展状况看,农民林业专业合作经济组织的重要性尚未得到林农的充分认同,合作组织的数量和成熟程度都明显落后于狭义的农业,处于山区的林农不论是经济上的组织化还是政治上的组织化都是程度较低的群体,这种状况既不利于林业的产业化和现代化,也不利于农民自身利益的表达和自我保护,极大地制约着社会主义和谐新农村的构建;从合作组织的理论发展状况看,理论界对农业合作组织的研究虽有丰富的学术积累,却不能完全满足林业自身特有的实际需要,它迫切呼唤学界对农民林业专业合作经济组织进行专门研究,这不仅是林业和农民林业专业合作经济组织发展的需要,也是集体林权改革顺利推进的需要,对于完善我国农民合作组织理论更有重要的理论意义。

本研究是在《中华人民共和国农民专业合作社法》(下面简称《专业合作社法》)已经正式颁布的背景下进行的。《专业合作社法》已使农民专业合作组织的发展得到进一步的规范,也为农民专业合作组织的发展提供了良好的机遇。但是《专业合作社法》的出台并不能使组织的发展一劳永逸,法律颁布后更加活跃的合作实践也引发了更多对理论界的考问。农民林业专业合作经济组织的发展既然具有如此重要的意义,《专业合作社法》和各省相关文件的颁布也足以表明政府对农民林业专业合作经济组织的重视,农民林业专业合作经济组织的发展为何还存在"组建难、收益率低、稳定性差"的难题呢?在农民林业专业合作经济组织的发展停滞不前的现实面前,我们不得不面对并回答以下几个问题:谁来组建农民林业专业合作经济组织,各种类型的组建者为何动力不足?农民林业专业合作经济组织应该选择什么样的合作组织形式?什么样的所有权安排和收益分配对提高农民林业专业合作经济组织的绩效是比较有效的？林区农民参与专业合作经济组织的意愿强烈吗，他们的行为逻辑是什么？政府应当如何扶持农民林业专业合作经济组织才能提高扶持的实效？这一系列问题迫切需要理论界给出回答。在这样的背景下加强对农民林业专业合作经济组织的研究，是机遇也是必需。

三、基本框架和研究方法

(一)基本思路

发展农民林业专业合作经济组织的意义已经得到政府和学界的广泛认可，从理论上看，农民林业专业合作经济组织的发展具有十分重要的意义，但是，我国农民林业专业合作经济组织的实践发展却十分缓慢。针对农民林业专业合作经济组织发展的难题，本书对组建者、专业合作经济组织、普通成员以及政府的行为逐一进行考察。先运用博弈论对组建动力进行讨论，主要是为了回答"谁来组建专业合作经济组织"的问题；接着运用契约理论和产权理论对专业合作经济组织的形式和内部制度安排进行讨论，主要是为了回答"应该组建什么样的专业合作经济组织"，具体包括组建何种形式的专业合作经济组织，专业合作经济组织内部的所有权和收益分配机制应该如何有效安排等问题；再运用收益成本理论对农民的行为进行实证分析，主要是为了回答"哪些因素影响了林区农民参与专业合作经济组织的意愿，阻碍了专业合作经济组织的发展"，同时验证"前面几章研究所获得的结论是否符合农民的需求"；最后，对政府的扶持政策进行探讨，主要是为了回答"政府应该如何扶持才更加有效"，具体包括政府扶持林业专业合作经济组织的路径如何选择？21世纪以来的财政、税收、贷款三大主要扶持手段的实施效果如何，应该如何提高扶持实效等问题。上述思路可以用图1-1表示。

(二)主要内容

本书分为以下七个部分：

第一章，导论。导论部分在对集体林权改革简要回顾的基础上，分析了农民林业专业合作经济组织发展的意义以及发展中所存在的问题；在对国内外

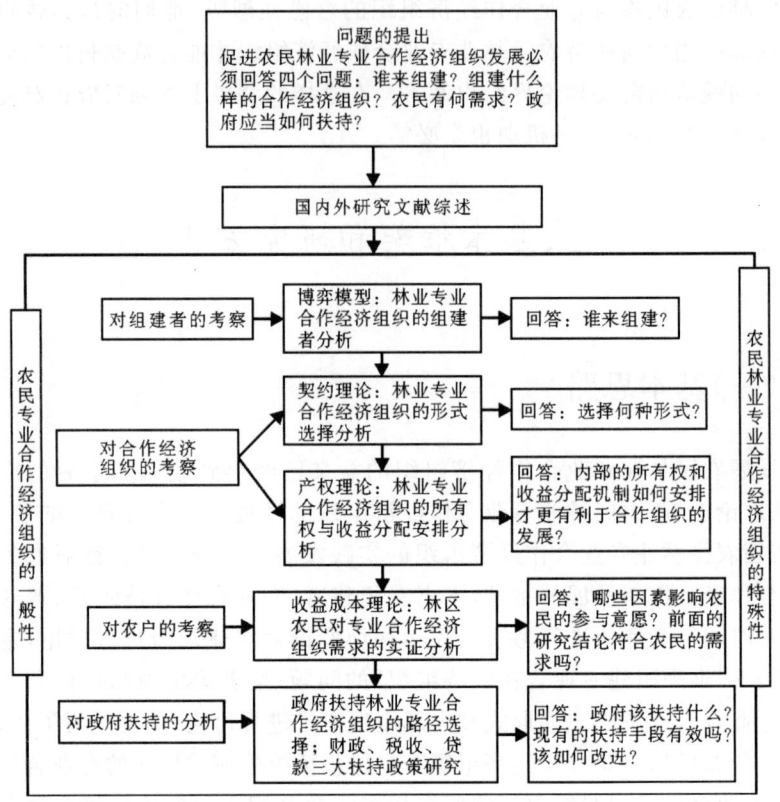

图 1-1 研究思路

研究现状回顾的基础上，提出本书的研究思路和研究方法。

第二章，农民林业专业合作经济组织研究综述。该部分主要对国内外关于农民专业合作经济组织、农民林业专业合作经济组织的研究文献进行回顾和简要的评述，以更加明确本书的研究目的。

第三章，农民林业专业合作经济组织的组建者分析。合作组织在提供集体产品的过程中，农户不可避免地存在"搭便车"的动机，因此，谁来组建合作组织是合作组织形成和发展的关键。本书借鉴典型的"智猪博弈"和重复博弈，并以改革先行林区的福建、浙江、江西、辽宁、四川、云南等地的农民专业合作组织为例，分别探讨林区农民、龙头企业、供销部门、农林技术部门组建专业合作组织的动力，总结各主体组建专业合作经济组织的优势、局限以及如何突破局限。

第四章，农民林业专业合作经济组织的形式选择。形式选择的合理与否对农民专业合作经济组织的长效发展是至关重要的。从契约的角度来看,农民林业专业合作经济组织也是林农通过一系列或松或紧的长期契约关系所组成的组织,所以,对合作组织形式的考察和选择,实质上就是对合作组织内部契约类型的考察和选择。因此,必须从合作经济组织形式的角度进一步解决当前合作经济组织的效率低下和稳定性差的问题。本书首先从契约的角度对农民林业专业合作经济组织的形式进行分类。在此基础上根据要素契约和商品契约的特点以及林产品生产的特性揭示影响内部契约选择的具体因素,并分别以不同类型合作经济组织的成功和失败的案例为例,对上述各影响因素进行实证分析,分别探讨不同地区、不同主体、不同林产品(如经济林和用材林)在不同的生产阶段分别应当如何选择较佳的合作组织形式。

第五章,农民林业专业合作经济组织的所有权和盈余分配机制研究。林业生产周期长,长效机制尤为重要。因此,本书运用问卷调查和回归分析的方法,分别分析了合作组织内部所有权安排和盈余分配机制对农民林业专业合作社和股份合作经济组织绩效的影响,以期建立农民林业专业合作经济组织所有权安排和收益分配的有效机制。

第六章,林区农民对专业合作经济组织的需求分析。第四章、第五章主要是从合作经济组织的角度,分析农民林业专业合作经济组织应该选择什么样的形式、应该如何进行所有权和收益分配的安排,第六章则侧重对林区农民意愿的考察,以期从农民的角度进一步分析农民对专业合作经济组织组建者、形式和制度安排的期待。本章以福建、浙江、江西、辽宁、四川、云南省林区农民为调查样本,主要运用问卷调查、统计描述和回归分析等方法,对我国林区农民的行为逻辑进行分析,并着重了解农户对林业专业合作经济组织的认知程度,是否愿意参加合作,需要什么样的经济组织。既剖析制约农民林业专业合作经济组织发展的宏观因素,也深入分析林农家庭的经营规模、收入水平、收入结构、经营的品种结构、经营环节、家庭主要劳动力的年龄、文化程度等因素对农户参与合作意愿的影响,并从农民对林业专业合作经济组织的具体期待中进一步求证前面几章研究结论的可靠性。

第七章,政府对农民林业专业合作经济组织扶持政策的研究。与狭义的农业专业合作经济组织相比,农民林业专业合作经济组织发展的难度更大,尤其需要政府的扶持。本书探讨了政府扶持农民林业专业合作经济组织的突破口和扶持重点,对目前已有的财政、税收、贷款这三大扶持政策的实施效果重新进行审视,并在此基础上,有的放矢地提出完善三大扶持政策的建议。

(三)研究方法

1. 规范分析和实证分析相结合的方法

规范分析的特点可以理解为:通过对一些基本概念和理论观点,如对农民林业专业合作经济组织的类型、政府在专业合作经济组织发展中的行为等,进行规定性的分析,从而确定研究的内涵、外延和本质,为研究的开展提供基础。实证分析可以理解为,着眼于当前农民林业专业合作经济组织发展的现实,通过事例和经验等从理论上推理说明。本书从第三章到第六章,运用了问卷调查、博弈模型、案例分析、回归分析等分析工具对合作经济组织的组建动力、组织形式、所有权安排与收益分配机制、农民的行为逻辑等问题进行实证分析。

2. 理论实证和经验实证相结合的方法

理论实证可以理解为从现实中抽象出所研究内容的基本关系与基本假设前提,并以此为基础进行逻辑演绎和归纳总结的方法,[①]目的是对农民林业专业合作经济组织"究竟是怎样的"作出理论和逻辑的分析和解答。本书的理论实证研究主要建立在新制度经济学的经济思想和分析框架的基础上。包括运用契约理论分析专业合作经济组织的形式选择;运用博弈模型分析专业合作经济组织的组建动力;运用产权理论分析专业合作经济组织的所有权和收益分配对合作绩效的影响;运用理性经济人假设对林区农民的合作需求进行研究。既力图从制度变迁的经验出发来讨论问题,又不打算把讨论局限于经验主义的归纳法,而是尽量把讨论导入理性主义的演绎分析,即先从经验现象归纳出基本变量,接着推导经济现象之间的必然联系,然后进行经验检验,从而使结论更具可靠性。

3. 宏观分析和微观分析相结合的方法

对农民林业专业合作经济组织的研究,既有对合作组织、农户、龙头企业、供销部门、农林技术部门等微观因素的研究,也有对政府扶持农民林业专业合作经济组织的宏观政策进行的梳理和分析。

---

① 罗必良.经济组织的制度逻辑[M].太原:山西经济出版社,2000:48

4. 面上调查和个案分析相结合的方法

对农民林业专业合作经济组织的经验实证研究,既有对农民林业专业合作经济组织的广泛调查,又有对具体的个案进行的解剖分析。在对合作经济组织的所有权安排和收益分配机制、林区农民的合作需求和组建意愿进行研究时,本研究的调查样本较为广泛,力求使研究结论具有广泛的代表性和指导性;在对农民林业专业合作经济组织的组建动力和形式选择的研究中,本研究着重对典型个案进行重点剖析,力求使研究结论对政府部门和农民林业专业合作经济组织的具体实践具有可操作的指导意义。

5. 正面案例分析和反面案例分析相结合的方法

经验可谓后事之师,教训堪称前车之鉴。在对个案的分析中,注重选择正、反两面的案例对农民林业专业合作经济组织进行全面的分析,避免了同类研究中只注重成功经验的总结和追踪的弊病,力求案例研究更加全面客观、研究成果更具可靠性;力求案例分析能为农民林业专业合作经济组织的发展提供经验和教训。

四、主要概念的界定和研究特色

(一)主要概念的界定

1. 合作与合作社

在《现代汉语词典》中,"合作"一词的基本含义是:互相配合做某事或共同完成某项任务。英文中"合作"一词源于拉丁文,原意可解释为共同行动或联合行动。由此可见,理解"合作"的含义至少要强调以下三点:第一,参与合作主体的多元性,是"人们"或组织,而不是单一的个人;第二,为了共同的目的,而不是互相欺压;第三,强调共同的行动,而不是立异。

国际上关于合作社的定义很多,比较有代表性的有以下几种:

(1)法国合作运动活动家 G. Hauquet 对合作社的定义:合作社是人的结合体,而不是资本的非人格结合体。合作社是社会经济体系中的一个部门,与其他经济部门有着很大区别,但又与其他部门互补,发挥各自的功能,共同解决各种社会经济问题。G. Hauquet 主要从社会分工的角度阐述合作社的概念,把合作社看作社会经济体系的一个部门。

(2)加拿大合作经济学者赖罗对合作社的定义:合作社是一群人在一般共识下依民主与自主原则而结合在一起共同行动,确保一种服务和经济秩序,以满足所有的社员和社会需要的组织。赖罗主要从社会需求的角度阐述合作社的概念,把合作社看作是事业经营与社会关怀的均衡混合体。

(3)国际合作社联盟(International Co-operative Alliance,简写为 I. C. A.)对合作社的定义:合作社是人们自愿联合组成的自治性协会,以通过共同所有和民主控制的企业来满足其经济、社会和文化方面共同的需要和渴望。

(4)美国农业部农村商业和合作社发展中心(Rural Business Co-operative Development Service)对合作社的定义:合作社是一种"用户所有、用户控制和用户受益的公司型企业"。

(5)美国威士康辛大学合作社研究中心(UWCC)将合作社定义为:合作社是一个建立在非营利或成本基础上,由入股的会员自主拥有、控制和运营的事业,它是由使用者拥有的。

从以上不同的定义描述中我们可以看出国外合作社所具有的一些基本特征:第一,合作社是经济实体,是企业组织的一种,区别于各类协会;第二,合作社由生产者联合拥有,社员在生产中是独立的,区别于股份合作经济组织;第三,合作社对内是非营利性的组织;第四,合作社的使用者和所有者是统一的;第五,合作社是一个共同所有和民主管理的企业,成员在平等的基础上实行民主管理。

2. 农民专业合作社

农民专业合作社是合作社的一种。根据《中华人民共和国农民专业合作社法》的规定,农民专业合作社是在农村家庭承包经营基础上,同类农产品的生产经营者或者同类农业生产经营服务的提供者、利用者,自愿联合、民主管理的互助性经济组织。农民专业合作社以其成员为主要服务对象,提供农业生产资料的购买,农产品的销售、加工、运输、贮藏以及与农业生产经营有关的技术、信息等服务。

农民专业合作社应当遵循下列原则:成员以农民为主体;以服务成员为宗旨,谋求全体成员的共同利益;入社自愿、退社自由;成员地位平等,实行民主管理;盈余主要按照成员与农民专业合作社的交易量(额)比例返还。

3. 农民专业合作经济组织

农民专业合作经济组织是指在家庭承包经营基础上,以农民为主体,由同类农产品的生产经营者或同类农业生产经营服务的提供者、利用者,按照自愿、民主、平等、互利原则而组建的,以服务成员为宗旨,谋求和维护成员共同利益的各种经济组织和社会团体。

与农民专业合作社相比,农民专业合作经济组织同样强调必须以农民为主体,但它的概念外延比农民专业合作社大,它不仅包括规范的农民专业合作社,还包括各种专业协会和股份合作经济组织。

4. 林业专业合作经济组织

林业专业合作经济组织是由林业领域里独立的生产者组成的合作经济组织。广义的林业专业合作经济组织包括以下四类合作经济组织:

(1)社区林业合作经济组织(乡、村集体经济组织)。
(2)林业供销合作社、信用合作社等。
(3)其他非农民主体组建的林业专业协会、股份合作经济组织等。
(4)集体林权改革之后涌现出来的农民林业专业合作经济组织。

与农民专业合作社相比,林业专业合作经济组织侧重于强调林业领域的联合,但并不强调以农民为主体,它既可以是从事林业生产的农民专业合作经济组织,也可以是从事林业生产的村、乡集体或工商企业、工商个体户组建的专业合作经济组织。

5. 农民林业专业合作经济组织

农民林业专业合作经济组织是指在集体林权改革之后,在家庭承包经营的基础上,以林区农民为主体,由同类林产品的生产经营者或同类林业生产经营服务的提供者、利用者,按照自愿、民主、平等、互利原则而组建的,以服务成员为宗旨,谋求和维护成员共同利益的各种经济组织和社会团体。

与农民专业合作经济组织相比,农民林业专业合作经济组织同样强调必须以农民为主体,但它又是从事林业生产的农民之间的联合,所以农民林业专业合作经济组织只是农民专业合作经济组织的一部分;与林业专业合作经济组织这个概念相比,农民林业专业合作经济组织着重强调以农民为主体,而林业专业合作经济组织可以是林业领域中的乡、村组织,也可以是工商企业、工商个体户或林区农民组建的专业合作经济组织,因此,农民林业专业合作经济组织只是林业专业合作经济组织中的一种。

本研究开始于2008年,之所以采用"农民林业专业合作经济组织"这个概念,主要是为了区别于一般意义的农民专业合作经济组织和林业专业合作经济组织。2009年8月国家林业局出台了《关于促进农民林业专业合作社发展的指导意见》,《意见》使用的农民林业专业合作社的概念得到了各级政府的认同,各地也纷纷出台了促进农民林业专业合作经济组织发展的相关文件,为农民林业专业合作经济组织这一概念的使用提供了依据。

农民林业专业合作经济组织,主要包括农民林业股份合作经济组织、农民林业专业合作社和农民林业专业协会三种类型。

农民林业股份合作经济组织,即股份制和合作制相结合的专业合作组织,它是资本和劳动的双重联合,其通行的做法是:(1)由龙头企业、基层农技部门、少数经营大户等出资作为股东,再吸收少量的股金组建合作组织,或者由农户以山林入股,再筹集少量的资金组建合作林场;(2)林农入股和退股往往都有条件限制,同股同利,股份往往可有限转让;(3)财产实行共同共有和按份共有,利益共享,风险共担;(4)管理上实行民主管理,投票方式多样化,一人一票或一股一票,或者按人投票和按股投票相结合;(5)分配上实现按劳动分配和按资本分配相结合,即按股分配和按交易额分配相结合,但以按股分配为主,甚至有的就是纯粹的按股分配。

农民林业专业合作社,它是农村同类林产品的生产经营者自愿联合、民主管理的互助性经济组织。它是以"入退自由、平等互利"为原则,由社员共同缴纳会费建立,它以其成员为主要服务对象,提供农产品的销售、加工、运输、贮藏以及与林业生产经营有关的技术、信息等服务。其通行的做法是:(1)进入自愿,退出自由。(2)在种养环节上一般以一家一户(或单个企业)为单位,在加工和销售环节上统一商标、统一品牌、统一销售。(3)社员缴纳会费,比较复杂的专业合作社内部,社员也缴纳一定的股金,但缴纳的股金大致相等,股份不可转让和交易。(4)分配上首先提留合作组织的公共积累,合作社内部有一定的不可分配的积累基金。盈余主要按社员与合作社的交易额比例返还,缴纳股金的合作社内部实行按股分红和按交易额分红相结合,但以按交易额分红为主。(5)决策机制通常实行一人一票。

农民林业专业协会,是我国改革开放以来最早出现的在农民自愿基础上建立的专业服务组织,最初主要开展林业技术推广和技术服务。集体林权改革之后,林业漫长的生产周期和管护的困难催生了大量为管护服务的专业协会,使专业协会的服务和组织形态更加多样化。农民林业专业协会是比较简单、松散的专业合作经济组织,它是按照"民办、民管、民受益"的原则组建,协会会员一般也缴纳一定的会费,协会自主经营,其宗旨也是为会员的生产经营提供农业生产资料或产前、产中、产后的系列化服务。协会通常是非营利性的组织,但协会的非营利性并不意味着它在市场上不追求利润,而是指协会与组织成员的业务是"在非营利或成本基础上"经营,它通过对成员的低成本服务或基于惠顾的盈余返还来增加会员的收入,依法维护会员的合法权益。

(二)研究特色

对农民专业合作经济组织的研究受到了众多经济学者的关注,但从林业和林区农民的实际出发,对农民林业专业合作经济组织进行专门研究的论文比较少见。本书不仅从专业合作经济组织自身的视角出发,而且从组建者、合作组织、成员以及政府等多重角度研究农民林业专业合作经济组织的发展;对专业合作经济组织自身的研究中,与多数研究不同的是,本书不仅注意到合作组织内部的所有权和盈余分配机制的影响,还运用契约理论对专业合作经济组织形式的选择给予深入的剖析;对调查数据的分析中,不仅对获得的数据进行统计描述,还对数据进行回归分析;在案例的分析中,不仅对成功的案例进行分析,还对失败的案例进行分析。这既有助于拓宽对农民专业合作经济组织的研究视角,也有助于深化对我国农民林业专业合作经济组织的理解,还有利于我国采取更为全面的政策促进农民林业专业合作经济组织发展。

本书在以下几个方面进行有益的尝试,提出的观点主要有:

1. 关于农民林业专业合作经济组织的组建者

(1)林业经营大户是林区农民自发组建林业专业合作经济组织的最主要的力量。林农是否组建专业合作经济组织是从会计成本和机会成本的不同角度博弈的结果。大、小户从会计成本角度的博弈类似于智猪博弈模型,博弈结果应该是大户组建;而林农大户从机会成本的角度自我博弈的结果往往会导致组建动力的弱化。因此,要促进林农自发组建的专业合作经济组织不断发展,必须提升林农组建的动力,既要培育适度的林农大户,又要防止林农经营规模、资源、禀赋的过分差异;既要坚持农民专业合作经济组织分配的公平性原则,又要允许分配向林业大户倾斜,还要提升林农大户组建的能力,加大对专业合作经济组织的扶持力度,提升林农大户在内部管理、技术和市场开拓等方面的能力。

(2)在专业合作经济组织发展的初期阶段,龙头企业、供销部门、林业技术部门也是重要的组建者之一。因为龙头企业、供销部门、林业技术部门在加工、销售或技术方面具有优势,它们也是组建合作组织的重要力量,但各种组建者也都有自己的局限,也可能存在组建动力的不足,要促进农民林业专业合作经济组织不断发展,需要提升各组建者的组建能力和动力。

2. 关于农民林业专业合作经济组织的形式

(1)合作组织形式的选择要与合作关系的复杂程度相适应。若将复杂的契约结构运用于简单的合作关系将不必要地增加成本,甚至可能导致合作关系的终止;而将简单的契约结构运用于复杂的合作关系会显得捉襟见肘,同样可能导致合作组织的解体。合作组织形式选择的合理与否对农民林业专业合作经济组织发展的影响是不言而喻的。

(2)农民林业专业合作经济组织形式的选择受到多种因素的综合影响。对合作组织形式的选择要根据要素契约和商品契约的比较优势进行全面深入的分析,而非单纯地追求更为紧密、复杂的组织形式,更不能一味盲目地追求高度统一的生产和分配。

(3)在同一林产品生产的不同阶段,可以根据实际选择不同的组织形式。林产品的生产过程较为漫长,一个完整的林产品生产过程,可以根据各产品、各阶段的实际交替采用要素契约和商品契约,以及它们的不同组合来实现合作。通过要素契约建立起来的林业股份合作组织、专业合作社也可以把部分环节"外包"给其他专业合作组织。条件成熟时,要积极引导专业协会向专业合作社或股份合作经济组织发展。

3. 关于农民林业专业合作经济组织的所有权安排和收益分配机制

(1)在农民企业家才能缺乏以及成员异质性较高的条件下,允许股权向理事会或董事会适度集中。股权向理事会适度集中有利于提高合作社的营利能力,而单个成员的过多持股反而不利于合作组织营利能力的提升;股权向董事会适度集中对合作经济组织营利能力的积极影响非常显著,但对社员满意度的影响并不显著。

(2)在股权相对集中的前提下,必须关注入股和分配问题,保证按交易额分配原则的实现。为了能够更好地兼顾各方面的利益关系,按交易规模或经营规模入股是解决这一问题的理性选择。若入股方式是按交易规模或经营规模入股,那么按股分配基本上就是按交易额或按惠顾额分配,这既可以允许股权向理事会或董事会的适度集中,又可以保证盈余分配按照专业合作组织的分配原则进行。

(3)农民林业专业合作经济组织的盈余分配应当充分关注各要素投入者的利益。在农民林业专业合作社的盈余分配中,社员对按股分红的认可度较其他分配形式更高。在农民林业股份合作经济组织的盈余分配中,按股分红、按股分红与按劳动力分红相结合的方式得到了成员的认可,这再次说明,充分关注要素投入者的利益,包括资金和劳动力投入者的利益,能够提高股份合作经济组织的绩效;农民林业股份合作经济组织的成员数量要坚持适度的原则,不可贪大求多。

4. 关于农民对林业专业合作经济组织的需求

(1)林农参与专业合作经济组织的积极性受到农户的家庭基本情况和经营特征的影响。林农是否加入专业合作经济组织,是对预期合作总收益和总成本比较的结果。农户的家庭基本情况、经营特征不同,其参与合作的成本和收益也可能不同,参与合作的意愿因此不同。从总体上看,非农就业技能,家庭主要成员的社会地位,经营规模,用材林、茶叶和水果的经营状况对农户参与的意愿呈正向影响;而务农劳动力数量对农户参与的积极性呈反向影响。经营用材林的农户在造林、管护阶段参与合作的意愿较高,经营经济林的农户在造林、管护阶段的合作意愿较弱。促进农民林业专业合作经济组织的发展,必须充分发挥正向影响因素的作用,消除负向影响因素的作用,必须选择正向因素重点扶持。

(2)经营不同对象、处于不同经营阶段的林农对专业合作经济组织类型的偏好存在明显差异。除了专业协会普遍被不同农户所接受外,经营水果的农户对专业合作社的期待强于其他类型的农户,倾向于股份合作经济组织的农户则以经营用材林为主;处于销售阶段的农户对专业合作社的期待强于其他农户,而处于造林和抚育阶段的用材林经营户比其他农户更容易接受股份合作经济组织。促进农民林业专业合作经济组织的发展,应当充分关注不同经营对象、不同经营阶段的农户对专业合作经济组织形式的具体需求,对各经营主体的意愿加以引导,切忌采取统一的模式。

(3)林农参与合作的意愿与专业合作经济组织的供给密切相关。合作组织提供的服务内容必须充分考虑农民的需要,解决农民最迫切需要解决的难题,实现农民作为单个分散的个体难以实现的目标;在完善组建和管理机制的过程中,必须加大力度扶持一批优秀的专业合作经济组织,充分发挥优秀合作组织的典型示范作用,树立林农对专业合作经济组织持续发展的信心;加强专业合作经济组织管理者的培养,打造一支甘于奉献、廉洁自律、能力突出的优秀管理者队伍。

5.关于促进农民林业专业合作经济组织发展的对策

(1)政府扶持农民林业专业合作经济组织,应该做农民想做又做不了的事,应该努力寻求促进合作组织发展的突破口。根据经营对象的不同,水果和茶叶的经营、用材林的管护、笋产品加工和销售对合作的需求较为明显,应成为政府培育的突破口;按照组建力量的不同,林业经营大户是培育和扶持的首要对象,在合作组织发展初期,农民的素质不高,合作的意识和能力不强,要鼓励龙头企业、林业技术推广部门、村干部领建农民林业专业合作经济组织,并规范其角色和行为;应按照生产环节的不同确定培育的重点,把用材林的管护、种苗选购、销售阶段的合作等作为扶持的重点;根据地区的不同确定扶持的不同重点,政府可以把发达地区、交通便利地区、非农产业发达地区作为培育农民林业专业合作社和股份合作经济组织的重点。在经济欠发达地区、偏远地区、非农产业欠发达地区,由于相当一部分农户承担合作初始成本的能力较弱,所以政府应适当提供准公共产品性质的合作组织,支持这些地区林业的发展。

(2)关于农民林业专业合作经济组织的发展,政府已经运用财政、贷款、税收三大扶持政策给予不同程度的扶持。不论是财政政策、贷款政策还是税收政策的扶持,都在不同程度上改善了受扶持合作经济组织的生产经营条件、推进了标准化和科学化生产、推进了品牌化和产业化经营。但各扶持政策都普遍存在"重扶优、轻扶弱"的现象,扶持重点不明确、不规范等问题,促进农民林业专业合作经济组织的发展,应该对财政、贷款、税收三大扶持政策加以完善。

第二章 农民林业专业合作经济组织研究综述

农民林业专业合作经济组织既包括农民专业合作经济组织的一般,又具有林业专业合作经济组织的特殊。因此,关于农民林业专业合作经济组织的研究文献回顾,既要对农民专业合作经济组织的研究文献进行回顾,也要对专门针对农民林业专业合作经济组织研究的成果进行梳理。

本章结构安排如下:(1)国外关于农民专业合作经济组织的研究文献综述;(2)国内关于农民专业合作经济组织的研究文献综述;(3)关于农民林业专业合作经济组织的研究文献综述。

一、国外关于农民专业合作经济组织的研究文献综述

由于国外主要使用合作社的概念,因此,对国外关于农民专业合作经济组织的研究文献综述,也是以合作社的概念为主。

(一)西方早期的合作经济思想

西方早期的合作经济思想可以分为两个阶段:

1. 18世纪后期至19世纪后期的合作经济思想

在近代合作经济组织思想的发展史上,空想社会主义首先对合作经济组织提出了美好的设想。随着资本主义工业化过程中阶级分化和阶级矛盾的加剧,尖锐的贫富分化和社会不公激起了理想主义思想家们的强烈不满,他们试图构建一种完美的制度形式与资本主义私有制抗衡,这种思潮发展至19世纪

初期,产生了三个代表人物:圣西门、欧文、傅立叶。他们批判资本主义制度所带来的剥削、不平等,并企图建立共同劳动、共同占有、共同生活、普遍教育、人人平等的法郎吉或新和谐社会,合作社就是这种理想社会的组织基础,他们所建立的合作经济组织以取消商品经济关系为前提,实质上是人们依据自身需要而自愿组成的进行生产、分配、消费活动的互助性经济组织。空想社会主义把合作社作为改造资本主义制度的药方,并进行了大胆的实验。

基督教社会主义学派的合作经济思想是该时期合作经济思想的主要组成部分。基督教社会主义学派的代表是英国的威廉·金、德国的裴迪南·拉萨尔、法国的菲利普·毕舍等。基督教社会主义学派试图将合作思想与基督教相结合,他们认为合作社提倡互相帮助、人人友爱,与基督教的精神相吻合。

在基督教社会主义学派的影响下,1844年诞生于英国的罗虚代尔公平先锋社是早期合作社的典范。他们主张先建立消费合作社,把利润作为"公社基金",再创办生产合作社,积累更多的资本,最后用于组建欧文式的公社。罗虚代尔公平先锋社之所以成为合作社的典范,主要来自罗虚代尔原则,后人把它概括为:自愿;一人一票;现金交易;按市价售货;如实介绍商品、不缺斤少两、盈余按购买额分配;社员平时凭购货本购货,并由售货员登记,到一定阶段进行一次结算;重视对社员的教育;对政治和宗教守中立。罗虚代尔公平先锋社抛弃了空想社会主义者把合作社作为社会改革工具的幻想,使合作社从理想主义转向实用主义。先建立简单的消费合作社之做法符合当时的实际,因此逐步成为西方国家合作社运动的主流。毕舍倡导的共同工厂或共同农场的生产合作方式使得法国成为生产合作社的发源地,德国农村信用合作社思想也别有特色。

2. 20世纪初至20世纪30年代的合作经济思想

20世纪20年代以后,一些从事合作社研究的美国学者更加注重合作社的经济目标,从市场地位的角度研究合作社存在的意义。在这一时期的合作社理论中,竞争尺度学派和加利福尼亚学派的观点最为流行。

艾德温·G.诺斯(Edwin G. Nourse)是竞争尺度学派的代表人物。竞争尺度学派以市场竞争为尺度考察合作社存在的外部意义,所以被称为竞争尺度学派。他们认为,由于合作社拥有一定的市场份额,这就为其他生产者提供了衡量其自身市场竞争力的尺度。其他生产者以合作社为参照系,努力提高市场份额,从而不断提高自身的竞争力。①诺斯认为,如果其他生产者因为合作社的存在而变得更有竞争力时,合作社的存在就具有足够的意义。② 竞争尺度学派把合作社看作是促使竞争、引导竞争的参照物,强调将足够的竞争引入市场,反对市场垄断。他们对合作社外部作用的强调为政府扶持合作社提供了理论基础,从而有利于合作社外部条件的改善。

艾伦·萨皮诺是加利福尼亚学派的代表人物。该学派强调对农民利益的保护,当美国农业在20世纪20年代长期不景气时,他们主张把农民组织起来,实现对某农作物市场份额的控制,并提高产品储藏的技术,避免大部分产品同时上市带来的价格损失,从而达到合法垄断,以建立更好的市场秩序,纠正生产者面临的不公平贸易条件。萨皮诺的合作理论得到生产者的广泛认同和响应。美国1922年的凯波—沃尔斯蒂德法案、1926年的营销合作社法和1937年的农业营销协议法案等,也不同程度地体现了加利福尼亚学派的理论。

(二)马克思恩格斯的合作经济组织理论

马克思恩格斯的合作经济组织理论主要是从所有制属性和怎样建立合作社两个方面展开的。马克思认为,合作工厂是对财产私有权的"积极扬弃",是"由资本主义生产方式转化为联合的生产方式的过渡形式"③,合作企业是属于工人自己所有的经济组织。巴黎公社革命失败后,马克思充分认识到在小私有者农民还大量存在的国家进行无产阶级革命的特殊困难,他在研究了西欧大陆特别是法国的农民状况之后,提出在农民作为土地私有者占多数的地方,不能宣布废除农民所有权,而应当"变通地直接为农民做很多事情",促进土地私有制向集体所有制过渡。④ 而这个过渡形式是什么呢?随着欧洲国家农业合作运动的兴起,马克思指出,"让农民自己通过经济的道路来实现这种

---

① Edwin G. Nourse. Economic Philosophy of Cooperation[J]. American Economic Review,1922,Vol.12,No. 4(Dec.),578~597
② Edwin G. Nourse. The Place of the Cooperative in Our National Economy:American Cooperation 1942—1945[M]. American Institute of Cooperation,Washington D. C.,1995(35):74~87
③ 资本论(第3卷)[M].北京:人民出版社,1975:498
④ 马克思恩格斯选集(第2卷)[M].北京:人民出版社,1995:634~635

过渡"①。马克思恩格斯还认为,在无产阶级夺取政权以后的一段时期内,国有经济与合作经济可以相互共存、相互融合。恩格斯1886年1月20日在致倍倍尔的信中第一次提出农业合作社的概念。② 恩格斯在《法德农民问题》中第一次指出:"在向完全的共产主义经济过渡时,我们必须大规模地采用合作生产作为中间环节。"③"把各个农户联合为合作社,以便在这种合作社内越来越多地消除对雇佣劳动的剥削,并把这些合作社逐渐变成一个全国大生产合作社的拥有同等权利和义务的组成部分。"④即先把小农的私人生产和私人占有变成合作社的生产和占有,在此基础上,国家逐渐把这种农民合作社引导和转变为更高级的形式。恩格斯把合作社看作是建立在社会"对生产资料的所有权"基础之上但又拥有自己的"特殊利益"的经济组织。马克思恩格斯通过合作社改造小私有者农民的思想是富有预见性的科学见解。

(三)西方经济学的合作经济组织理论

西方经济学正式对合作社的研究始于20世纪40年代,根据研究方法的不同又可分为新古典经济学的方法和新制度经济学的方法。

1. 新古典经济学的研究

新古典经济学首先把合作经济组织作为研究对象。新古典经济学对合作社的研究有三个基本假定:第一,合作社是一种类型的厂商;第二,合作社是一种非营利的厂商;第三,合作社是社员自营型的厂商。

1945年安克(Enke)发表了《消费合作社和经济效率》一文。继其之后,1948年埃米里扬诺夫出版了专著《合作经济理论》,将传统的厂商理论应用于合作社,把合作社看作是一种厂商类型。他认为合作社是独立的经济主体之间的不完全联合,合作社是各个企业的一个或几个功能的合并,而不是企业的合并,但企业本身还是完全独立的,因此合作社是一种纵向一体化形式,其内部是委托代理关系。他们还建立了一个综合分析框架,对合作社内部的决策机制进行分析,认为合作社内部不应该是纯粹的一人一票制,为了体现惠顾多

---

① 马克思恩格斯选集(第2卷)[M].北京:人民出版社,1995:634～635
② 恩格斯.马克思恩格斯全集(第36卷)[M].北京:人民出版社,1974:416～417
③ 恩格斯.马克思恩格斯全集(第22卷)[M].北京:人民出版社,1965:580
④ 恩格斯.马克思恩格斯全集(第22卷)[M].北京:人民出版社,1965:583

的成员对合作经济组织的贡献和责任,也为了防止合作经济组织决策权操纵在少数经济实力雄厚的社员手中,应该在一人一票的基础上,增加以交易额为比例的投票数。① 埃米里扬诺夫使合作经济开始脱离社会学的范畴,作为社会科学中一门独立的学科出现。② Robotaka 和 Phillips 等发展了埃米里扬诺夫的这一思想,Phillips 还在纵向一体化框架中建立了一个合作社确定价格和产量的模型,认为社员的决策原则应该是使其边际成本等于合作社的边际收益。③ 1958 年,美国人华德(B. Ward)发表了在合作经济理论发展历史上具有划时代意义的经典之作——《伊利里亚的企业—市场工团主义》④。在该文中,华德首次以南斯拉夫的工人自治企业制度为原型,运用新古典经济学的理论与方法,建立起了关于工人生产合作社的理论分析模型。西方学术界普遍认为,华德模型的诞生,标志着合作经济理论作为应用经济学的一门独立学科,开始走向成熟学科之路。⑤

在新古典经济学的基本前提条件下,形成了合作社经济分析的两大基本模型:一个是 Ward-Vanek 模型。该模型是在华德模型基础上,由瓦纳克(Vanek)进一步发展,形成了一个较系统的研究工人生产合作社企业制度的经济分析模型,故被经济学家称作 Ward-Vanek 模型。该模型以工人收入最大化为生产合作社的目标,因此生产合作社模型的解应当是净平均产量最大化。⑥ 另一个是以汉姆伯革(Helmberger)和胡(Hoos)为代表的分析模型。该模型把合作社看作社员利益最大化的企业,他们建立了一个合作社短期和

---

① Emelianoff, I. V. Economic Theory of Cooperation: Economic Structure of Cooperative Organization[M]. Reprinted by the Centre for Cooperatives. University of California, 1995

② 苑鹏. 现代合作社理论研究的发展[EB/01]. http://rdi.cass.cn/manager/images/pic/20051014112819.DOC

③ Phillips, R.. Economic Nature of the Cooperative Association[J]. Journal of Farm Economics, 1953(35):74~87

④ Ward, B. The Firm in Illyria: Market Syndicalism. American Economic Review, 1958:48

⑤ 苑鹏. 现代合作社理论研究的发展[EB/01]. http://rdi.cass.cn/manager/images/pic/20051014112819.DOC

⑥ Vanek. Self-Management: Economic Liberation of Man. Penguin Education, 1975;The Economics of Workers' Management: A Yugoslav Case Study. London: Allen & Unwin, 1972;The General Theory of Labour-managed Market Economics, Ithaca, N. Y.: Cornell University Press, 1970

长期的决策模型,通过传统的边际分析来寻找合作社价格和产量的均衡点,认为合作社的利润分配应通过成员按惠顾额或惠顾量返还的办法,使其单位产品价值或平均价格最大化。合作社还可以通过限制其成员数量来增强现有成员的潜在动机。① 之后,汉姆伯革进一步分析了在不同的市场结构下合作社对市场绩效的影响。如果原材料处于完全竞争的市场结构中,将原材料卖给加工产业,而加工产业没有进入障碍,那么合作社的存在只会在短期内导致市场偏离完全竞争的均衡;如果市场上的加工商存在垄断,且市场不可进入,那么合作社的存在将导致比完全竞争均衡更少的偏离。② Sexton 利用买方垄断市场的空间竞争模型,考虑合作社的社员资格制度、市场结构以及技术条件的影响,考察在存在合作社和不存在合作社的市场上追求利润最大化的厂商价格决策。他认为当市场上存在一个或者更多个社员资格开放的合作社时,有助于消除市场垄断;而社员资格封闭的合作社则不会产生这些效果。③

2. 新制度经济学对合作社理论研究的新进展

20 世纪 60 年代以后,经济学理论的发展出现了一些新的分支,包括产权理论、交易成本理论、代理理论和不完全契约理论以及集体行动的逻辑等,统称为新制度经济学。随着新制度经济学的兴起,现代企业理论研究得到迅速发展,合作社的经济分析也随之进入了"制度分析"的新阶段。新制度经济学对合作社经济分析的成果主要集中在以下几个方面:

(1)合作社产生的原因分析

新制度经济学运用交易成本理论解释合作社形成的原因。Staatz 认为只有当合作社的形成能够降低交易成本时,合作社才会产生。④ Hendrikse 和 Veerman 以营销合作社为例,分析了资产专用性对合作社形成和发展的影

---

① Helmberger, P. G. & Hoos, S.. Cooperative Enterprise and Organization Theory[J]. Journal of Farm Economics, 1962(44):275~290

② Helmberger, P. G.. Cooperative Enterprise as a Structural Dimension of Farm Markets[J]. Journal of Farm Economics, 1964(46):603~617

③ Sexton, R. J.. Imperfect Competition in Agricultural Markets and the Role of Cooperatives: A Spatial Analysis [J]. American Journal of Agricultural Economics, 1990, 72(3): 709~720

④ Staatz, J. M.. Farmers' Incentives to Take Collective Action via Cooperatives: A Transaction-Cost Approach [A]. Royer J. Cooperative Theory: New Approaches [C]. ACS Service Report, USDA, Washington D.C., 1987, No.18:87~108

响:当加工阶段投资的资产专用性程度越来越高的时候,营销合作社的生存就受到很大的威胁;而当加工阶段的资产专用性程度较低,低于农业生产阶段的资产专用性程度时,营销合作社是有效率的。① Fulton 认为技术和社会价值观念的变化会使合作社的生存面临更多的困难。在技术层面,农业产业化将更加强调投资者的剩余索取权,减少农民作为剩余索取权者而建立合作社的必要性;在社会价值观念方面,若个人主义成为社会的强势语言,对个人产权的强调会损害合作社共有产权的基础。② 但是,库克(Cook)的看法与 Fulton 不同,他用合作社的市场份额和新合作社的实践来证明合作社建立的意义和发展的生命力。Hendrikse 和 Bijman 则认为建立反市场垄断的力量仍然是农民建立合作社的最重要原因,保护专用资产投资免受机会主义行为的侵害也是农民建立合作社的主要动机。③

(2)合作社的组织缺陷和剩余索取权安排

Porter 和 Scully 认为合作社是低效率的组织,其低效主要表现在:第一,技术低效,即合作社在技术上比未合作时低效;第二,资源配置低效,即合作社不能将所有权集中在能有效承受风险的所有者手中;第三,规模低效,即合作社的控制成本随成员数量递增,限制了规模效益的实现。④ 针对合作社存在的低效率问题,Cook 从产权的角度进行分析,把合作社低效的原因归结为以下五个问题:搭便车问题,即当产权没有被恰当地安排来确保现有成员惠顾者或非成员惠顾者承担行动的所有成本或获得他们创造的所有收益,成员就不再有动力投资于合作社;短视问题,即成员们没有动力为增长机会投资;投资组合问题,即由于剩余索取权缺乏交易和流动,成员们难以根据其风险偏好及时地调整合作社的资产组合;控制问题,即由于合作社成员和经营者之间利益

---

① Hendrikse, G. W. J. & Veerman, C. P.. Marketing Cooperatives and Financial Structure: A Transaction Costs Economics Analysis [J]. Journal of Agricultural Economics, 2001, 26(3): 205～216

② Fulton, M.. The Future of Canadian Agricultural Cooperatives: A Property Rights Approach [J]. American Journal of Agricultural Economics, 1995, 77(5): 1144～1152

③ Hendrikse, G. W. J. & Bijman, J.. Ownership Structure in Agrifood Chains: The Marketing Cooperative [J]. American Journal of Agricultural Economics, 2002, 84(1): 104～109

④ Porter, P. K. & Scully, G. W.. Economic Efficiency in Cooperatives [J]. Journal of Law and Economics, 1987(30): 489～512

分歧导致的合作社治理结构缺陷;影响成本问题,即合作社惠顾者拥有企业的影响成本要高于同等规模的投资者所有的企业。① Iliopoulos 和 Cook 进一步分析了导致高影响成本的因素,主要包括社员的异质性程度、资源共享制度、理事会规模、产权界定的清晰程度等。② 随着北美"新一代合作社"的发展,Cook 从产权的视角来解释合作社的演进以及新一代合作社的出现。Stefanson、Fulton 和 Haaf 等都对此进行了深入的研究。

(3)合作社治理机制的研究

关于合作社治理机制的研究,主要是从投票、控制和分配等方面展开的。Kyriakopoulos 认为,市场导向的战略将使合作社的所有权结构、决策机制和商业行为受到影响。与传统合作社不同的是,市场导向需要合作社更好地获得和处理市场信息,因此,合作社的组织结构必须随之变化,一定数量的外部成员加入合作社,进入理事会和管理层,参与合作社的收益分配是必要的。③ Staatz 从合作社和投资者所有的企业治理结构的不同出发进行研究,分析了合作社和投资者所有的企业经理角色的不同,他认为合作社的股权不易流动影响了合作社董事会和经理角色的扮演;④ Albaek 和 Schultz 建立了一个投资模型,证明了一人一票的民主投票方式与效率之间并没有矛盾。如果合作社成员对投资的贡献独立于生产过程,那么合作社能否有效地进行投资取决于成本分担原则、投票规则等。⑤ Zusman 则根据契约理论建立了一个关于合

---

① Cook, M. L.. The Future of U. S. Agricultural Cooperatives: A Neo-Institutional Approach[J]. American Journal of Agricultural Economics, 1995, 77 (10): 1153~1159

② Iliopoulos, C. & Cook, M. L.. The Efficiency of Internal Resource Allocation Decisions in Customer-owned Firms: The Influence Costs Problem [A]. Paper presented at the 3rd Annual Conference of the International Society for New Institutional Economics Washington, D. C., 1999, September: 16~18

③ Kyriakopoulos, K.. The Market Orientation of Cooperative Organizations: Learning Strategies and Structures for Integration Cooperative Firm and Members[J/OL]. Ph. D.. Thesis presented at Nyenrode Business Universiteit, 2000,5. http://www.nyenrode.nl/nice/download.cfm

④ Staatz, J. M.. The Structural Characteristics of Farmer Cooperatives and Their Behavioral Consequences [A]. Royer, J. Cooperative Theory: New Approaches [C]. ACS Service Report USDA, Washington D. C., No. 18, 1987:33~60

⑤ Albaek, S. & C. Schultz. On the Relative Advantage of Cooperative[J]. Economic Letter,1998(59):397~401

作社集体选择的模型,解释了成员之间存在差异的合作社如何在信息不完全、不确定和有限理性等情况下制定规则,以及如何选择集体规则的问题。①

(4)合作社契约的研究

Eilers 和 Hanf 提出农业合作社中最优契约设计的论点。② 在假定强效用函数和风险偏好等条件下,该理论得出了在不同形式和合作社激励下,合作社哪方的获益最多的一些有趣的假设命题。该理论运用了机会行为、利益冲突、信息不对称及随机条件等概念。其结论认为,委托—代理理论是分析合作社激励问题的一项有用的工具。但是,作者指出,在运用这一工具时研究人员必须对农业合作社的组织和制度特性有深入的了解。正是由于作者对于这些方面的深刻理解,该篇文献的讨论和结论具有有益作用。③ Sykuta 和 Cook 进一步分析了合约对克服合作社缺陷的作用,认为在合作社、投资者所有的企业以及新型的封闭社员资格的合作社等不同的组织形式下,合约的设计是不同的,所使用的有效合约形式有巨大的差别。④

(四)简要的评论

从西方早期的合作思想到西方经济学的合作社理论,从新古典经济学的研究方法再到新制度经济学的研究方法,对合作社的研究进程不仅反映了社会学、经济学理论的发展变化,而且反映了农业环境的变化以及合作社自身发展的需求。这不仅是理论发展的推进,也是为现实服务的需要。通过农民专业合作经济组织研究的深化为实践提供理论支撑的做法是农村经济学人的使命。林权改革之后,我国林区农民大量的合作实践为我们提供了丰富的研究素材,他们在实践中所遇到的种种困难也迫切需要具有中国特色、符合林业实

---

① Zusman, P.. Constitutional Selection of Collective Choice Rules in a Cooperative Enterprise[J]. Journal of Economic Behavior and Organization,1992(17):353~362

② Eilers C., C. H. Hanf. Contracts between Farmers and Farmers Processing Cooperatives: A Principal-agent Approach for the Potato Starch Industry, In Vertical Relationship and Coordination in the Food System [M]. Edited by G. Galizzi and L. Venturini, Publisher: Heidelberg, Physica, 1999, 267~284. http://www.csscipaper.com/chinaeconomics/nongyejingjiqianyan/77802_5.html

③ 苑鹏. 近年国外合作社理论的发展[N]. 中国社会科学院院报,2006-03-07

④ Sykuta, M. & Cook, M. L., A New Institutional Economics Approach to Contracts and Cooperatives [J/OL]. Working Paper, 2001, http://cori.missouri.edu/wps

际的研究成果。加强对农民林业专业合作经济组织的研究,为农民林业专业合作经济组织发展服务是推进集体林权改革、建设社会主义新农村的现实需要。

二、国内关于农民专业合作经济组织的研究文献综述

从20世纪20年代开始,国内也开始了关于农民专业合作经济组织的研究。本书把国内关于农民专业合作经济组织的研究分为两个阶段:改革开放之前和改革开放之后,并侧重于研究改革开放之后。

(一) 20世纪初到改革开放之前的合作经济组织思想

1. 薛仙舟的合作经济组织思想

20世纪20年代初,西方合作经济组织的有关思想传入中国,中国的一些学者开始了合作经济组织理论的研究、宣传和实践。最早较有影响地开展合作经济组织研究和宣传的学者是薛仙舟先生。由于早年的留学经历,他较早地接触了西方的合作经济改良思想。回国后,薛仙舟先生积极研究和传播合作经济组织思想,倡导合作主义,并于1919年在上海创办了国民合作储蓄银行,成为我国第一个具有一定规模的信用合作社。1920年,他还创办了《平民》周刊,主张以合作主义的改良方法来解决现实社会中的种种矛盾。① 基于理论和实践的深入研究,薛仙舟撰写了《中国合作化方案》,他明确指出:实现民生主义的具体措施和最好办法就是要在全国推行合作经济运动,并认为国民政府必须利用政府与国家的权力积极地参与,在全国范围内大力地推行合作经济运动,以便实现全国的合作共和,最终促使民生主义的实现。②

2. 梁漱溟的合作经济组织思想

20世纪30年代,中国合作经济运动的另一个重要先驱者梁漱溟致力于

---

① 孙亚范. 新型农民专业合作经济组织发展研究[M]. 北京:社会科学文献出版社,2006:117

② 洪远朋. 合作经济的理论与实践[M]. 上海:复旦大学出版社,1996:136

合作经济组织的研究。他把合作经济组织看作是弱者在经济压迫下的自卫自救组织,并试图通过合作化而走向社会化,即从经济上的自卫自立入手,以大社会的自给自足为归,从农业引发工业,自始即倾向于为消费而生产,最后完成为消费而生产,从而实现社会化的构想。他同时认为,中国是个农业社会,只有合作,才能适应农业技术进步的要求。1937年,他撰写的《乡村建设理论》一书出版,他在书中明确指出:乡村建设的首要任务就是要进行农村经济的建设,其中重要的是发展农业生产。而发展农业生产有两条途径:一是"技术的改进",二是"经济的改进"。要完成"经济的改进",就必须开展"各项合作",要在乡村有计划、大规模地普遍推行合作,在短期内将农民纳入合作经济组织中。①

在合作经济组织思想的积极推动下,自1927年开始,蒋介石政府为了巩固其政权,适应其政治、经济以及军事上的需要和目的,将合作社列为七项运动之一加以推动。苏、浙、赣、湘等省先后公布了合作社暂行条例,设立合作事业指导委员会,并训练合作指导人员。1931年,国民党政府制定了《农村合作社暂行规定规章》,1934年颁行了《合作社法》,1935年又出台了《合作社法施行细则》。1935年国民政府在实业部下专设合作司,取代社会救济组织,管理指导全国的合作事业,1936年改由农本局总揽。到1948年前,已有15省设立省物品供销处,上海、重庆、汉口、北平、天津、贵州、长春设有分处。②

但是,新中国成立前农民合作组织最终因为低效而走向失败。导致其低效的原因主要有:(1)强制性的制度变迁,农民缺乏积极性。合作组织的形成虽然是出于自救自卫的初衷,但官方寄希望合作组织能够带来政治上的支持和财政收入的增加,因此,合作组织形成的过程很快就变成了强制性的制度变迁。合作组织的形成主要是依靠乡间地主、富农、乡保长,特别是1941年实行"新县制"时,规定合作社一定要以乡镇保甲来划分,每乡每保要分别设立一个合作社,将合作社"融于县制内,使保保有合作社,户户有社员,彻底消灭了自由组社而变成强制入社"③。国家选择了具有救济功能,而缺乏生产功能、开发功能的信用合作社,而能从根本上体现合作组织比较优势效率的农业生产合作社发展却相当迟缓。社员从合作社中获取的收益有限,社员也不愿为合作社投入太多,合作社的资金有限,规模普遍较小。(2)寻租现象严重,损害了

---

① 杨坚白.合作经济学概论[M].北京:中国社会科学出版社,1990:239
② 冯开文.建国前农村合作组织低效率的原因探讨[J].古今农业,1998(3):76~81
③ 徐旭.合作与社会[M].上海:中华书局,1950:164

合作组织的效率。与一般农民贷款难形成鲜明对比的是,信用社管理人员等存在严重的寻租行为。贫民教育促进会指导下的房山某合作社,其监事会主席便欲将借款独占一半。① 有些人认为合作社不过是一个借钱的机关而已,为了借钱方便才设立信用合作社。更有甚者,有些人还三番五次地改换名字,加入几个合作社,以便多面活动,借得更多的款项,甚至还有人把借到的款项用于转放高利贷。② 新中国成立前的农民合作组织由于不符合经济发展和社会的需求,缺乏生产、开发的功能,并衍生出寻租、高成本等种种问题,一直处于低效运行的状态中,并最终名存实亡。

3. 毛泽东的合作组织思想

(1)关于发展合作组织的意义

毛泽东认为发展合作组织是发展生产、提高农民生产积极性、改善人民生活的重要手段。抗日战争时期,毛泽东指出:"为了提高农民的生产兴趣和农业劳动生产率,我们就采取减租减息和组织劳动互助组这样两个方针。"③合作组织是"人民群众得到解放的必由之路,由穷变富的必由之路,也是抗战胜利的必由之路"④。社会主义改造时期,毛泽东把合作化作为人民共同富裕的基础,他在《关于农业合作化问题》一文中指出:"新富农已经到处都是,许多富裕中农力求把自己变为富农。许多贫农,则因为生产资料不足,仍然处于贫困地位,有些人欠了债,有些人出卖土地,或者出租土地……这个问题,只有在新的基础上才能获得解决。……即实行合作化,在农村中消灭富农经济制度和个体经济制度,使全体农村人民共同富裕起来。"⑤在合作组织发展的检验标准方面,毛泽东主张把是否发展生产作为主要的检验标准,他在为《中国农村的社会主义高潮》一书中的《只花一个多月的时间就使全村合作化》这篇文章写按语时指出:"一切合作社,都要以是否增产和增产的程度,作为检验自己是否健全的主要标准。"⑥

(2)关于农民参与合作的积极性

---

① 冯开文.建国前农村合作组织低效率的原因探讨[J].古今农业,1998(3):76~81
② 冯开文.建国前农村合作组织低效率的原因探讨[J].古今农业,1998(3):76~81
③ 毛泽东.毛泽东选集(第三卷)[C].北京:人民出版社,1991:1016
④ 毛泽东.毛泽东选集(第三卷)[C].北京:人民出版社,1991:932
⑤ 毛泽东.毛泽东选集(第六卷)[C].北京:人民出版社,1999:437
⑥ 毛泽东.毛泽东选集(第六卷)[C].北京:人民出版社,1999:449

关于农民参与合作的积极性，毛泽东把合作精神看作是农民参与合作的动力源泉。毛泽东指出："提倡以集体利益和个人利益相结合的原则为一切言论行动的标准的社会主义精神，是使分散的小农经济逐步地过渡到大规模合作化经济的思想和政治的保证。"①

(3)关于合作组织的形式

毛泽东把合作组织的形式从低级向高级划分为互助组、初级农业生产合作社、高级农业生产合作社。互助组被看作是社会主义的萌芽，它起源于革命老根据地农民的实践，一般由几户或十几户农户在个体经营的基础上按照自愿、互利的原则建立，成员的土地、其他生产资料和产品属于农户私有，以农民家庭为经营单位，在农业生产过程中，成员之间开展换工互助，调剂劳力、畜力和农具的使用，互助组内实行等价交换。互助组主要有两种类型，一种是临时互助组织，主要特点是土地、农具等生产资料仍归农户私有，根据农事季节，自愿结合，互助互利。另一种是少数的常年互助组，主要特点是在农户生产资料所有制不变的基础上，有简单的生产计划和管理制度，又有某些分工分业；在实行劳畜评定工分的常年互助组中，有的共同购买了少量的共同使用的生产资料。初级农业生产合作社被认为具有半社会主义性质，高级农业生产合作社被认为是社会主义性质的。关于三者的发展步骤，毛泽东指出："我们所采取的步骤是稳的，由社会主义萌芽的互助组，进到半社会主义的合作社，再进到完全社会主义的合作社(也叫农业生产合作社，不要叫集体农庄)。"②

新中国成立之后，在全国范围内进行了土地改革运动，农民合作组织也随之蓬勃发展。到1952年年底，全国范围内的土地改革基本完成。土地改革废除了封建地主土地所有制，从根本上摧毁了中国农村长期存在的封建剥削制度。亿万中国农民实现了千百年来"耕者有其田"的梦想，他们的劳动积极性明显提高，但新中国成立之初的农户普遍缺乏役畜、生产工具和日用工业品，因此具有合作的需求和积极性。1951年12月，中共中央在革命根据地开展互助合作的基础上，下发了《关于农业生产互助合作的决议(草案)》。在《关于农业生产互助合作的决议(草案)》中，毛泽东亲自加上了这样的一段话："要使国家得到比现在多得多的商品粮食及其他工业原料，同时也提高农民的购买力，使国家的工业品得到广大的销场，就必须提倡组织起来。"③由于互助组不

---

① 毛泽东.毛泽东选集(第六卷)[C].北京：人民出版社，1999：450.
② 毛泽东.毛泽东选集(第六卷)[C].北京：人民出版社，1999：303.
③ 毛泽东.毛泽东选集(第五卷)[C].北京：人民出版社，1977：313.

改变生产资料所有权关系,建立在自愿结合的基础上,内部基本上坚持了平等交换和互利原则,互助组的实践快速发展并取得了很好的成效。1952年年底,全国出现了农民自愿组织起来的830多万个互助组,1956年农业合作化在全国范围内基本完成。毛泽东的合作组织思想是丰富的,这一思想所指导下的合作化运动取得了重大的成绩,1956年后的连续三年丰收大大鼓舞了农民的积极性,也培育了农民的集体主义精神。

但是,毛泽东过于乐观地估计了农民的社会主义积极性。合作化后期,他曾多次强调:"大多数农民有一种走社会主义道路的积极性。"[1]在他的乐观估计推动下,合作组织的发展进程发生了过快的变化。1955年,全国各省市自治区党委书记会议和七届六中全会召开,两个会议都是批合作化的步伐太慢,如"小脚女人"走路。《中国农村的社会主义高潮》一书出版之后,我国农业合作化的步伐骤然加快,合作组织的形式由互助组向高级社和大社转变,入社由自愿向强制转变。1956年,全国大部分农户直接或经过初级合作社简单地进入高级合作社。缘于合作运动发展过急,形式过于简单划一,从而也影响了合作组织的运作效率。合作社内部平均主义盛行,农民的生产积极性受到严重的抑制。从1958年到1962年,农业总产值不但没有增长,反而下降了4.3%。[2]

(二)改革开放后的农民专业合作经济组织研究

改革开放之后,农民专业合作经济组织的发展受到理论界的广泛关注,并涌现出丰富的研究成果。伴随着农民专业合作经济组织的发展,研究方法逐步从规范研究为主转向实证研究为主,研究的内容从最初的合作社性质的规定性、合作社的地位和作用等逐步深入到合作社内部的制度安排、治理结构、利益联结机制和绩效等。具体而言,国内关于农民专业合作经济组织理论的研究主要集中在以下几个方面:

1.关于农民专业合作经济组织本质的研究

自20世纪80年代以来,随着改革开放后合作运动的新发展,国内出现了一大批关于合作经济组织发展的文献,学者开始重新思考专业合作经济组织的本质。学者使用的概念不同,有的使用合作经济组织的概念,有的则使用合

---

① 毛泽东.毛泽东选集(第五卷)[C].北京:人民出版社,1977:173
② 赵凯.中国农业经济合作组织发展研究[J].北京:中国农业出版社,2004

作社的概念,因为概念的不同,他们的研究对象实际上也有所差别。关于合作经济组织的本质,学界着重强调以下几个方面:

(1)民主自治原则。郭翔宇从西方发达国家农民合作经济组织的实践中归纳出了合作经济组织的共同特征,认为农民合作组织应该是群众性的服务组织,合作组织的运行应该坚持民主自治原则和以为农民服务为宗旨。[①]

(2)所有者与惠顾者统一的原则。徐旭初等主要对合作社的本质进行探讨,他将合作社的本质归结为所有者与惠顾者同一,自愿、自治和独立,成员民主控制,按惠顾额分配盈余,资本报酬有限等。[②] 合作社的本质特征在于合作社的所有者与合作社业务的使用者同一,合作社是以社员——服务对象为本,而不是以股东——投资者为本。为成员服务,是合作社组织功能的核心。[③]

(3)生产者的独立地位。马彦丽、林坚非常注重合作社成员的地位,他们认为合作社是独立的生产者的合作组织,组织中的成员是否具有独立的生产地位是判定一个合作社是不是真正意义上的合作社的参照标准之一。[④]

(4)专业合作经济组织可以是劳动和资本的双重联合。马俊哲认为,农民专业合作经济组织是对分散的农户提取一部分财产结合成公共产权,而这一公共产权所形成的经济实体的功能,正是为分散的私人产权服务的,使个别分散的产权不仅更有内部效率,而且也更有外部的市场竞争效率。[⑤] 冯开文通过对经典合作理论的考察,认为合作组织既是一种经济组织形式,又内含着一种经济制度安排。经济组织是经济制度的外在形式,经济制度则是经济组织的内在本质,因此合作组织能够容纳不同的产权形式,而不应该局限于公有产权形式。[⑥]"合作社是劳动者在合乎国家法律的前提下,遵循合作社原则实现劳动的联合和资本的联合,通过资本的集中运营和劳动的分工协作、采用按劳

[①] 郭翔宇.西方发达国家农民合作组织的共同特征及启示[J].中国农村经济,1995(4):59~62

[②] 徐旭初.合作社的本质规定性及其他[J].农村经济,2003(8):38~40

[③] 苑鹏.试论合作社的本质属性及中国农民专业合作经济组织发展的基本条件[J].农业经济导刊,2006(11):114~120

[④] 马彦丽,林坚.集体行动的逻辑与农民专业合作社的发展[J].经济学家,2006(2):40~45

[⑤] 马俊哲.对农民专业合作经济组织发展中若干问题的思考[J].吉林省经济管理干部学院学报,2001(6):3~5

[⑥] 冯开文.从经典合作理论看中国农村合作的路径[J].中国农业大学学报(社会科学版),1999(3):9~13

和按资相结合的分配制度,以改善劳动者的经济状况的经济组织。"①

2. 农民专业合作经济组织发展意义的研究

国内学者从我国农业生产的自身特点、外部环境等角度,对农民专业合作经济组织发展的意义进行研究。夏英、牛若峰[2]从提高农民的组织程度、保护农民利益的角度出发,认为发展农村合作组织是必要的、刻不容缓的。苑鹏从农业企业化的角度指出农民专业合作组织是农业企业化的有效载体。[3] 张晓山认为农民专业合作社的发展是双层经营体制改进和完善的表现,代表了中国农业基本经营制度的发展方向。[4] 黄祖辉[5]、赵继新[6]等从农业自身的生产特点出发,认为只要农业生产的生物性、地域的分散性以及规模的不均匀性等特点不变,农民的合作就有存在的必要。温铁军认为合作社降低了信息搜寻成本,于是就占有了无须支付信息搜寻成本得到的那部分额外收益,即机会收益。[7] 傅晨在分析农业产业特性和经营组织特点的基础上指出,当前大力发展农村合作经济的客观必然性深植于我国农业和农村经济发展进入新的发展阶段所面临的挑战和任务。[8] 曾宪影、李钦从解决目前农业领域内分散生产与大市场的矛盾入手,说明其产生的客观必然性。[9] 夏英[10]、郭红东和徐柯庆[11]

---

① 冯开文.合作社:兼顾公平与效率的经济组织[J].农村合作经济经营管理,2000(1):12~14

② 夏英,牛若峰.我国农村合作经济组织改革与发展的思路[J].中国农村经济,1999(12):40~43

③ 苑鹏.农民专业合作经济组织:农业企业化的有效载体[J].农村经营管理,2003(5):4~7

④ 张晓山.浅析农民专业合作组织的发展与农业基本经营制度的创新[J].中国党政干部论坛,2006(6):8~11

⑤ 黄祖辉.农民合作:必然性、变革趋势与启示[J].中国农村经济,2000(8):4~8

⑥ 赵继新.中国农民合作经济组织发展研究[D].中国农业大学博士学位论文,2003

⑦ 温铁军.合作社的组织创新与交易成本降低[J].中国合作经济,2009(10):21~22

⑧ 傅晨.为什么要大量发展合作经济[J].中国合作经济,2005(5):6~9

⑨ 曾宪影,李钦.农村合作经济组织是农业领域产业组织的新发展[J].农业经济问题,2000(8):48~51

⑩ 夏英.农村合作经济:21世纪中国农业发展的必然性[J].调研世界,2001(9):7~12

⑪ 郭红东,徐柯庆.充分发挥农业合作组织作用,促进农业经济发展——浙江省慈溪市农业合作组织发展的实践与思考[J].西北农业科技大学学报(社会科学版),2001(11):14~17

等也对农业生产的分散、小规模经营给予充分的关注,并指出通过各种产销专业合作组织,把分散的小规模农户组织起来,克服农户小规模、分散经营的弊端,形成聚合规模经济,提高谈判地位和比较利益。申延平则认为发展农村合作组织是促进农村经济增长和社会发展的必然选择。郭铁民把农民合作经济组织提高到生产力的高度,认为合作组织也是一种生产力,从组织、制度和结构的层面为农业发展提供了支撑。[①] 冯开文对农民专业合作经济组织在城镇化中的积极作用给予充分关注,认为它的发展能够促进农村产业升级、创造农村就业岗位、解决城镇化中的就业问题、促进农村消费等。[②]

3. 关于农民专业合作经济组织发展中存在的问题研究

从理论上讲,我国农业所面临的种种问题迫切需要在家庭承包经营的基础上,把分散的小规模农户组织起来,组建农民专业合作经济组织。但是,从我国农民专业合作经济组织的实践看,合作经济组织的发展却面临诸多困难。学者对不同地方农民专业合作经济组织发展的实际进行调研,如姜长云和宋海英以我国四川、河北、陕西等地的若干合作组织为典型进行案例分析,[③] 杜吟棠、潘劲等对京郊专业合作组织案例进行调查,[④] 秦中春对江苏省苏州市的农民合作经济组织进行调研,[⑤] 杨欢进则对河北省农村合作组织的发展进行研究,[⑥] 孙彩霞主要以浙江省为例,[⑦] 安徽省财政厅课题组对安徽省农民合作组织的发展进行了较为深入的调查。[⑧] 调查研究的结果表明,我国农民专业合作经济组织的发展仍然存在很多问题,如合作经济组织数量少、发展慢;农户覆盖率低;服务功能单一,以信息技术服务为主;地域跨度小,以乡村范围为主;合作组织的发展不规范等等。

---

① 郭铁民.农民合作经济组织也是一种生产力[J].中共福建省委党校学报,2007(2):39~42
② 冯开文.合作社在城镇化中的作用[J].中国农民合作社,2010(3):46~47
③ 姜长云,宋海英.我国农民合作组织的若干典型案例分析[J].经济研究参考,2004(70):22~29
④ 杜吟棠,潘劲.我国新型农民合作社的雏形[J].管理世界,2000(1):161~168
⑤ 秦中春.江苏省苏州市吴中区农民合作经济组织发展的调研和思考[J].农业经济问题,2006(7):31~34
⑥ 杨欢进.河北省农村合作组织发展研究[J].河北经贸大学学报,2000(3):29~34
⑦ 孙彩霞.积极推进我国农民合作组织创新[J].经济与管理,2004(1):80~81
⑧ 安徽省财政厅"支持农民合作组织发展"课题组.积极支持农民实行新的联合与合作[J].经济研究参考,2003(84):17~25

针对农民专业合作经济组织发展中存在的问题,许多学者从不同的角度对合作组织发展难的原因进行分析。有的学者从农民或农业的角度把发展难的原因归结为:发展时间短、农民缺乏合作精神;①新中国成立初期大规模的合作化运动的失败,挫伤了农民的积极性;②农民参与合作的支出和收益是不对等的。③马彦丽、林坚把合作社发展缓慢的原因解释为成员的搭便车行为。④

有的学者则从政府的角度寻找合作组织发展缓慢的原因。瞿为民认为合作社制度供给的不足是我国合作社经济发展缓慢的原因;⑤而牛若峰则认为,政府支持不力是农民合作社发展缓慢的主要原因;⑥黄祖辉等结合浙江省的实际,讨论了影响农民专业合作经济组织发展的制度环境。⑦

有的学者从社会等其他因素寻找影响农民专业合作经济组织发展的因素。苑鹏对农民专业合作组织建立的体制和市场条件进行进一步的研究,认为市场经济的建立是农民专业合作组织发展的制度环境,市场结构接近于完全竞争市场而产地远离交易市场是农民专业合作组织发展的市场条件。⑧黄祖辉等通过对浙江省农民专业合作组织发展现状的调查,把影响因素归纳为产品特性、生产集群、合作成员和制度环境,认为产品特性因素使农民专业合作组织具有原初的必要性,生产集群因素使农民专业合作组织具有发展的可能性,而合作成员和制度环境则从内外两方面共同决定了农民专业合作组织的创建水平、组织制度、运营机制以及发展路径等。⑨李湘蓉认为社会信用的

---

① 傅晨.农民专业合作经济组织的现状及问题[J].经济学家,2004(5):6~9
② 唐楚生.农村合作经济组织发展的主要障碍分析[J].农业经济,2005(5):23~24
③ 赵翠萍.农民合作,路在何方[J].河南农业,2006(6):32~33
④ 马彦丽,林坚.集体行动的逻辑与农民专业合作社的发展[J].经济学家,2006(2):40~45
⑤ 瞿为民.中国农村合作社发展研究——理论分析与现实考察[J].南京农业大学博士学位论文,2003
⑥ 牛若峰.发展合作社与构建和谐社会[J].中国合作经济,2005(9):35~36
⑦ 黄祖辉,徐旭初,冯冠胜.农民专业合作经济组织发展的影响因素分析[J].中国农村经济,2002(3):13~21
⑧ 苑鹏.试论合作社的本质属性及中国农民专业合作经济组织发展的基本条件[J].农业经济导刊,2006(11):114~120
⑨ 黄祖辉,徐旭初,冯冠胜.农民专业合作组织发展的影响因素分析——对浙江省农民专业合作组织发展现状的探讨[J].中国农村经济,2002(3):13~21

缺失导致我国农村合作经济组织的发展举步维艰。① 李秀义等学者也注意到了农民合作组织组建的困难,并运用博弈论对组建者进行分析,得出的结论认为,大户(农村精英)是建立合作组织的主要力量。卢敏、李云方专门就农民资金互助社发展的困境进行分析。② 孙亚范、余海鹏就立法后农民专业合作社的发展状况进行调查研究。③ 他们的结论为这方面的研究提供了有益的启示,但还可在实证分析和对策研究等方面进一步拓展。④

4.关于农民专业合作经济组织治理结构的研究

近年来,国内学者对合作社治理结构的研究成果逐渐增加。主要成果集中在治理结构的形成、决策机制和激励约束机制等方面。

关于治理结构的形成,傅晨对农村社区型股份合作制的组织治理结构进行分析,他认为企业治理结构的性质是由交易的性质决定的,只要社区型股份合作制交易的基本性质不变,社区型股份合作制就会出现一种特殊的治理结构形式。⑤ 他还通过对美国、加拿大等国新一代农民合作社的研究,并结合中国农村合作经济组织的发展情况指出:由于外部环境变化对农业生产组织方式产生的影响,在坚持为社员服务的原则下,合作社将会从传统的"服务取向型"演进为农户投资于农产品加工以获取价值增值的"市场取向型",即表现出一种更高的投资激励下的合作,从而改变其内部的运行机制。黄祖辉、徐旭初运用委托代理理论提出了一个关于合作社剩余控制权的研究框架,以浙江省农民专业合作社为例,对能力、关系在合作社中的独特作用进行深入的分析,研究结论认为我国东部沿海地区农民专业合作社治理结构是一种基于能力和

---

① 李湘蓉.我国农村合作经济组织发展中的信用困境及破解途径探讨[J].生产力研究,2005(12):47～48

② 卢敏,李云方.农民资金互助社的成因、运行与发展困境分析[J].农业经济问题,2012(3):38～42

③ 孙亚范,余海鹏.立法后农民专业合作社的发展状况和运行机制分析——基于江苏省的调研数据[J].农业经济问题,2012(2):89～97

④ 李秀义,楚成亚,邢晓燕."智猪博弈"视角下的农民自发合作组织的建立[J].中共济南市委党校学报,2005(2):53～56

⑤ 傅晨.农村社区型股份合作制的治理结构——一个交易费用经济学的透视[J].农业经济问题,1999(6):16～20

关系的治理结构。①

关于决策机制,"一人一票"的决策机制受到了广泛的质疑。"一人一票"的决策机制虽然赋予了每位成员平等的权利,但这种权利普遍被认为会导致激励作用的弱化。首先表现为对经营大户激励的弱化,尤其是在农资信贷缺乏、社员投入有限、合作期望进一步发展的情况下,那些在社内持股比例高、日常交易量大却在年度会议上只能持有一票的社员明显地感到不公平,②这将严重挫伤经营大户的积极性。其次表现为对普通成员激励的弱化。若普通成员出于对合作社发展的关心希望能正确地投上一票,其个人将为此支付高昂的信息成本,而组织因他的负责态度所获得的好处却由所有成员共享。从理性人的角度来看,这是他所不愿的。因此,"一人一票"的原则极可能导致"理性的无知"与"集体的愚蠢"。③

关于激励约束机制,在大多数情况下,中国农民专业合作组织的激励和约束机制都不健全,个体所受的约束极为有限,因此对激励约束机制的研究也受到学界的广泛关注。傅晨认为,对组织成员而言,专业合作经济组织的产权是非排他性的。④专业合作组织尤其是农村专业技术协会在发展过程中所受到的约束主要来自外界,如市场约束、政策法律约束,而内部的约束机制并不健全。⑤罗必良极其强调监督的作用,他认为,对于一个合作组织,即使存在成员身份上的退出约束,如果不能进行有效的监督或者说不能限制其隐性退出,那么,也必然走向低效率。⑥

---

① 黄祖辉,徐旭初.基于能力和关系的合作治理——对浙江省农民专业合作社治理结构的解释[J].浙江社会科学,2006(1):60~66

② 林坚,王宁.公平与效率:合作社组织的思想宗旨及其制度安排[J].农业经济问题,2002(9):46~49

③ 罗必良.中国农村经济组织变迁:线索、趋势与目标模式[J].经济学家,1996(5):92~98

④ 傅晨."新一代合作社":合作社制度创新的源泉[J].中国农村经济,2003(6):73~80

⑤ 刘一明,傅晨.农村专业技术协会的组织制度与运行机制[J].华南农业大学学报(社会科学版),2005(2):21~25

⑥ 罗必良.农民合作组织:偷懒、监督及其保障机制[J].中国农村观察,2007(2):26~37

5.关于农民专业合作经济组织产权和分配机制的研究

(1)关于产权安排的研究。苑鹏认为,中国农民专业合作经济组织的产权不清晰,只有理顺合作社的产权关系,才能实现农民所有者的主体化地位。① 潘劲从内部主导因素的角度将农民专业合作协会分为政府主导型、企业主导型和官办向民办过渡型,并分析各自的股份构成特点和决策机制。② 徐旭初对浙江省农民专业合作社的产权安排进行实证分析,认为其产权安排是基于合作社的组织能力。③ 合作经济组织公共积累的产权安排引起了学者的特别关注。张晓山认为合作社公共积累的产权应该按照社员的惠顾额返还,量化到个人名下后再提取积累,从而使积累得以完全分割;④应瑞瑶等认为,应该把公共积累的部分按社员的资本金、入社年限、劳动贡献等因素量化到个人身上,在社员退社时,只能向其他社员转让,或者由合作社赎回;⑤马彦丽的研究结论却认为,清晰界定产权的成本很高,合作社产权界定模糊的共有财产实际上是由这些大股东控制,只要合作社的核心层不发生大的变动,合作社就缺乏进一步清晰界定产权的动力。合作社产权的明晰是一个动态的、不断发展的过程。⑥

(2)关于加入专业合作经济组织条件的研究。加入的条件可分为初始成员的条件和新成员的条件。对于合作经济组织的初始成员条件,杜吟棠、潘劲认为,为了避免合作社被一个社员独占,应该对每个社员可以拥有的股金数量进行限制。⑦ 王景新也认为有些合作社将入股额与享受的服务数量进行挂钩的做法是不妥的,由此可能产生资本对劳动力的排斥,合作经济组织可能异化为股份有限公司。⑧ 对于初始条件,大部分学者主张不要设置股份或资金的门槛。而对于合作社成立之后新加入的成员,不少学者担心新成员的加入会

---

① 苑鹏.关于理顺农民合作组织产权关系的思考[J].中国合作经济,2004(1):33
② 潘劲.农产品行业协会治理机制研究[M].北京:中国农业出版社,2005
③ 徐旭初.农民专业合作:基于组织能力的产权安排——对浙江省农民专业合作社产权安排的一种解释[J].浙江学刊,2006(3):177~182
④ 张晓山.合作经济理论与实践[M].北京:中国城市出版社,1991
⑤ 应瑞瑶,刘营军.农业合作社经济的基本原则探析[J].马克思主义与现实,2003(3):116~118
⑥ 马彦丽.我国农民专业合作社的制度解析[M].北京:中国社会科学出版社,2007
⑦ 杜吟棠,潘劲.我国新型农民合作社的雏形[J].管理世界,2000(1):161~169
⑧ 王景新.中国农民组织建设的现状分析与趋势预期[J].农村经济,2008(8):8~10

导致老成员权利的稀释。赵保住和冯开文认为应该实行封闭的成员资格,一旦确定会员,就不能随意吸收新会员,①新老成员应该给予区别对待。

(3)关于盈余分配的研究。不少学者对农民专业合作经济组织的分配问题进行实地考查和研究。应瑞瑶综合了7省市14个农民专业协会、江苏省47家农民专业合作社和山东省莱阳市10个农民专业合作社执行合作社基本原则的情况,结果发现它们当中的大多数实行股金分红,少数实行分红与返利相结合。②孔祥智、郭艳芹通过对23省农民合作经济组织的调查,认为合作组织内部分配不规范。有相当一部分合作经济组织无章可循,利润分配、分红等随意性大,没有形成严格的制度,这不仅影响成员对合作组织的信任程度,降低合作组织对农民的吸引力,也会影响资金的积累,导致发展乏力。③郑丹调查研究结果也显示,我国农民专业合作社的盈余界定模糊,普通成员对盈余分配的程序和自身权利缺乏了解。④

关于盈余分配的原则,大部分学者都主张兼顾投资者、惠顾者和劳动者的公平。冯开文认为,合作社越发展,制度变革越深刻,分配制度就越重要、越复杂;合作社分配制度的形成是多种因素综合作用的结果,农民合作社分配制度的建立和变革要在不改变农民产权,尤其是土地产权的范围内,兼具股金分红和利润返还两大构件。⑤他还通过对西班牙蒙德拉贡农民合作社原则的分析,认为蒙德拉贡农民合作社把股金分红和利润返还等都记入个人资本账户,退休或死去时才能兑现,每年只付给社员股息的分配做法,其最突出的特点是截流社员收益,防止社员退出,维护合作社的稳定。⑥在这一问题上,孙亚范则认为,按惠顾额分配盈余是农民专业合作经济组织制度安排的核心。⑦张明林、付春则运用博弈论对合作组织的分配机制进行分析,认为在利润分配时,经营户应该按照经营规模大小成比例分配,而在分摊成本时,则大经营户

---

① 赵保住,冯开文.北美新一代合作社与我国农村合作社实践比较与借鉴[J].新疆农垦经济,2005(12):56~59

② 应瑞瑶.合作社的异化与异化的合作社[J].江海学刊,2002(6):69~75

③ 孔祥智,郭艳芹.现阶段农民合作经济组织的基本状况、组织管理和政府作用[J].农业经济问题,2006(1):54~59

④ 郑丹.农民专业合作社盈余分配状况探究[J].中国农村经济,2011(4):74~81

⑤ 冯开文.合作社的分配制度分析[J].农业经济导刊,2007(1):90~96

⑥ 冯开文.国外合作社经验纵横论[J].中国合作经济,2005(8):45~48

⑦ 孙亚范.农民专业合作经济组织利益机制及影响因素分析[J].农业经济问题,2008(9):48~56

摊销成本的比例可以略高于小经营户。① 林坚、王宁也认为农民专业合作组织在利益分配上不可一味地坚持罗虚戴尔合作原则中强调的注重劳动的联合以及劳动的公平。随着时代的变迁,合作社应增强投资的激励,即坚持在社内按成员惠顾比例分红和按股分红相结合的原则,但股息应有最高比例限制。②

6.关于农民专业合作经济组织发展模式的研究

黄祖辉等把我国农民专业合作社分为比较经典的合作社、具有股份化倾向的合作社和相对松散的专业协会三种类型,并认为在未来的一段时间里,专业协会将演变为比较规范的经典合作社或具有股份化倾向的合作社。就全国而言,经典合作社和具有股份化倾向的合作社将成为主流形式,而具有股份化倾向的合作社将在以浙江为代表的沿海地区占据主流。③ 张广智、黎志成认为,农村合作经济组织是一种动态的发展过程,其发展模式在遵循市场经济规律的同时,还要遵循其自身的发展规律。对某些合作组织的不成熟、不规范,甚至有悖于合作制原则的地方,不必感到诧异。要根据中国目前农村经济发展的现状和特点实施合作,它应该是适应农村现阶段生产力而形成的一种经济活动方式。④ 杜吟棠认为在农民专业合作社成长缓慢的情况下,发展"公司+农户"模式有利于带动一批农户从自给性生产转向商品化生产,有利于加快农业产业化进程。⑤

7.关于农民专业合作经济组织的变迁研究

冯开文通过对新中国成立前农村合作组织的考察,认为新中国成立前农村合作组织的低效率是强制性制度变迁的结果,合作社受制于当时的政治制度环境,移植了当时的政治制度框架,甚至是对当时政治制度的复制。⑥ 通过

---

① 张明林,付春.集体选择、智猪博弈与农业组织的合作机制研究[J].商业研究,2006(6):202~205

② 林坚,王宁.公平与效率:合作社组织的思想宗旨及其制度安排[J].农业经济问题,2002(9):46~49

③ 黄祖辉,徐旭初.中国农民的专业合作社与制度安排[J].山东农业大学学报,2005(4):15~20

④ 张广智,黎志成.农村合作经济组织发展的思路与对策[J].改革与理论,2003(25):40~44

⑤ 杜吟棠.我国农民合作组织的历史和现状[J].经济研究参考,2002(25):13~19

⑥ 冯开文.建国前农村合作组织低效率的原因探讨[J].古今农业,1998(3):76~81

对1978年后以诱致性为主的制度变迁的分析,他得出的结论是:诱致性制度变迁易导致供给不足、强制性制度变迁易忽视初级行为主体利益,而破解的可能就是激发初级行为主体的活力,不断实施创新,从而理性地作出最终决策,形成一个诱致性变迁与强制性变迁配套进行的良性状态。[1] 徐智环指出农村合作组织的形式应该顺应市场经济发展的客观要求,从低级到高级,从简单到复杂不断递进演变。[2]

关于农民专业合作经济组织变迁的方向,苑鹏认为,在全球经济一体化进程中,合作社受到了有史以来最激烈的市场竞争的挑战,因此加强合作社之间、合作社与外部公司等的合作,形成合作社的集体力量,实现规模经济是合作社变迁的一个方向。[3] 张晓山指出:单个的农民基层合作社,即使力量再大,也难以形成气候。合作社在取得合法地位之后,则应进一步建立垂直组织系统,即地区一级的合作社以及全国性的组织体系,农民在全国或地区有自己的代言人,这是保持合作社自治、减少国家干预的重要一步。[4] 潘劲认为应该在保持合作社质的规定性的前提下发展多种形式的合作社。

8. 关于农民专业合作经济组织国际经验的研究

苑鹏、潘劲深入分析了以色列合作社运动失败的教训,并结合当代国际合作社运动的现实,重新思考了对合作社基本原则特别是关于合作社股本及其报酬、盈余及其分配等问题。[5] 王彦敏对以色列农村合作组织进行考察,并借鉴其成功经验,对我国合作经济组织的发展提出建议。[6] 国鲁来介绍了德国、印度、埃及等国家促进农民合作组织发展的政策、目标和内容,分析它们的成功经验和失败教训,从而提出降低政策援助成本、提高政策援助效率、更好地

---

[1] 冯开文.论中国农业合作制度变迁的格局与方向[J].中国农村观察,1999(3):16～22

[2] 徐智环.我国农村合作组织的变迁及其路径选择[J].广播电视大学学报(哲学社会科学版),2004(4):58～61

[3] 苑鹏.现代合作社理论研究发展评述[J].农村经营管理,2005(4):15～18

[4] 张晓山.浅析农民专业合作组织的发展与农业基本经营制度的创新[J].中国党政干部论坛,2006(6):8～11

[5] 苑鹏,潘劲.关于合作社基本概念基本原则的再认识[J].中国农村观察,1998(5):47～50

[6] 王彦敏.从以色列莫沙夫看我国农村合作经济组织[J].理论学刊,2006(8):72～75

实现政策援助目的等有关建议。① 冯兰、沈小红等对德、法、日、美、加等国的农民合作组织进行分析,建议我国农民合作组织的发展应该加强法制建设和内部规章制度的建设。② 冯开文对日本综合农协近况进行考察后指出,日本农协最重要的经验是在综合农协的基础上,依赖原有路径,不断变革发展。在中国目前的专业合作经济组织越来越显示出不适应性的时候,应该对综合性合作社的戛然而止进行反思。③ 他还通过对印度农村合作社发展的研究,揭示了农村合作社发展的趋势及对中国的启示。④ 郭红东等对美国农业合作社存在的问题及原因进行分析,并提出了相应的对策。⑤ 财政部农业司对加拿大合作社的发展过程进行回顾,并探讨对我国农民合作社的启示。⑥

9. 关于政府和农民专业合作经济组织关系的研究

苑鹏认为,合作社制度的反市场性决定了其对国家扶持具有天然的倾向性,但政府对农民合作经济组织的作用应更多地体现在加强合作立法建设、制定经济扶持政策、提供公共物品等,而不是过多地介入农民合作经济组织的日常经营决策中。⑦ 张晓山也在《合作经济理论与实践》一书中指出,在市场经济刚刚起步阶段,国家干预对合作组织的发展是不可缺少的,可以作为"第一推动力"来弥补个人主动性的不足,包括合作社教育、合作社立法、提供各种优惠服务及财政援助、传播技术和管理知识等。但这种干预存在着潜在的危险性,因此在合作经济活动步入正轨后,合作社应以自力更生为基点来处理与政府机构的关系。⑧ 孔祥智、郭艳芹在对23省农民合作经济组织进行调查后更

---

① 国鲁来.农民合作组织发展的促进政策分析[J].中国农村经济,2006(6):4~11

② 冯兰,沈小红,秦明春.国外农民合作组织发展的经验借鉴[J].红旗文稿,2006(13):33~36

③ 冯开文.借鉴与反思——日本农协近况及其对中国农村合作经济发展的启示[J].农业经营管理,2003(6):46~48

④ 冯开文.印度农村合作社的发展[J].中国农村经济,2007(4):75~80

⑤ 郭红东,钱崔红.美国农业合作社发展面临的问题及启示[J].世界农业,2004(7):29~31

⑥ 财政部农业司.加拿大合作社的发展过程及其启示[J].农村财政与财务,1998(10):37~39

⑦ 苑鹏.中国农民市场化进程中的农民合作组织研究[J].中国社会科学,2001(6):63~73

⑧ 张晓山.合作经济理论与实践[M].北京:中国城市出版社,1991

为明确地指出了政府支持的重点应该是资金和政策。① 肖富群认为,应该加强农民合作能力的培育,并以实践为基础。②

(三)简要的评论

从20世纪初到改革开放前,国内对农民合作经济组织的研究已经取得一定的成果,尤其是对合作组织意义和现实的认识,为后来的合作经济组织研究奠定了坚实的基础。但是,不论是薛仙舟、梁漱溟还是毛泽东,由于时代的局限,他们所提出的合作经济组织思想都过多地受到政治的影响,他们所建立的合作组织基本上是与自由竞争和营利相对立的,他们都或多或少地高估了农民的积极性,忽视了农民作为私有者的自私性和分散性。也正是由于他们的理论对中国国情的认识不足,所以他们所倡导的合作社运动效率并不高。

改革开放之后关于农民专业合作经济组织的研究取得丰硕的成果,具有以下明显的特征和变化趋势:(1)研究领域逐步拓宽。从最初单纯地关注内部的发展,向关注制度的变迁、外部环境等方面拓展;从关注农民专业合作经济组织的本质、意义向内部制度安排及治理结构等方面拓展;从关注国内农民专业合作经济组织的现状向国外经验的借鉴拓展;从关注一般意义上的农民专业合作经济组织向各种具体类型的合作经济组织拓展。研究领域的拓展表明学界和实际工作者对农民专业合作经济组织认识的逐步深化。(2)研究视角逐步多元化。从事农民专业合作经济组织研究的学者已从最初的以经济学、社会学为主逐步拓宽到政治学、公共管理学等领域,研究的视角逐步多元化。

已有的研究成果具有翔实的资料、扎实的理论与严谨的逻辑推理,字里行间体现了学者对农民的真切关怀,无疑对我国农民专业合作经济组织的发展具有重要的理论和实践指导意义,并为农民专业合作经济组织的继续研究奠定了重要的基础。农民林业专业合作经济组织具有农民专业合作经济组织的一般特征,农民专业合作经济组织的研究领域所取得的成果对于农民林业专业合作经济组织的发展具有重要的指导意义。

关于农民专业合作经济组织的研究,仍然有一定的拓展空间,主要表现

---

① 孔祥智,郭艳芹.现阶段农民合作经济组织的基本状况、组织管理和政府作用[J].农业经济问题,2006(1):54~59

② 肖富群.专业合作经营与农民合作能力的培育——来自广西贵港市农村的证据[J].农业经济问题,2011(12):35~42

在:(1)在组织机制的研究中,内部治理机制的研究成果已有一些,而对组建机制的研究以及合作组织间的合作尚未受到充分的关注。(2)在发展模式的研究中,主要侧重于对各种模式的归纳和总结,对形式多样化的本质及形式选择的依据有待深入的分析。(3)关于农民专业合作经济组织的变迁方向,已有的不少研究成果认为,农民专业合作经济组织的发展是一个循序渐进、从低级到高级、从简单到复杂的发展过程,但各种形式演进的本质和条件尚未得到充分的关注和研究。(4)关于政府扶持农民专业合作经济组织政策的实效有待于科学评价。关于政府和农民专业合作经济组织之间的关系,已有的研究成果主要侧重于分析政府扶持的理论依据,并根据分析提出政府扶持的建议,但对于政府已有扶持政策的实施效果却关注不够,从而难以对现有的扶持政策提出改进的措施。苑鹏在这方面进行了有益的尝试,其研究成果有利于政府财政扶持政策体系的完善,但这方面的成果不多,仍然有待于学界的进一步关注和研究。

三、关于农民林业专业合作经济组织的研究文献综述

集体林权改革之后,农民林业专业合作经济组织发展的重要性凸显,林区农民组建或参与了各种形式的专业合作经济组织。关于农民林业专业合作经济组织的研究引起了政府和学界的关注。但从目前已有的研究成果看,国内专门针对集体林权改革之后农民林业专业合作经济组织发展的研究成果非常少见。在少量的研究成果中,研究内容主要集中在以下几个方面:

(一)关于农民林业专业合作经济组织作用的研究

关于农民林业专业合作经济组织的作用,学者普遍认同合作经济组织在解决社会化大生产与小规模分散经营的矛盾、降低交易成本、增加林农收入、提高农民组织化和林业产业化水平[①]、实现林业现代化等方面的重要作用。程云行等对集体林权改革之后林业专业合作经济组织发展的必要性进行了总

---

① 梅莹.林业合作经济组织发展的理性思考[J].南京林业大学学报,2010(1):97~101

体的分析。① 吕明亮以浙江省的林业专业合作经济组织为例,进一步分析了专业合作经济组织在林业科技推广中的作用。他认为,专业合作经济组织在一定程度上解决了林业科技推广中的一些难题,如林、科、教脱离,科技成果难以送到农民手中;林农对高新技术的接受能力差;农民对科技投入的风险意识差等。但是,目前的专业合作经济组织所存在的问题也制约了合作组织在科技推广中的作用,因此应当加以解决。齐联、叶劲松对农民林业专业合作社的社会功能和经济功能进行定位分析,②谢旺生则对股份合作林场在规模经营中的有效作用进行了初步的分析。③

(二)关于农民林业专业合作经济组织发展历史的回顾

汤杰、续珊珊对我国农民林业专业合作经济组织发展的历史进行回顾,将发展的历史分为三个阶段:新中国成立初期的自主合作化阶段、人民公社时期的高度集体化阶段、改革开放以来的重新组织化阶段。④ 傅圭璧、包应森、高兆蔚对福建省集体林股份合作制创建发展进行了专门的回顾,并提出相应的建议。他们认为,现阶段进一步发展林业股份合作制的条件比较成熟,优势得到凸显,尤其适宜于南方集体林区林木所有权与经营权或林地所有权与使用权两权分离的地方。⑤ 王登举等也回顾了林业合作经济组织的发展历史,并对其中存在的问题进行了相关的研究,提出了相应的对策。⑥

---

① 程云行,汪永红,汤肇元.林业专业合作组织与林地产权制度研究[J].林业财务与会计,2004(5):35~37

② 齐联,叶劲松.农民林业专业合作社功能定位研究[J].林业经济,2011(10):12~14

③ 谢旺生.试论股份合作林场在林权制度改革后促进林业规模经营中的作用[J].华东森林经理,2008(5):15~16

④ 汤杰,续珊珊.我国林业合作经济组织发展问题与对策研究[J].学术交流,2009(1):87~89

⑤ 傅圭璧,包应森,高兆蔚.福建省集体林股份合作制创建发展与展望研究[J].林业经济问题,2008(10):461~465

⑥ 王登举,李维长,郭广荣.我国林业合作组织发展现状与对策[J].林业经济,2006(5):65~68

(三)关于农民林业专业合作经济组织的现状和对策分析

施化云对云南省林业生产股份合作制的现状进行调查分析;[1]唐陆法等对浙江淳安县[2];凌鹤对云南省[3];沈月琴等对浙江省[4];孙涤非、曲宏成、徐善光对辽宁省[5];吴浩对安徽省[6];李佳茜对福建省尤溪县[7];左婷、胡新萍、李婵娟对湖南省[8];马玉波对黑龙江省[9];张静和支玲则对全国[10]林业专业合作经济组织的现状进行调查研究。这些研究成果在肯定农民专业合作经济组织发展迅速、成员不断增多的同时,也揭示了林业合作组织规模较小、服务能力较弱、发展不均、产业优势不够突出、利益关联不紧[11]、运行机制不够规范等方面的问题,并提出建立健全农民林业专业合作经济组织体系的对策,如稳定山林产

---

[1] 施化云.云南省林业生产实行股份合作制的探讨[J].林业调查规划,2002(4):91~95

[2] 唐陆法,刘瑛,王雅娟,等.淳安县农村林业专业合作经济组织现状与发展对策研究[J].中国林业经济,2007(9):48~51

[3] 凌鹤.大力发展农民林业专业合作组织 加快林业产业化进程[J].云南林业,2008(6):22~23

[4] 沈月琴,徐秀英,吴伟光,等.浙江省林业专业合作经济组织发展对策研究[J].浙江林业科技,2005(2):79~84

[5] 孙涤非,曲宏成,徐善光.辽宁省林业合作经济组织建设情况综述[J].中小企业管理与科技,2010(4):208~209

[6] 吴浩.安徽省农民林业专业合作社建设现状分析及发展对策[J].安徽林业科技,2011(6):52~55

[7] 李佳茜.尤溪县林业合作组织发展现状与对策研究[J].山西水土保持科技,2012(1):25~27

[8] 左婷,胡新萍,李婵娟.林农合作组织发展中结构性矛盾和瓶颈研究——湖南省浏阳、洪江两市案例[J].林业经济,2011(1):76~81

[9] 马玉波.黑龙江省林业专业合作社发展问题初探[J].林业经济问题,2011(5):417~420

[10] 张静,支玲.林业专业合作经济组织研究现状及展望[J].世界林业研究,2010(4):65~68

[11] 贾蕊,陆迁,何学松.龙头企业与农民专业合作经济组织对接的障碍与对策[J].农村经济,2006(3):40~42

权、改善利益分配机制①、加强对农民的培训、加大政策扶持力度、加强指导和监督、规范组织运行机制、提高对农户的带动能力②等。

(四)关于政府在农民林业专业合作经济组织发展中的角色定位分析

许向阳等认为政府干预既有必要性,也有危险性,因此必须对政府的角色进行正确定位,并且要恰当把握好干预的尺度和时间。③ 吴守蓉、郭月亮对政府推动型农民林业专业合作社发展模式进行进一步的探讨,认为政府应当承担好法律保障、引导扶持、社会服务等职能。④

(五)关于林区农民对专业合作经济组织发展的需求和行为分析

孔祥智、陈丹梅注意到了小农户和大农户不同的需求和行为,并通过福建永安、邵武两地合作组织的案例分析证明了合作产生的直接原因是某个主体对生产要素的需求和合作的成本利益进行比较的结果。⑤ 在比较合作的收益与成本之后,往往是处于优势地位的大户会自发成立合作经济组织,而且运行效果好。黄和亮、王文烂、吴秀娟、黄颖等以福建省为例,分析了农户的家庭特征、户主特征、生产经营用地、家庭收入来源对农户参与专业合作经济组织意愿的影响。⑥ 黄森慰、张春霞通过构建逻辑斯蒂回归模型,对影响私有林合作

---

① 赵闫春.林业经济合作组织的内部治理研究[J].中国高新技术企业,2010(7):60~61

② 邢最荣.浙江:对进一步推进全省林业专业合作社又快又好发展的几点思考[J].中国林业产业,2008(6):23~24

③ 许向阳,聂影,张建华,等.政府在林业合作组织发展中角色定位的研究[J].林业经济,2007(2):52~55

④ 吴守蓉,郭月亮.政府推动型农民林业专业合作社发展模式研究[J].林业经济,2011(2):26~31

⑤ 孔祥智,陈丹梅.林业合作经济组织研究——福建永安和邵武案例[J].林业经济,2008(5):48~52

⑥ 黄和亮,王文烂,吴秀娟,等.影响农户参与林业合作经济组织因素分析[J].林业经济,2008(9):55~58

经营意愿的因素进行分析。回归分析的结果发现,随着经营者地块增多,面积增大,或林种数量大于 5 种,或经营的林地坡度趋缓,发生合作经营的概率增大。[①] 孙翠、翟印礼的研究结论认为,林农的文化程度、林产品销售价格、自筹经营资金比重等对林农参与合作的行为具有不同程度和不同方向的影响。[②]

(六)简要的评论

林区农民是我国农民的重要力量,对农民林业专业合作经济组织的研究是农民专业合作经济组织理论不可或缺的重要组成部分。以往的研究成果更多的是针对普通种植业的农民,而专门针对林业的研究成果很难见到。在这一领域的研究中,理论的发展明显滞后于林权改革之后林区农民的丰富实践,迫切需要学界的进一步努力。

已有的研究成果虽然不多,但具有以下明显的特征和变化趋势:农民林业专业合作经济组织的发展已经得到学界和政府部门的共同关注。在为数不多的研究成果中,既有学界的研究成果,也有来自政府部门的实际工作者撰写的研究报告性质的研究文献,这充分体现了学界和政府部门对农民林业专业合作经济组织发展的关注。这些已有的研究成果为本书的研究奠定了重要的基础,但仍有许多方面亟待拓展:

1. 针对性有待进一步提高。已有的研究成果对农民林业专业合作经济组织的发展进行了有益的探讨,但对农民林业专业合作经济组织特殊性的注意不够,未能深入分析林区农民在发展专业合作组织方面的特有优势和特殊困难,因而对策的针对性有待提高。

2. 研究内容有待进一步拓展。关于农民专业合作经济组织的研究成果比较丰富,研究成果涉及的内容广泛,但是,关于农民林业专业合作经济组织的研究成果主要还是对现状的调查、对历史的回顾以及进一步发展的对策和建议。由于林业经营中的特殊实际,农民专业合作经济组织的一般理论并不一定都完全适用于农民林业专业合作经济组织。林区农民组建合作组织的动力、参与合作的意愿为何明显比普通种植业农民低?受到林业自身生产经营

---

① 黄森慰,张春霞.私有林合作经营意愿影响因素分析[J].林业经济,2009(6):51~53

② 孙翠,翟印礼.林农参与林业专业合作社行为的影响因素分析[J].林业经济问题,2011(4):114~117

特点的影响,林业专业合作经济组织的所有权安排和分配与普通种植业有何不同?林区农民应如何从林业的实际出发选择合适的合作组织形式?上述许多问题有待于学界给出回答。张春霞、孔祥智和陈丹梅、黄和亮等对林区农民合作需求的精辟分析是有益的尝试,对今后的研究具有重要的启发意义。由于林业生产的周期长、经营对象差别大,不同生产阶段、不同经营对象对合作经济组织的需求差别较大,因此可以在他们研究的基础上,进一步分析不同经营对象、不同生产阶段的农户对专业合作经济组织的不同需求。

3.研究方法有待进一步丰富。关于农民专业合作经济组织的研究方法,学界不断吸收经济学发展中的最新研究成果,尤其是被称为新制度经济学的交易成本理论、产权理论、集体行动的逻辑和博弈论等,取得了一些较有水平的成果。但对农民林业专业合作经济组织的研究,基本上都是使用规范分析和案例分析。在研究方法的贡献上,必须提到的是,张春霞、黄森慰运用了逻辑回归的方法,他们对研究方法的拓展为今后的研究提供了有益的示范;孔祥智和陈丹梅在对林区农民的需求和行为分析中运用了博弈论的方法。如何把其他的有益方法吸收到农民林业专业合作经济组织的研究中,也是今后研究的努力方向。此外,在案例的研究上,已有的研究比较注重对成功案例的总结,对失败案例的剖析尚未得到足够的重视,对正、反两个方面的案例进行深化分析是全面分析应该注意到的问题。

第三章 农民林业专业合作经济组织的组建者分析

林权制度改革迫切需要农民林业专业合作经济组织的发展,但是,在专业合作组织创立和早期的发展中,组建者是影响发展的重要因素。"没有合作组织的组建者和管理者,就不会产生合作组织,合作的潜在收益就不会转化为现实"[①],就没有专业合作经济组织的蓬勃发展;组建者或组建者的代表往往也是合作组织的负责人,组建者或其代表的道德水平和职业能力的高低又直接影响合作的效率以及合作组织的稳定持续发展。因此,要解决合作组织发展难、稳定性差的问题,就必须研究和解决"谁来组建"的难题。

农民专业合作组织在为集体成员带来合作收益的同时,也不可避免地产生组织成本,而且合作组织组建成本的支付必然在合作收益产生之前,组建者必须为此付出重大的成本并承担风险,备合作成员不可避免地存在搭便车的动机。在合作收益产生之前,究竟谁可能组建专业合作经济组织?作为理性经济人的组建者,又要如何克服搭便车的动机? 在农民专业合作经济组织的实践中,农民、龙头企业、供销部门、林业技术部门都是重要的组建者,这些组建者的组建动力是什么?为什么它们有时又会存在动力疲乏的现象?各种类型组建者的主要组建优势分别是什么,又分别存在哪些不足,应该如何超越各种组建者的局限?本书从这些问题出发,运用博弈论对林业专业合作经济组织的组建者进行初步的分析。

本章结构安排如下:(1)关于林区农民自发组建专业合作经济组织的动力、优势、局限性的研究,并选择正、反两方面的案例进行分析;(2)关于龙头企业组建农民林业专业合作经济组织的动力、优势、局限性的研究,并选择正、反

---

① 苑鹏.中国农村市场化进程中的农民合作组织研究[J].中国社会科学,2001(6):63～73

两方面的案例进行分析;(3)关于供销部门组建农民林业专业合作经济组织的动力、优势、局限性的研究,并选择正、反两方面的案例进行分析;(4)关于林业技术部门组建农民林业专业合作经济组织的动力、优势、局限性的研究,并选择正、反两方面的案例进行分析。

一、农民林业专业合作经济组织的组建者之一:林农大户

在林区农民自发组建的专业合作组织中,组建者主要是大户还是小户?当合作成为必要时,为什么有些农户却呈现组建动力的不足?我们该如何增强林区农民自发组建的力量?本书从这些问题出发,对智猪博弈模型进行拓展,揭示农户组建动力不足的原因及启示。

(一)智猪博弈与林区农民组建专业合作经济组织的动力

1. 智猪博弈的理论模型

智猪博弈是非合作博弈论创始人、诺贝尔经济学奖得主纳什提出的经典博弈案例。在这个案例里,研究对象是密闭房间里一大一小两只可以作出理性选择的猪,在同一个食槽进食。猪圈的一头有一个装食槽,另一头安装一个按钮,控制猪食的供应。每按一次按钮有10个单位的猪食进槽,但是按按钮要付出2个单位的劳动,而且当它按完按钮跑到食槽时,守候在食槽边坐享其成的另一头猪已经吃了不少。考虑到大猪和小猪吃食能力不同,若大猪按按钮,小猪等待,大猪可以吃6个单位食物,扣除2个单位成本后净得4个单位食物,小猪可以吃4个单位食物;若小猪按按钮,大猪等待,大猪可以吃9个单位食物,小猪只能吃1个单位食物,扣除2个单位成本后净得－1个单位食物;若两猪同时按按钮,大猪吃7个单位食物,小猪吃3个单位食物,各扣除2个单位成本后,大小猪分别净得5个和1个单位食物。若双方都不按按钮,得益均为0。

既然是两只可以作出理性选择的猪,所以"等待"是小猪的占优选择,而大猪为了能吃上一口饱饭不得不一次次主动出击。只要小猪的生存不受威胁,并且大猪的食物份额没有受到小猪的严重威胁,纳什均衡就是:大猪按,小猪

	小猪按	小猪等待
大猪按	5, 1	4, 4
大猪等待	9, -1	0, 0

图 3-1 智猪博弈模型

等待。备合作的大农户和小农户之间的博弈类似于大猪和小猪之间的博弈,因此似乎可以得出这样的推论:为了获取合作收益,大农户不得不主动组建专业合作经济组织,那么培育扶持经营大户就可以产生合作组织的组建者,但这一推论在现实中并不一定成立。

2. 会计成本视角下林农大、小户之间的博弈与大户的组建动力来源

与智猪博弈不同的是,智猪博弈所假设的环境是封闭的,除了食槽里的食物,没有其他的食物来源渠道,几乎不存在机会成本,为了生存,理性的猪就不得不一次次奔波于食槽和按钮之间。而林农的人力和物力都有多种用途,也确有其他的收益渠道,所以必然存在机会成本。农户不仅要从会计成本的角度进行博弈,还要从机会成本的角度在组建和不组建之间进行博弈。本书对会计成本视角下林农大户和小户之间的博弈模型及大户的组建动力分析如下:

首先我们给出如下假设:(1)假定林农大户和小户都是理性的经济人,他们的目标都是追求利益最大化。(2)假定林农大户在组建专业合作经济组织的过程中不受其他变量的影响。(3)假定合作组织建立后能够带来合作收益且可以被衡量,合作总收益为15。由于经营户所能分享到的合作收益基本与经营规模的大小密切相关,同时又假设大户和小户的可能收益也可以被衡量,分别为10和5。(4)假定林农大户和小户组建的成本可以被衡量,且要同时考虑会计成本和机会成本。由于林农之间的能力、机会不同,各林农的组建成本必然存在很大差异。林农大户往往具有小户所不可比拟的威望、信用、说服力、技术实力和社会稀缺资源的配置能力,其组建能力通常也比普通农户更强,如果只有一方单独组建,那么大经营户一方单独组建的会计成本将小于普通农户。我们可以对大户和小户组建的会计成本给出如下假设:若大户主动组建、小户等待,大户付出的组建成本可以假设为3,小户没有成本;若小户主

动组建、大户等待,小户付出的组建成本可以假设为6,大户没有成本;若大户和小户共同组建,大户和小户的组建成本假设分别为2和4。那么,博弈双方的收益情况分别是:(1)大户主动组建、小户等待加入,大、小户的净收益分别为7和5;(2)小户主动组建、大户等待加入,大、小户的净收益分别为10和—1;(3)大户和小户共同组建,大、小户的净收益分别为8和1;(4)大户和小户都不组建,大、小户的净收益均为0。

如果只考虑会计成本,当只有一方单独组建时,大户所具有的独特优势必然使大户和小户单独组建的净收益呈现较大差异。毋庸置疑,博弈结果是大户积极搜寻信息、发起设立合作组织,并在设立后自愿承担开拓市场、技术指导、统一管理的重任,而小经营户则选择搭便车。

	小户组建	小户等待
大户组建	1 8	5 7
大户等待	−1 10	0 0

图 3-2　林农大户与小户的博弈模型

3. 机会成本视角下大户的自我博弈及大户组建动力的弱化

在会计成本的博弈之后,农户将从机会成本的角度进一步在组建和不组建之间自我博弈。农户为组建合作组织所放弃的其他工作机会的最大净收益构成了其组建的机会成本,这也是影响林农决策的重要因素。只有当组建的收益减去会计成本以及机会成本之后的经济利润大于0时,农户才可能选择主动组建,反之,则可能选择不组建。由于经营大户往往具有小户所不可比拟的经营能力、技术实力和更为广阔的经营渠道,因此大农户组建合作组织的机会成本也比较高。在上述博弈中,若大户单独组建的机会成本大于7,大户单独组建的经济利润将小于0,大户不会选择单独组建;当大户与小户共同组建的机会成本大于8,大户组建的经济利润也将小于0,大户将同样拒绝组建,这就是有些大户组建动力不足的重要原因所在。

可见,组建者动力的强弱是从会计成本和机会成本的双重视角对组建成本和收益博弈的结果。从会计成本角度博弈的结果表明,林农大户应是组建专业合作经济组织的主要力量,而大户从机会成本角度的博弈则可能弱化部分组建者的动力。笔者对福建、浙江、江西三个省份的调查结果基本上与上述结论吻合。在农民自发组建的专业合作经济组织中,90%以上都是由大户发起组建的,这说明大农户是农民自发组建专业合作经济组织的主要力量。但是,对216户林业大户是否愿意带领小户组建专业合作组织的问卷调查则显示,在138户用材林的经营大户中,45户表示不愿意,74户表示不完全愿意,要看具体情况而定,只有19户愿意主动组建;在78户经济林的大户中,20户表示不愿意,30户表示不完全愿意,要看具体情况而定,有28户愿意主动组建。调查结果验证了林农之间的博弈结果并不完全类似于智猪博弈,开放环境中的理性林农要同时从会计成本和机会成本的角度进行博弈,而且其结果则可能不同。一般而言,从会计成本角度的博弈中,大户组建的成本明显小于小户;而从机会成本角度的博弈却并不一定如此。如果组建成本大于大户组建的收益,就必然减弱大户的组建动力,即便组建了,组建者也不愿意继续承担统一管理的重任,合作可能半途而废。

(二)林农大户自发组建专业合作经济组织的优势与局限性

1. 林农大户自发组建专业合作经济组织的主要优势

(1)农户的信赖度高,组建的交易成本相对较小。林农大户通常都拥有一技之长,有经营、管理的能力,有丰富的经营经验,他们在农户中有较好的社会影响。林农大户与普通农户的距离近,为广大农户所熟悉,农户对他们的信赖度高,组建的交易成本较低,同时也能充分发挥林农大户的经营优势。

(2)民主程度较高,盈余与农户共享。由林农大户组建的农民专业合作经济组织,其民主程度相对较高。在经营决策和收益分配的决策中,农民参与的程度高,合作收益多由农户共同分享。

2. 林农大户自发组建专业合作经济组织可能存在的局限性

(1)规模较小,实力较弱。林农大户组建的专业合作经济组织在发展的初期规模相对较小,经济实力较弱,缺乏精深加工的能力,产品的附加值低,因此难以与大企业竞争。

(2)规范程度有待加强。林农大户组建的专业合作经济组织往往比较松散；有些合作经济组织在义务的承担上比较随意，会员只缴纳少量的会费，大户承担合作经济组织运行所需要的大部分资金，奉献大量的精力；盈余分配不一定有固定的机制，不少专业合作经济组织是临时决定分配方案的；不少专业合作经济组织的内部制度建设不够健全。

（三）林农大户组建局限性的突破

林农尤其是林业经营大户应该是组建专业合作经济组织的主力，面对林农大户组建可能面临的种种问题，政府应当增强林业经营大户的组建力量，这是非常重要的。

1. 加强对林农大户的培养力度

通过规范林权流转，培育适度的经营大户；开展组建者专项培训，在内部管理、技术和市场开拓等方面提升大户的经营管理能力；拓展林农大户的视野，使他们能够预见到合作的优越性；培育林农大户的社会声誉，培育甘于奉献的精神，使林农具备组建的威望、信用和能力，能够把相同或相近产业的小生产者组织起来，形成农民专业合作经济组织。

2. 加大对林农自发组建的专业合作经济组织的扶持力度

相对于其他组建者而言，农民在延伸产业链、拓展市场、管理和技术创新等方面的力量是比较弱的，因此，政府的政策扶持体系应该加大对农民自发组建的专业合作经济组织的扶持力度，给予该类专业合作经济组织更多的财政、税收和贷款扶持。

3. 加强对林农自发组建的专业合作经济组织的规范指导

如前所述，林区农民自发组建的专业合作经济组织在组建初期，往往先选择松散型的专业协会，即使是专业合作社，其内部的制度建设规范程度往往也不高，从而导致农民自发组建的专业合作经济组织发展不稳定。因此，要加强对农民自发组建的专业合作经济组织的指导，特别是在条件具备的时候，要积极引导松散型合作经济组织向紧密型专业合作经济组织转变，提高市场竞争力。

(四)林农大户组建专业合作经济组织的案例分析

1. 福建邵武市沿山镇周源村家庭合作林场:从被动到放弃

1998年邵武沿山镇周源村进行集体林权制度改革,全村林场按当时人口数平均分配到各村民小组,所有权、经营权下放到小组集体所有。由于山界不明显,集体林权改革之后,以组为单位经营的合伙山场很常见。沿山镇周源村家庭合作林场就是其中一个拥有15户家庭292亩山场的家庭合作林场。该合作林场的日常管理事务由组长统一负责。决策过程很简单,一般在组长家开会讨论即可,但决策必须得到所有人同意才能生效,决策效率较为低下。从会计成本的角度看,合作存在净收益,大户获得的收益明显大于小户。但若从机会成本的角度考虑,组长本人拥有100多亩山场,还有其他工作,本人所拥有的山场和其他工作的精心经营所能带来的可观收入,构成其组建合作组织的高昂机会成本,即使林场的收入都归他所有,也很难弥补为此付出的机会成本。这显然是一个组建机会成本高于收益的合作组织,组建的经济利润为零或为负。因此,该组长对组建合作林场缺乏足够的积极性。2003年造林时,该组长认为自己能力有限,管理上存在困难,在大家的一致同意下,主动将15户再分为两个组,以此来减轻自己的工作量。他还表示目前很难保证这种组织的稳定性,也许还会继续细分下去。[1]

2. 福建光泽县寨里镇茶富村灵寺股份合作林场:从疲态到主动

1998年光泽县寨里镇茶富村进行集体林权制度改革,陈恭志邀请了6个农户建立家庭合作林场,共同出资、共同出力、合作造林。自2006年起,由于光泽县林业局对林业专业合作经济组织实行树苗优惠政策,并对股份合作组织的组建和运作予以政策引导,以陈恭志所在的家庭合作林场为主体,40个农户联合而成的股份合作林场应运而生,陈恭志被推举为股份合作林场场长。灵寺股份合作林场实行"以山入股、以劳入股、有资金再加股",把各农户经营的山地面积折合成股份,以股份多少来分摊造林、抚育等费用,即以股投资,签订协议,所有抚育及管护费用按面积出资,收益也按股份分配。股份合作林场由陈恭志统一经营,组建者的日常经营活动没有任何工资报酬,入股的林农把

---

[1] 孔祥智,陈丹梅.统和分的辩证法[M].北京:中国人民大学出版社,2008:216

自家经营的山地折合成股份时,适当将小部分的股份让渡给组建者。在合作初期,由于合作规模有限,组建者陈恭志受让的股份期权收益并不乐观,而合作事务几乎耗费了他全部的精力,组建的机会成本高昂,经济利润几乎为0,陈恭志一度处于疲态之中。但是,由于陈恭志甘于奉献,他对合作林场进行精心管理,许多林农因此主动上门恳切请求入股,一时间大家蜂拥入股。灵寺股份制林场不知不觉从最初的40户人家600多亩林地发展到了2010年年初的100多户人家4500多亩林地,覆盖了茶富村5个村民小组。随着参与农户的不断增加,合作林场的规模不断扩大,规模效益日益显现,组建者所持的股份日渐增加,受让的股份期权收益不断增长,大于组建者所付出的机会成本和会计成本,组建者的积极性也因此增强。

3. 浙江武义县宣平板栗专业合作社和福建永安市贡川红安家庭股份合作林场:主动状态的延续

同样是大户组建的专业合作组织,武义县宣平板栗专业合作社和永安市贡川红安家庭股份合作林场的组建者则一直处于主动的状态之中。武义县是浙江省板栗重点生产县(市)之一,但是从20世纪末开始,由于板栗产量不高、销售不畅、贮藏困难,板栗种植效益下降,三分之一基地荒芜,十分之一基地改种其他果树。1998年,由三个经营大户和供销社共同组建了宣平板栗专业合作社。合作社每年与社员签订生产合同,规定生产任务和保护价,合作社按保护价(约高于市场价的15%)收购产品;对完成任务数达70%的农户还给予每斤5分钱的返利;入股社员每年还可获得股本总额约10%的分红。该合作社主要是销售环节的合作,同时也为林农提供适当的技术和生产资料服务,组建者耗费的时间相对较少,会计成本和机会成本都比较低,而经营大户不仅可以按照交易额获得比小户更多的返利,同时还因所持的较多股份而获得更多的股份分红,可以预见的经济利润较为可观,组建者一直处于积极、主动的状态之中。由于合作社效益稳步提高,加入合作社的农户已经增加到280户。

永安市贡川红安家庭股份合作林场正式成立于2004年4月,是由邓庆田等7个经营规模较大的农户为了降低管理成本和经营风险、增加资金实力,以家庭山林资产入股,自愿联合经营的合作组织。合作组织推举邓庆田为理事长,合作组织的重大事务由7名股东共同决定。合作组织经营的内容包括三个部分:山场的经营管理、笋干加工销售和鲜笋的营销。在山场的经营管理环节中,对入股家庭的山林评估、折价入股,所有入股的山林都由理事会统一管理,采用按月轮值制度,7个入股家庭轮流管护,利润按股东所持的股份进行分红;在加工和营销环节中,由于主要操办人是邓庆田,所以他享有加工和营销股份的30%。由于山场都在一个村子里,连片管护比较方便,入股农户节省了管护的劳力和时间,又由于组建者在营销环节持有较大的股份比重,形成了有效的激励机制,所以组建者也处于比较主动的状态之中。

上述四个农民林业专业合作经济组织虽然都是由大户组建,但由于组建收益和成本不同,预期的经济利润相差很大,组建者的动力也明显不同。邵武市沿山镇周源村的家庭合作林场,其组建者组建和经营的动力较弱;光泽县寨里镇茶富村灵寺股份合作林场的组建者组建和经营动力逐渐由弱变强;而武义县宣平板栗合作社和永安市贡川红安家庭股份合作林场的组建者则一直具有较强的组建和经营动力。四个林业专业合作经济组织的个案进一步说明,组建者动力的强弱是从会计成本和机会成本的双重视角对组建成本和收益博弈的结果。具体而言,影响农民自发组建的成本和收益,进而影响组建动力的因素主要有:

第一,成员之间的规模差异程度。张雪莲、冯开文通过对农民专业合作社决策权的博弈分析,认为"不参与决策"是普通社员的占优策略。[①] 在其他专业合作经济组织中,这一推论同样得到印证,特别是当成员的规模差异达到一定程度时,小农户对合作事务的关心甚少,从而增加组建的成本。邵武县沿山镇周源村家庭合作林场就是典型的例子。该林场最初共有山场292亩,分化后仅有140多亩,而组建者自家就有山场100多亩,合作成员之间的规模差异过大,小农户的规模劣势不仅决定其决策权的微小权重,同时也决定其参与决策收益的微薄,在成本和收益的博弈中,其他小规模成员基本上都选择对合作组织漠不关心。正因为小规模成员的漠不关心,就必然会带来组建会计成本和机会成本的剧增。而小规模成员对合作收益的增加却又显得微不足道,即使合作的收入都归组建者所有,仍然难以弥补组建者为此付出的组建成本,因此,合作成员之间的过大差异反而弱化了组建者的动力,导致组建者动力不足。永安市贡川红安家庭股份合作林场成员的经营规模相差无几,武义县宣平板栗专业合作社的成员之间虽然也存在规模差异,但三个经营大户之间的差异不大,他们对合作社事务的参与度高,共同分摊组建和经营的成本,形成了稳定的合作。

第二,获取生产收益的快慢。获取生产收益的快慢是影响组建成本的重

---

① 张雪莲,冯开文.农民专业合作社决策权分割的博弈分析[J].中国农村经济,2008(8):61~69

要因素。首先,在其他条件一定的情况下,获取生产收益的速度越慢,组建者投入的时间就越长,组建和经营的会计成本也越大,机会成本则可能随之增加;其次,获取生产收益的速度必然影响其成员对合作组织的积极性,随着收益获取速度的减慢,成员对合作组织的关心将呈边际递减,而组建成本则可能以某个递增的比率增加。当获取生产收益的速度减慢到一定程度,我们可以预见到其组建成本的急剧增加。邵武市沿山镇周源村家庭合作林场和寨里镇茶富村灵寺股份合作林场都以用材林经营为主。用材林生产周期长,获取生产收益的速度慢,除了速生丰产林外,一般长达二三十年。从造林到中幼林抚育的三四年时间里,又是一个持续投入资金和劳动的时期,这必然抑制了一部分合作成员的信心,组建和管理的难度加大,所以两个合作林场都曾处于或仍处于动力不足的状态中;同样是用材林生产,那些已经进入间伐期的合作组织,由于获取合作收益的速度快,组建和管理成本明显减少,组建者的动力有所增强。武义县宣平板栗专业合作社和永安市贡川红安家庭股份合作林场组建时,产品已经进入投产阶段,获取生产收益的速度快,且付出的成本容易从收益中获得补偿,组建者的动力则相对较强。

第三,价格风险发生的概率。社员从合作社某项经营中所获得的收益主要来源于降低农产品价格风险发生概率所获得的收益。[①] 组建合作组织有利于提高谈判地位,尤其是面对大批发商或零售商时,合作可以有效地增强谈判能力,并降低价格风险、获得合作收益。在农产品价格风险发生概率越大的经营中,产品面临的市场风险也越大,区域品牌和谈判能力就越重要,合作收益就越大,组建的动力就越强。目前用材林的产品价格风险发生概率相对较小,预期的合作收益相对较少,组建者付出比普通农户更大的组建成本,但获得的收益并不可观,因此组建动力弱化;而水果的价格风险发生概率相对较大,组建合作组织的预期收益较大,成员从合作社中获取的大部分收益是按交易额比例分配的,经营规模越大的农户,其获得的收益相对越多,大户组建合作组织的动力也随之增强。

第四,合作收益的分配机制。对合作收益的控制权和分配机制是影响组建收益,进而影响组建动力的重要因素。当合作收益可以控制,分配有利于组建者时,合作组织才得以组建并持续发展。寨里镇茶富村灵寺股份合作林场的成员以小部分股权作为组建的报酬让渡给组建者,在这种分配机制中,合作

---

① 张雪莲,冯开文.农民专业合作社决策权分割的博弈分析[J].中国农村经济,2008(8):61~69

组织经营得越好,组建者的股权收益也越多;加入的成员越多,组建者持有的股份也越多,这就必然激发组建者组建、扩张和经营的动力。武义县宣平板栗专业合作社和永安市贡川红安家庭股份合作林场的分配机制可以保证组建者因较大的投资、交易额或股权份额获得比一般合作成员更多的收益,同样可激发大户的组建热情。在邵武市沿山镇周源村和光泽县的一些家庭合作林场中,组建者付出比一般农户更大的成本,却未必会获得比一般农户更大的合作收益。由于未进入间伐期,合作林场没有任何收入,组建者几乎没有误工补贴,有的组建者只是象征性地领取差旅费、摩托车汽油费补贴等,甚至还有部分组建者倒贴不少费用,这必然会弱化组建者的组建动力。

(五)小结

通过博弈分析、大户组建的意愿调查以及大户自发组建的专业合作经济组织案例分析,本书认为:

1. 在林区农民自发组建的专业合作经济组织中,林农大户是主要的组建力量,但并不意味着所有的大户都有组建的热情。大户组建动力的不足导致农民自发组建的专业合作经济组织发展缓慢。

2. 林农是否组建专业合作经济组织是从会计成本和机会成本的不同角度博弈的结果。林农大户具有小经营户不可比拟的组建能力,大户组建的会计成本更小,但是,由于林农大户往往具有小经营户所不可比拟的经营能力、技术实力以及更多的经营机会,大户组建合作组织的机会成本也可能更大。如果组建合作组织的净收益小于所付出的机会成本,大农户就可能选择不组建,这就是有些大户组建动力不足的重要原因所在。

3. 农户之间一定差异性的存在和有效的分配机制能够增强大户的组建动力,但差异过大将使小户的参与显得可有可无,从而弱化大户的组建动力。提升经营大户的动力,既要防止林农经营规模的过分差异,还要缩小林农之间社会资源、禀赋的差异程度。

4. 培育有奉献精神的能人是至关重要的。由于林业特别是用材林的生产周期长,合作收益显现慢,这必将加大组建的难度和成本。因此,在农民林业专业合作经济组织组建的早期,在造林、抚育和漫长的管护阶段中,培育有奉献精神、有经营和管理能力的组建者是至关重要的。

二、农民林业专业合作经济组织的组建者之二:龙头企业

(一)龙头企业组建农民林业专业合作经济组织的动力

农业产业化经营中的龙头企业是指具有一定的生产规模、良好的经济效益,设备先进、技术力量雄厚,能够引领管理和技术创新,能够带动农业和农村经济结构调整,带动商品生产发展,推动农业增效和农民增收,并经有关部门认定的工商企业。龙头企业是种植和加工的龙头、市场的中介、服务的中心,它可以是生产型和加工型企业,也可以是中介组织和专业批发市场等流通企业。龙头企业是组建农民林业专业合作经济组织的重要力量。

1.龙头企业组建农民林业专业合作经济组织的动力来源

(1)可以获得稳定的原料供应

一定的生产规模不仅是实现规模经济的必然要求,也是农业产业化龙头企业的认定标准之一。而一定的加工和流通规模需要稳定的原材料供应,组建农民林业专业合作经济组织是保证稳定的原材料供应的重要途径。

第一,组建农民林业专业合作经济组织可以保证原材料数量的稳定。原材料数量的不确定性是影响企业生产决策的重要因素。如果企业不能购买到所需要的原材料,就会造成开工不足、设备搁置和人力的浪费,或者就要囤积原材料,造成库房费用和银行利息的增加。而农产品的不易储藏性决定了农产品储存成本的高昂甚至是储存的不可能性,这进一步凸显了原材料稳定性的意义。但是,由于农民自身素质的限制,农民对市场需求信息的了解是不完全的,农户自发的生产则可能导致产品供给和龙头企业需求的脱节,从而造成龙头企业原材料的不稳定。所以,龙头企业需要把农民组织起来,组建农民林业专业合作经济组织,根据自己的原料需求与农户签订合同,引导农户按照合同的约定进行生产和销售,保证原材料供应数量的稳定,从而避免市场原材料供应不稳定造成的损失。

第二,组建农民林业专业合作经济组织可以保证原材料质量的稳定。原材料的质量与产品的品质、企业声誉、企业利润有密切的联系,优质的原材料

是产品质量和企业信誉的保证。在农产品市场上,由于市场道德没有完全确立、法制还没有健全,千家万户分散的生产难以监督,有些农户从短期目标出发,滥用肥料和农药,以次充优,从而影响产品质量,降低龙头企业的经济效益和商业信誉。因此,龙头企业需要把农户组织起来,实施标准化生产,依靠科技进步,统一配备种苗、统一采用科学的种养方法、统一配用肥料和农药、统一提供技术服务,从而保证稳定的原材料质量,避免原材料质量不稳定造成的损失。

(2) 可以节省交易费用

农产品的地域特点非常明显,千家万户分散的生产必然使龙头企业的批量采购面临巨大的交易费用,如,农产品信息的搜寻成本、谈判的成本、运输的成本、产品检验鉴定的成本、监督履约的成本等。对于林产品的采购而言,由于林区交通不便,居住更为分散,这更加大了龙头企业采购的难度和成本。因此,龙头企业需要把农户组织起来,在一定的区域内集中生产,形成充足稳定的原材料供应,从而节省信息搜寻、谈判、运输、检验、储存保管和监督履约的费用。

(3) 便于建立紧密的利益联结机制

国家九部委共同颁发的《农业产业化国家重点龙头企业认定和运行监测管理暂行办法》指出,以可靠、稳定的利益联结机制带动农户(特种养殖业和农垦企业除外),企业从事农产品加工、流通过程中,通过订立合同、入股和合作方式采购的原料或购进的货物必须占所需原料量或所销售货物量的70%以上。为了获得稳定的原料供应,企业已经探索出多种多样的联结方式,如"企业+农户"、"订单农业"等。但是,在这些形式中,由于缺乏紧密的利益联结机制,企业和农户作为不同的利益主体,都把利润最大化作为唯一的目标,一旦出现市场风险,企业和农户违约时有发生,时常造成原料供应与生产脱节,70%的目标难以实现。所以,龙头企业需要把农户组织起来,按照自愿的原则组建农民林业专业合作经济组织,通过农户入股、专用性投资、保护价收购、二次返利、提供技术和管理服务等形式,逐步在企业和农户之间建立以产销连接为纽带、以服务连接为桥梁、以利益连接为核心的新型利益分配机制,使企业与农户在契约联结、服务联结的同时适当增加要素联结、利益联结,形成较为紧密的利益联结机制。

(4) 便于开发新产品

龙头企业在开发新产品时,有时需要开发新的原材料,并要求农户采用新技术、种植新产品,甚至还要增添新的生产资料。可是林产品的生产周期长,农户在对新产品的特性、生产技术、市场销路和效益缺乏足够的了解之前,有可能拒绝改变或无力改变。因此,龙头企业需要把农户组织起来,组建农民林业专业合作经济组织,在紧密的利益联结机制保障之下,统一开发新产品,采用以销定产的形式稳定农户的市场预期,以统一的技术指导解决农户在新产品生产中可能遇到的难题,以保护价、产前和产中补贴等多种形式稳定农户对经济效益的预期,从而保证新产品开发的顺利进行。

(5)可以获得税收优惠

由于我国的农民林业专业合作经济组织,尤其是农民林业专业合作社可以不同程度地得到增值税、营业税和所得税的一些优惠,许多龙头企业为了分享部分政策优惠,纷纷组建农民林业专业合作经济组织。

2.龙头企业组建动力不足的主要原因

由龙头企业组建农民林业专业合作经济组织虽然可以为龙头企业和农户带来双赢,但是,仍有些龙头企业的组建动力不足,其原因主要有:

(1)农户对龙头企业的依附明显

导致农户对龙头企业依附的原因主要有两个方面:一是龙头企业已经形成地域垄断,具有充足的原料来源。由于有的林产品储存、运输的成本高昂,外运十分困难,如普通的用材林,基本上以本地销售为主,农户对龙头企业的依附明显。龙头企业则可以依据地域垄断形成充足的原料供应,组建农民专业合作经济组织的动力不足。二是某原料处于明显的买方市场,龙头企业容易获得充足的原料供应,组建农业专业合作经济组织的动力不足。

(2)龙头企业对市场竞争能力没有稳定的预期

从理论上来看,在龙头企业所组建的农民林业专业合作经济组织中,农户的经营风险大大降低,处于产业链下游的龙头企业则承担了大部分的风险,因此,龙头企业必须要有较强的市场竞争能力。有些龙头企业对未来的市场竞争能力没有稳定的预期,担心自己的带动能力不足,组建动力弱化。

(3)组建的机会成本高昂

由于我国农户的经营规模狭小,农户的合作意识薄弱,组建较大规模的农民林业专业合作经济组织需要投入大量的时间和精力。而龙头企业具有较强的经营能力、技术实力和广阔的经营渠道,组建合作组织的机会成本高昂。组建的机会成本一旦高于合作收益,组建的动力就必然不足。

(二)龙头企业组建农民林业专业合作经济组织的优势与局限性

1. 龙头企业组建农民林业专业合作经济组织的优势

龙头企业在加工、科研、信息和服务方面具有农户难以比拟的实力,龙头企业和农户之间的联合是纵向之间的优势互补,能够引导生产,充分提升林产品的附加值,合作收益容易显现,具有明显的组建优势:

(1)延伸产业链,增加合作收益。林业种植效益小,延伸林业的产业链,发展林业的产前和产后经营,是提高林产品附加值,增加林区农民收入的重要途径。加工型和流通型的龙头企业将产业链向产后延伸,对初级产品进行不同程度的整理、加工和包装;而种植型的龙头企业则将产业链向产前延伸,研制开发优质种苗,这些都将成倍地提升初级产品的附加值,让农户分享由此带来的合作收益。更值得一提的是,农产品加工具有一定的规模经济效应,与农户相比,龙头企业进行加工的成本更低,技术含量更高,由龙头企业取代农户进行农产品加工,可以带来利润的大幅度增加。因此,龙头企业组建的农民林业专业合作经济组织,不再是简单地化零为整,而是超可加收益的联合。

(2)开拓市场,降低市场风险。龙头企业外联国内外市场,有自己的营销队伍和稳定的销售网络,由龙头企业组建农民林业专业合作经济组织,可以为林产品开拓广泛的市场;保护价收购或订单收购能够有效地降低市场风险,带动千家万户发展商品生产。

(3)及时获取更多信息,减少盲目生产。大部分龙头企业处于产业链的下游,与终端消费者的距离更近,通常有较为成熟的营销队伍和营销渠道,所以,龙头企业的信息渠道畅通,可以帮助农户及时获取更多信息,引导农户根据市场的需要及时调整产品的品种和品质,减少盲目生产行为。

(4)规模较大,内部管理水平高。得益于龙头企业的市场优势和可能的附加值分享,由龙头企业组建的农民林业专业合作经济组织容易得到农户的积极响应。因此,该类型的合作组织规模普遍较大。龙头企业拥有高素质的管理队伍,具有丰富的管理经验。农民林业专业合作经济组织的内部管理水平相对较高,有比较完善的内部规章制度。

2. 龙头企业组建农民林业专业合作经济组织可能存在的局限性

毋庸置疑,龙头企业在组建农民林业专业合作经济组织方面具备了其他力量不可比拟的优势,是组建农民林业专业合作经济组织的重要力量。但是,龙头企业和农户毕竟是两个独立的利益主体,龙头企业的宗旨是为出资者获取最优回报率,①农民专业合作经济组织的宗旨是为社员提供最优服务,为社员获取最大合作收益。这二者之间的矛盾决定了龙头企业和农户之间可能出现的种种摩擦,决定了龙头企业组建农民林业专业合作经济组织可能存在的局限性。其中最大的局限莫过于履约率低,合作契约极其不稳定,龙头企业和农户违约的现象都难以避免。从龙头企业一方看,尽管有的契约已经规定按照市场价或高于市场价收购农产品,或规定最低保护价收购,但是,市场行情一旦出现不利于龙头企业的变化,企业就将通过提高验收标准、减少收购数量等办法变相违约;从农户或农民专业合作经济组织一方看,有的农户不能按照企业所规定的技术规范进行生产,一旦市场价格高于龙头企业的收购价,也有少数农户违背契约将产品卖给他方。

(1)农户与龙头企业合作的不平等性决定了合作契约的不稳定性

农户与龙头企业合作契约的不稳定性和双方谈判地位、能力的不平等性密切相关。首先,龙头企业和农户的不同谈判地位决定了双方不同的签约力,从而为龙头企业的违约埋下伏笔。龙头企业和农户在生产经营中的地位是不同的,龙头企业掌控着加工和销售等附加值高的生产环节,而农户对龙头企业有明显的依附性,这就决定了龙头企业不管是否成为专业合作经济组织的股东,农户的谈判地位都是微乎其微的。谈判地位的不同为龙头企业的违约留下空间。其次,龙头企业和农户在资金实力和素质上的差异决定了双方不同的监督力,进而为龙头企业的违约留下空间。农户的资金实力相对薄弱,普通农户基本上不持有或只象征性地持有少量的股份,而龙头企业拥有雄厚的资金实力,通过持有大部分的股份掌握控股权;龙头企业有较强的法律意识,凭借敏锐的市场洞察能力可以在第一时间触摸到国际市场的脉搏,一旦遭遇市场风险时,企业完全可以早于农民作出必要的自我保护反应,凭借其雄厚的资金实力和谈判能力千方百计地将市场风险转嫁到农户身上。而农户自身素质不高,自我保护的意识薄弱,市场信息滞后,缺乏自我保护的能力,从而为龙头企业的违约留下空间。与此相应,由于农户处于弱势地位而又难以改变,所以

---

① 孙亚范.新型农民专业合作经济组织发展研究[M].北京:社会科学文献出版社,2006:202

就常常通过违约消极应对,这又加剧了合作契约的不稳定性。

(2)农民林业专业合作经济组织的非独立性决定了合作契约的不稳定性

从龙头企业和农民林业专业合作经济组织的关系看,龙头企业所组建的专业合作经济组织主要有两种类型:一是龙头企业本身是专业合作经济组织的成员(见图3-3);二是龙头企业本身不是专业合作经济组织的成员,只从外部对专业合作经济组织起指导作用(图3-4)。在第一种类型中,龙头企业往往掌握了合作组织的大部分股权,掌握了企业的经营决策权和利润分配权,理事会形同虚设,农民林业专业合作经济组织不是独立的组织,而是附属于龙头企业的一个机构。从严格意义上说,该组织已经不是真正的农民专业合作经济组织。在第二种类型的专业合作经济组织中,龙头企业似乎独立于专业合作经济组织之外,但大部分专业合作经济组织仍由龙头企业掌控,它们的日常经费开支由龙头企业补贴,经营决策和盈余分配也是由龙头企业作出,并没有完全意义上的独立。由于合作组织的非独立性,龙头企业掌握着合作组织的决策权、执行权和监督权,为龙头企业的变相违约提供便利。合作组织的非独立性容易触发农户的违约行为,从而使龙头企业组建的专业合作经济组织处于不稳定的状态之中。由此可见,如何保证契约稳定性是龙头企业组建农民林业专业合作经济组织所面临的最大难题,亟待进一步解决。

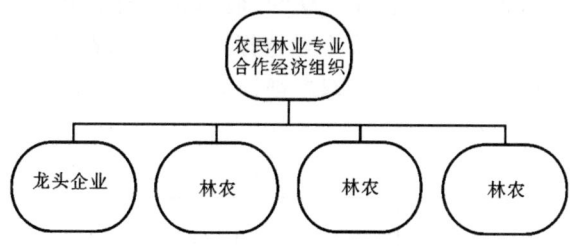

图3-3 龙头企业与林农关系图(一)

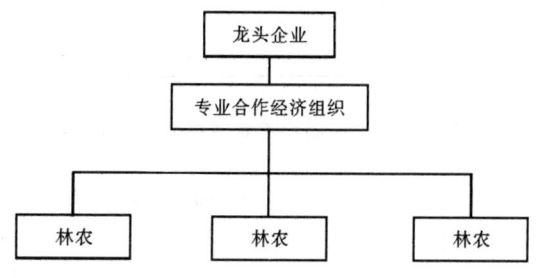

图3-4 龙头企业与林农关系图(二)

(三)重复博弈与龙头企业组建局限的突破

针对龙头企业组建的农民林业专业合作经济组织所存在的契约不稳定问题,突破的关键是促使合作各方的平等互利,维护其发展的稳定性。无限次重复博弈对于龙头企业和农户之间合作契约的稳定具有非常重要的意义。

在一次博弈的情况下,由于龙头企业和农户都以自身利益的最大化为最大目标,受机会主义的驱使,一旦违约的成本小于违约的收益,就很容易导致毁约行为。有限次重复博弈也不会改变博弈双方的行为方式,博弈双方仍可能采用原博弈的策略,其结果只是一次博弈均衡结果的简单反复。但是,在无限次重复博弈中,龙头企业和农户将面临无限次的选择,而一旦某一方选择毁约,就会引起对方下次及无限次的报复,毁约成本加大,博弈双方须努力在一定的约束条件下找到博弈的均衡点,契约就容易保持稳定。

1. 无限次重复博弈的模型

假定在其中的某一阶段,若龙头企业和林农都履约,龙头企业和林农的净收益分别为 4 和 4;若龙头企业选择履约,而林农选择毁约,龙头企业的净收益为 0,林农的净收益为 5;若龙头企业选择毁约,而林农履约,龙头企业的净收益为 4,而林农的净收益为 0;若双方都选择毁约,龙头企业和林农的净收益均为 1(图 3-5)。

	龙头企业履约	龙头企业毁约
林农履约	4　　4	4　　0
林农毁约	0　　5	1　　1

图 3-5　龙头企业和林农无限次重复博弈中某一阶段的博弈模型

由图 3-5 可知,若林农在该阶段选择毁约,龙头企业在该阶段选择履约,林农可在当期得到 5 单位的净收益,因此选择毁约使他在当期能多得 1 单位的净收益。但林农的这个机会主义行为将触发龙头企业"永远选择毁约"的惩罚,因此林农在随后每个阶段中的净收益都是 1。由此,林农的净收益序列

是:5,1,1……令 δ 为林农和龙头企业的贴现因子,那么林农选择违约的净收益现值之和 V_1 为:

$$5+\delta\times1+\delta^2\times1+\cdots\cdots=5+\delta/(1-\delta)$$

若林农和龙头企业都在该阶段选择履约,那么林农可在当期得到4单位的营利,并且在下一阶段又得到同样的收益。如果龙头企业和林农一直采用(履约,履约)的策略组合,那么林农选择履约的净收益现值之和 V_2 为:

$$4/(1-\delta)$$

因此,当且仅当履约净收益总和 $V_2 \geqslant$ 违约净收益总和 V_1 时,即

$$4/(1-\delta) \geqslant 5+\delta/(1-\delta)$$

时,选择合作是最优的,林农将选择履约策略。解上式,当 $\delta \geqslant 1/4$ 时,林农将选择履约策略。由于龙头企业的博弈情况与林农相似,这里不再赘述。

这说明,在一次性的买卖中,在单一的博弈中,违约现象时常可见,但在长期的交易中,在无限次的重复博弈中,市场的力量对于保证商品契约的履行起到了非常重要的作用。若林农选择违约,他将在今后的交易中遭到龙头企业的报复,并在较长的时间内承担由违约所带来的重大损失;若龙头企业选择违约,它也要承担林农报复所带来的交易损失及其声誉价值的迅速下降。因此,在无限次重复博弈中,若给定一方的触发策略并且该方没有首先选择毁约,另一方也不会首先选择毁约,双方都将选择(履约,履约)的策略,实现完美纳什均衡,龙头企业和林农走出了在一次性博弈时的困境,从而保持合作组织的稳定。

2. 无限次重复博弈及约束条件的形成

如上所述,在无限次重复博弈中,当且仅当林农或龙头企业采取履约的合作净收益总和大于或等于违约的净收益总和时,双方都会采取履约的策略,确保专业合作经济组织的稳定。那么,究竟怎样才能促使无限次重复博弈及约束条件的形成?

(1)龙头企业和林农接近无限次重复博弈的形成

第一,促进龙头企业的持续稳定发展。无限次的重复博弈对于契约的稳定性是有效的,而要形成接近无限次的重复博弈,从龙头企业方面看,就必须促进龙头企业的长期持续稳定发展。从实地调研来看,实力强大、具有良好发展前景的龙头企业违约的现象相对较少,而那些发展预期不稳定、面临挑战的龙头企业极容易陷入一次博弈或有限次博弈的困境,违约的概率明显增大。因此,必须培育和扶持龙头企业,促使其持续、稳定、健康地发展。

第二,保持集体林权改革政策的稳定性和连续性。从农户方面看,要形成接近无限次的重复博弈,其基本前提是拥有长期稳定的林权,因此,保持集体林权改革政策的稳定性是非常重要的。

(2)促使龙头企业履约净收益总和大于或等于违约净收益

第一,增加龙头企业的专用性投资。① 若履约的净收益总和一定,要使龙头企业履约净收益总和大于或等于违约净收益,就要减少违约的净收益,增加龙头企业的违约成本。增加龙头企业的专用性投资,如增加专用设备的投资,加强对林农的技术指导,给予林农适当的肥料供应等等,都必然增加龙头企业和林农的违约成本,从而抑制龙头企业的违约行为。

第二,形成特质交易。若双方的交易是特质交易,那么龙头企业一旦选择违约,就可能因为林农的报复导致原材料供应不足,从而使违约成本急剧增加。如,高昂的运输或储藏成本导致龙头企业只能与特定区域的农户进行交易,龙头企业一旦违约,将为此支付大量的运输和储藏等交易成本。

第三,提升龙头企业的品牌和产品质量。低档次、低质量、无品牌的产品对原材料品质要求不高,容易在市场上寻找到其他货源,搜寻、监督、检测等交易成本低廉,龙头企业的违约成本低,违约的声誉风险小,违约可能性增大;而高档次、高质量、有品牌的产品对原材料的品质要求高,对原材料搜寻和检测等交易成本明显加大,如无机茶、无公害食品等,若龙头企业选择违约,则会触发林农的信任危机,原材料的质量难以保证,龙头企业必须支付高昂的检测成本或面临品牌危机,在其后的博弈中承担巨额的违约成本。因此,引导龙头企业提高产品质量、提高品牌的知名度也是防止龙头企业违约的有效手段。

(3)促使林农的履约净收益总和大于或等于违约净收益

第一,增加林农的合作收益。在履约成本一定的情况下,合作收益的增加就意味着履约收益的增加,所以在合作收益的分配中,应该增加林农的合作收益,提高林农履约的积极性。

第二,加大履约的奖励力度和违约的惩罚力度。加大履约的奖励力度有利于增加林农的履约收益,提高林农履约的积极性,而加大违约的惩罚力度有利于提高林农违约的成本,从而降低违约的净收益,因此,应当明确对履约和违约行为的奖惩。

---

① 周立群,曹利群.商品契约优于要素契约[J].经济研究,2002(1):14～19

(四)龙头企业组建农民林业专业合作经济组织的案例分析

1. 浙江奉化雪窦山名茶产销专业合作社:龙头企业和农户的守约及专业合作社的健康发展

浙江奉化雪窦山名茶产销专业合作社成立于2002年3月25日,是由5家紧密型企业、46家松散型农户组成的茶叶专业合作组织,2010年有成员112家。合作社主要生产销售"雪窦山"牌奉化曲毫名茶。合作社内部实行统一品牌、统一生产技术标准和质量标准、统一包装材料、统一价格、统一监督管理,分散包装、分散经营等"五统一、二分散"管理办法,合作社和成员都没有违约现象,2002年至今,"雪窦山"牌奉化曲毫先后获得国际名茶金奖、浙江省名茶证书、中国精品名茶金奖、浙江省农博会金奖等各种奖项,并被确认为浙江省绿色农产品,基地被确定为宁波市绿色农产品基地。与此同时,基地面积,茶叶产量、销售量和营业额同步扩大,销售网络逐步形成。

2. 福建省建瓯市某竹业专业合作社:对市场缺乏稳定的预期以及企业的违约行为导致农户退出

建瓯市某竹业专业合作社在成立之初便走向解散。该专业合作社由3家企业领头组建,成立之初有40多户农户参与。因为带头组建的企业自身实力不强,开拓市场、延伸产业链、提升产品附加值的空间不大,几乎没有什么利润可以与农户共同分享,规定只按照市场价收购农户的产品;又由于这些企业的发展不稳定,对未来缺乏稳定的市场预期,在成立之初,不但无法按照保护价收购笋、竹,而且还在市场供货充足的情况下,提高收购标准、减少收购量,企业的违约行为导致农户纷纷要求退社,未入社的农户也不愿意加入,专业合作社在未注册之前就走向消亡。

同样是龙头企业组建的专业合作经济组织,奉化雪窦山名茶产销专业合作社与建瓯市某竹业专业合作社的发展结果却迥然不同。奉化雪窦山名茶产销专业合作社中的龙头企业和农户都能诚信履约,而建瓯市某竹业专业合作社的龙头企业和农户都先后毁约了。两个专业合作社的案例说明了无限次重复博弈对专业合作经济组织稳定性的不同作用:

(1)合作组织自身的实力不同。在奉化雪窦山名茶产销专业合作社中,不论是专业合作社内部的5家企业,还是其他农户,都是长期从事茶叶生产的经营者,该专业合作社的实力较强,对未来有稳定的市场预期,着重未来的长远利益,形成接近无限次的重复博弈;在建瓯市某竹业专业合作社中,由于领建企业自身的实力不强,对未来缺乏稳定的预期,过于看重眼前的利益,短期行为严重,从而首先选择了毁约行为,陷入了一次博弈的陷阱。

(2)双方的履约收益不同。在奉化雪窦山名茶产销专业合作社中,龙头企业和普通成员的履约收益都比较好。从龙头企业方面看,合作社内部主要成员需要缴纳会费,每年至少15000元,大量的会费为合作社的品牌宣传提供了必要的资金支持,大量成员的共同持续经营也强化了茶叶的品牌效应,从而有利于龙头企业的发展,是无形的履约收益。从普通成员方面看,专业合作社的健康发展,"雪窦山"品牌效应的提升,使成员们的茶叶价格明显高于市场价。专业合作社主要为成员提供品牌方面的服务,各成员产品的具体销售工作主要由农户自己承担,茶叶价格提升所增加的收入全部归成员自己所有,履约的收益可观。在建瓯市某竹业专业合作社中,龙头企业的精深加工能力不强,组建专业合作经济组织的收益不高。龙头企业按照市场价收购农户的产品,除了提供市场销路外,农户的履约几乎没有带来合作收益。

(3)违约的成本不同。在奉化雪窦山名茶产销专业合作社中,龙头企业和普通成员的违约成本都比较高。若龙头企业违约,其他成员则可能不缴纳次年的会费,专业合作社的发展将陷入困境,龙头企业的声誉和品牌将长期蒙受比普通成员更大的损失;若农户违约,将不能使用"雪窦山"品牌,而"雪窦山"茶叶的价格比市场价约高一倍,农户将长期承担高昂的违约成本,在违约成本和违约收益的重复博弈中,理性的成员当然选择履约。

(五)小结

通过对龙头企业组建者的分析,本书认为:

1.龙头企业是组建农民林业专业合作经济组织的重要力量之一。为了获得稳定的原料供应、节省交易费用、开发新产品、获得税收优惠,龙头企业具有组建农民林业专业合作经济组织的动力,但是,当农户对龙头企业的依附明显或龙头企业自身发展不稳定、对市场缺乏稳定预期或组建成本高昂时,龙头企业组建农民林业专业合作经济组织的动力不足。

2.龙头企业组建的专业合作经济组织在延伸产业链、开拓市场等方面具有突出的优势,但合作契约不稳定,农户和龙头企业的违约现象时有发生,如何增强契约的稳定性、保证专业合作经济组织的持续稳定发展是龙头企业组建专业合作经济组织面临的重要问题。

3. 无限次重复博弈是防止龙头企业或农户违约的重要手段,因此,要促进龙头企业的持续稳定发展、保持集体林权改革政策的稳定性和连续性,促使无限次重复博弈的形成;要增加龙头企业的专用性投资,塑造龙头企业的品牌,提高产品质量,提高龙头企业的履约净收益,降低其违约收益,降低龙头企业的违约概率;要增加农户的合作收益、加大履约的奖励力度和违约的惩罚力度,提高农户的履约净收益,降低违约收益,降低农户的违约概率。

4. 龙头企业的实力对合作组织稳定性的影响非常明显。龙头企业一方的违约概率比农户更大。如果龙头企业有品牌或发展稳定,违约的成本就大,其守约的概率明显提高;而如果龙头企业没有品牌或发展不稳定,企业则可能更加重视短期利益,其违约的可能性也随之提高。

三、农民林业专业合作经济组织的组建者之三:供销部门

(一)供销部门组建农民林业专业合作经济组织的动力

1. 供销部门组建农民林业专业合作经济组织的动力来源

(1)基层供销部门自身改革和发展的需要

我国的供销社体制形成于新中国成立初期,主要是自上而下组织起来的。在计划经济时期,供销合作社在为农服务、促进城乡物资交流、保障市场供给等方面做了大量工作,作出了重要贡献。建立社会主义市场经济体制之后,中共中央从农村经济发展、体制改革和供销合作社自身的需要出发,作出了深化供销合作社改革的决定,围绕着农民专业合作经济组织的性质,以基层社为重点,把供销合作社真正办成农民的合作经济组织。为此,供销合作社就要进一步从单纯的购销组织向农村经济的综合服务组织转变,大力发展专业合作社,发展以加工、销售企业为龙头的贸工农一体化、产供销一条龙经营,带动千家万户连片兴办农产品商品基地和为城市服务的副食品基地,积极为农业、农

村、农民提供综合性、系列化的经济技术服务,引导农民有组织地进入市场。① 这些改革取向促使供销合作社回归"合作社"的本来面目,加快组建农民专业合作经济组织。

(2)供销总社的推动

中华全国供销合作总社是全国供销合作社的联合组织,它指导全国供销合作社的业务活动,促进城乡物资交流。全国供销合作总社高度重视农民专业合作社建设,将其作为供销合作社改革、推进体制创新的重要途径,自1984年中央1号文件提出大力发展农民专业合作组织以来,一直在不断地探索发展道路。早在20世纪90年代初期就率先在全系统建立了105个专业合作社示范县,以此推动农民专业合作社的发展。为推动系统专业合作社的规范化建设,2006年在全系统开展了"千社千品富农工程",主要目标是:每年选择1000家规范的专业合作社,根据产业优势和地域特点,塑造1000个特色农产品品牌;用5年时间,扶持5000家专业合作社,塑造5000个特色农产品品牌。每个专业合作社平均带动社员1000户以上。② 在此项工程的推动下,基层供销部门实现了专业合作社与系统内外销售网络的对接,带动了专业合作社的规范化建设,也在集体林权改革之后的林区催生了一批农民专业合作经济组织。

(3)地方政府的委托

为了促进地方经济的发展,不少地方政府委托供销合作社组建农民专业合作经济组织。截至2005年年底,全国已有23个省(区、市)1500个县党委及政府委托供销合作社承担组织、指导农民专业合作社发展的职能。③ 有的地方政府还专门划拨财政资金交由供销合作社用于发展农民专业合作经济组织,为供销部门的组建提供了有效的动力。

2. 供销部门组建动力不足的主要原因

(1)激励机制的缺乏导致供销部门具体组建人员的组建动力不足。激励机制的缺乏源于利益联结机制的缺失。供销社带有一定的官办特征,具体的组建人员一般不持有合作组织的股份,而是领取一定的劳务报酬,其劳务报酬

---

① 《中共中央、国务院关于深化供销合作社改革的决定》[EB/OL]. http://news.xinhuanet.com. 2005-03-16/2010-6-13
② 韩俊. 中国农民专业合作社调查[J]. 上海:上海远东出版社,2007:40
③ 韩俊. 中国农民专业合作社调查[J]. 上海:上海远东出版社,2007:43

也不跟合作组织的经营业绩成正比。在合作组织经营不景气时,组建人员只能象征性地领取少量报酬,甚至不能领到任何报酬;而合作组织经营业绩良好时,又不能给组建者带来报酬的快速增长。因此,作为集体的供销部门虽然具有组建动力,但内部激励机制的缺乏却导致具体组建人员的组建动力明显不足。

(2)组建能力的不足是供销部门组建动力不足的又一重要原因。这主要是针对基层供销社而言。由于基层供销社的人员配备较少,人员的素质又参差不齐,办公条件也较为简陋,组建专业合作经济组织的能力有限,所以组建的动力也就不强。

(二)供销部门组建农民林业专业合作经济组织的优势与局限

1. 供销部门组建农民林业专业合作经济组织的主要优势

(1)组织形式多样化

供销部门组建的农民林业专业合作经济组织的形式较为多样,以农民林业专业合作社为主,也有股份合作经济组织和专业协会。在供销部门组建的专业合作经济组织中,理事会成员人数相对较多。这是因为该类合作组织的覆盖面广,参与合作的成员数量多。作为领办人的有关供销部门工作人员往往都被推举为合作组织的理事。该类型专业合作经济组织的组织结构一般以"较大的核心层+松散的外围"为主。

(2)组织实力相对较强

我国供销社体制形成的时间较早,经过长时间的积累,供销部门拥有丰富的资源优势,在推动合作组织的发展方面具有独特的作用,其优势主要有:第一,市场优势。供销部门具备比较完善的商品流通网络,掌握比较及时、正确的市场信息。各地基层供销社还积极创办各种合作经济网,构建为专业合作社服务的信息网络服务体系。如福建省供销社积极创办"福建农产品信息网",及时向社会发布农产品信息资料。第二,资金优势。相对于一般农户而言,供销部门筹集资金的能力强。针对农民林业专业合作经济组织在组建和发展过程中存在的资金缺乏问题,各地供销合作社积极争取资金,为农民专业合作经济组织的正常运作提供了有力的资金支持。第三,人才优势。供销部门从事合作社经营的时间较长,有些供销社拥有经验丰富的经营管理人才,为农民专业合作经济组织的发展提供技术、营销和组织协调等方面的服务。有的积极牵头,组建了农民专业合作经济组织;有的为专业合作组织提供了信息、技术、产品认证、市场营销等方面的培训;有的还积极牵头组建农民专业合作社联合会。第四,龙头企业的依托。许多供销社有自己的龙头企业,它们依托生产、加工或销售的龙头企业创办实体型的专业合作经济组织。

(3)组织规范程度较高

各地基层供销部门在中华全国供销合作总社的积极推动下,纷纷出台了有关培育和扶持农民专业合作经济组织的意见,制定了农民专业合作社的发展规划。得益于供销部门系统的引导和规划,供销部门所组建的专业合作社规范化程度相对较高。它们在规范化建设方面的工作主要有:通过"千社千品富农工程",每年选择扶持一批规范专业合作社,以此推动专业合作社在工商部门注册,开展标准化生产和品牌化经营,促使合作社制定规范的章程和严密的管理制度;通过示范专业合作社的评选活动,每年树立一批典型专业合作社,发挥引领带动作用。在示范专业合作社引领的基础上,各级供销部门认真总结经验、宣传推广,有效地推动了专业合作社的规范化建设。

(4)合作收益容易显现

如上所述,供销部门有自己的营销队伍,有自己的采购系统,有的供销社还有自己的龙头企业,供销部门在经营中的主要优势体现在采购、加工和销售环节,所以供销部门组建的农民林业专业合作经济组织也主要是采购、加工和销售环节的合作。加工和销售环节的附加值比较高,采购环节有利于节约交易成本,合作收益较为明显且容易显现,合作组织容易保持持续稳定的发展。

2. 供销部门组建农民林业专业合作经济组织可能存在的局限

(1)专业合作经济组织的发展状况受制于基层供销部门工作人员的素质和奉献精神。各基层供销社工作人员的素质参差不齐,奉献精神也各不相同。有的供销合作社领导能力不足,人心涣散,供销社存在活力不足、效益下降、服务功能不强的问题,无法为广大农户提供技术、市场和信息服务,难以引导农民联合起来进入市场;有的供销社职工虽然有较强的业务能力,但是奉献精神不足,为广大农户服务的动力不足;有的供销社职工组建合作社的动机不纯,不同程度地侵害了合作农户的利益。以上问题的存在都可能制约农民专业合作经济组织的发展,影响农户的合作收益。

(2)农民参与度不高。中华全国供销合作总社的积极扶持,有力地推动了各地农民林业专业合作经济组织的发展,但是,有的地方供销社为了获得供销总社的资金扶持,未能从本地的实际出发,根据农民的实际需要组建合作组织,而是盲目跟从,为了业绩刮"一阵风",从而使合作组织的发展出现"短、平、快"现象,或处于名不符实的状态,农民的参与度不高,不是真正的农民专业合作经济组织。

(3)对供销部门领建人员缺乏约束机制。同样是由于利益联结机制的缺失,农民专业合作经济组织对供销部门领建者的约束机制也不足。许多供销部门的组建者在组建之后被推举为合作组织的理事长,成为合作组织的主要经营者,但农民对供销部门的工作人员并不了解,合作组织对这种委托—代理关系缺乏有效的约束,从而可能导致少数组建者侵害农户利益。

(4)产权不清晰。不少由供销社组建的农民林业专业合作经济组织与供销社的产权关系没有界定清楚。由供销社组建的合作组织长期无偿使用供销社的场地、设备等,合作组织的日常运营经费也由供销社提供,这种产权不清晰的状态对农民林业专业合作经济组织的持续发展是不利的。

(三)供销部门组建局限的突破

供销部门是组建农民林业专业合作经济组织的重要力量之一,面对供销部门组建时可能出现的问题,至少可以从以下几个方面加强努力:

1. 加大供销社的改革力度

大力改革我国农村的供销合作社,为农村供销合作社正本清源,真正由"官办"转为"民办",明确供销社的产权,使其重新焕发活力。加快发展农业生产资料现代经营服务网络,依托供销合作社建设一批统一采购、跨地区配送的大型农资企业集团,在粮食主产区和交通枢纽,完善农资仓储物流基础设施,加快推进农资连锁经营,大力发展统一配送、统一价格、统一标识、统一服务的农资放心店;加快发展农副产品营销网络,引导供销合作社创新农产品流通方式,推动大型连锁超市与农民专业合作社、生产基地、专业大户等直接建立采购关系,培育品牌产品,降低流通成本,提高流通效率。

2. 建立紧密的利益联结机制

一方面,通过供销部门入股,尤其通过组建者个人入股的形式,强化供销部门和组建者的责任心,采取资本链接的方式,与农民专业合作经济组织对接,形成利益共同体,提高经营和管理的积极性;另一方面,扩大普通农民成员的参股份额,吸纳更多的社员入股,彰显农民专业合作经济组织的民办性质,从而促进合作组织的持续健康发展。

3. 充分发挥省级供销社的积极作用

县级供销社与农户的联系更为直接,因此县级供销社是组建农民林业专业合作经济组织的主要力量,但是由于县级供销社的水平和条件有限,组建的力量和指导能力明显不足,因此,应当充分发挥省级供销社的作用,要为农户提供市场分析,确定指导性的生产指标,减少盲目生产;要指导和带动合作社开展精深加工,提升林产品的附加值,增加合作收益。

此外,中华全国供销合作总社、地方工商管理部门和有关管理部门应该在注册和管理等环节加强监督,促使供销部门组建的农民林业专业合作经济组织更加持续健康地发展。

(四)供销部门组建农民林业专业合作经济组织的案例分析

1. 庆元县天堂山锥栗专业合作社:互利共赢、持续发展

庆元县是一个山区县,环境优美、物产丰富,农产品更是品质优良,但由于地理条件的限制和宣传的不足,农产品总是优质低价,甚至无人问津。近年来,庆元县供销社领导洪宝如积极组建农民专业合作社。庆元县天堂山锥栗专业合作社就是由庆元县供销社组建的一家专业合作社,成立于2003年,目前已有团体社员15家、个体社员520多户,带动农户1500多户,基地面积达12200多亩,其中已发展无公害锥栗基地5000多亩。合作社按高于市场2%～5%的订单价格收购社员锥栗,助栗农增收,社员的年人均收入比非社员增长了500元,增幅达20%以上。

2. 辽宁省黄土岭五味子专业合作社:合作收益不明显,合作动力不足

同样是供销社组建的专业合作经济组织,黄土岭供销社的实力相对较弱,在市场开拓和产业链延伸等方面缺乏足够的能力。合作社除了提供极少数的技术讲座外,主要是帮助收购农户的林下产品。此外,合作社缺乏精深加工的能力,五味子附加值提高的空间不大,因此,黄土岭五味子专业合作社只能按照市场价收购社员的产品。与庆元天堂山锥栗专业合作社相比,带动社员增

收的能力相对较弱。五味子合作社的社员与非社员几乎没有什么权利和义务的差别,专业合作社一直处于松散的状态之中。与其说是专业合作社,倒不如说是专业协会。

同样都是供销部门组建的农民专业合作经济组织,但是它们的发展状态明显不同,具体表现在:

(1)供销社的技术优势不同,农户的合作收益不同。庆元县供销社领导洪宝如组织全县农产品经纪人成立了庆元县农产品经纪人协会,成为进一步加快天堂山锥栗专业合作社发展的坚强后盾;庆元县供销社聘请省职业技术教育学院、供销学校的专家对全县67名农产品经纪人进行了专业技能培训,并经过理论和实际操作考试,对合格者颁发资格证书;在县供销社的带动下,天堂山锥栗专业合作社不定期邀请专家对社员进行新、老园区的锥栗病虫害识别及防治方法和锥栗采收、储存保鲜现场培训,筹集经费支持骨干示范户分别赴上海、南京、厦门、杭州、广州、苏州等城市进行炒栗试销,打造专业合作社品牌。供销社所提供的技术支持也是广大成员的一种合作收益。与庆元县供销社相比,黄土岭供销社的实力相对较弱,除了提供极少数的技术讲座外,主要是按市场价收购农户的林下产品,农户所能获取的合作收益无多。

(2)供销社的加工和市场优势不同,各方的合作动力不同。庆元县供销社有下属的农资经营公司,合作能够增加农资经营公司的销售量,并与农户实现共赢,供销社的合作动力增强;专业合作社内部有加工户,能够通过产品加工延伸产业链,提高产品的附加值,所以合作社能够按照高于市场价的价格收购农户的产品,增加合作收益。此外,供销社还为合作社提供商标服务,并通过供销社的销售网络提供产品销售服务,实现互利共赢、和谐共存、稳定发展,从而不断提升合作各方的合作动力,促进合作经济组织稳定发展。而黄土岭供销社的实力相对较弱,由于缺乏精深加工的能力,五味子附加值提高的空间不大,双方的合作收益甚少。

(3)利益联结机制不同,供销社的组建动力不同。在庆元县供销社内部,专业合作社的经营业绩与供销社员工的切身利益直接相关,员工可以持有专业合作社的股份,可以享受一定的物质奖励;而在黄土岭供销社内部,专业合作社的经营业绩与供销社内部员工利益的直接关系不大,供销社员工组建合作社的积极性不强,合作社处于比较松散的状态。

（五）小结

1. 各级供销社在组建农民林业专业合作经济组织中的作用逐步增强，但是，各级各地合作社在组建力量上明显存在不均的现象，组建力量的强弱受制于供销部门工作人员的素质和奉献精神。

2. 由于供销社仍然带有一定的"官办"的性质，组建动力仍显不足。为了进一步提升供销社在组建农民专业合作经济组织中的作用，供销部门应当充分发挥自身在市场、人才、技术、资金等方面的资源优势；着重于农资供应、市场开拓和加工环节，延伸产业链，提高产品的附加值，从而提升合作收益。

3. 紧密的利益联结机制是提升供销部门组建动力的关键。既要鼓励组建人员入股，并给予一定比例的股份，以提高组建者的积极性，又要扩大普通农户的股份，激发农民参与的积极性，促进农民林业专业合作经济组织的蓬勃发展。

四、农民林业专业合作经济组织的组建者之四：林业技术部门

（一）林业技术部门组建农民林业专业合作经济组织的动力

林业技术部门主要是指县、镇两级的林业局有关科室、林业站、技术推广站、农机站、种苗站、森林防火办、森防站、森工局等。

1. 林业技术部门组建农民专业合作经济组织的动力来源

（1）组建农民林业专业合作经济组织便于技术推广和研发。林业技术推广和研发是林业站、技术推广站、农机站、种苗站、森工局等的主要职能之一，农户是它们的主要服务对象。集体林权改革极大限度地提高了农户经营管理的积极性，却给林业技术的推广和研发带来诸多难题，这主要表现在：①新技术难以被农户所了解和掌握。集体林权改革之后，农户拥有了独立的经营权，

多为分散经营。面对数量众多、居住经营都十分分散的林区农户,林业技术部门需要一个组织载体,便于向农民宣传和传授新的技术。②新技术难以在林业生产中运用。任何一项新技术的运用都必然存在一定的风险,而由于单个农户经营的规模较小,抵御技术风险的能力弱,单个农户对新技术接纳和运用的意愿和能力弱,因此,林业技术部门需要一个组织载体,便于运用新技术。③新技术缺乏研发基地。林业技术部门对新技术的开发和服务需要长期的实验和跟踪研究,但是,面对数量众多、居住经营都十分分散的林区农户,新技术的研发不但存在交通和联络的不便,而且容易遭到农户的拒绝,因此,新技术的研发需要以农民专业合作经济组织作为基地。

(2)组建农民林业专业合作经济组织便于增强林业技术部门的其他服务职能。服务地方林业生产,开展森林消防宣传教育,制定森林消防措施,组织群众预防森林火灾是林业局有关科室、森林防火办、森防站的重要职能。但是,集体林权改革之后,一家一户分散的经营给林业生产和管护带来很大的困难,为农户服务的效率十分低下,因此,林业局有关科室、森林防火办、森防站需要把农户联合起来,组建各种林业技术协会、森林防火协会和其他的农民林业专业合作经济组织,充分发挥它们在政策、信息、技术等方面的优势,依法行使部门职能,提高工作实效,为农户提供及时的信息服务、技术服务和政策宣传咨询,从而更好地为地方林业发展服务。

2. 林业技术部门组建动力不足的主要原因

(1)组建和运作资金不足。由于林业技术部门所组建的专业技术协会为农户提供的各种服务只收取少量的费用,甚至是无偿服务,无法满足协会本身正常运作的资金需要。许多协会在组建过程中面临资金不足等很多困难,更有一些专业技术协会在组建之后因资金不足而无法开展任何活动,合作组织处于闲置状态。

(2)激励机制的缺乏同样是林业技术部门组建动力不足的重要原因。为广大农户提供服务虽然是林业技术部门的职能,但是林业技术部门的有关工作人员在没有增加收益的前提下都认为多一事不如少一事;专业技术协会所提供的技术虽可以产生利益,但是专业技术协会却是不以营利为目的,大部分组建者付出大量的劳动,却基本上未能领取任何报酬。农户与具体的组建者之间利益联结机制的缺失,同样导致林业技术部门的工作人员组建激励机制不足,组建动力弱化,组建人员陷入疲态。

(二)林业技术部门组建农民林业专业合作经济组织的优势与局限

1. 林业技术部门组建农民林业专业合作经济组织的主要优势

(1)技术优势明显,服务内容广泛,效果显著。林业技术部门不仅自身拥有强大的科技人才队伍,而且与其他科技机构、高校有密切的联系,容易获得社会的支持,构建健全的专家服务体系。近年来,林业技术部门所组建的各种农民专业合作经济组织充分发挥自身的技术优势,开展了形式多样的服务活动:第一,开展下乡宣传。各地林业技术部门以组建的专业合作经济组织为载体,组织"科技致富大王"和专家队伍举办科技下乡活动,开办科技讲座,对农民进行科学思想和市场观念的启蒙,现场接受农民的科技咨询。第二,开通技术咨询热线。各地林业技术部门以专业技术协会为依托,开通24小时热线电话,随时接受农民的科技咨询。第三,开通网络课堂。利用网络优势,向农民宣传推荐新的技术和项目。第四,开办技术培训班。为了提高服务的实效性,林业技术部门以组建的专业合作经济组织为依托,开办农村实用技术培训班,培训科技致富带头人和农民技术员,不少协会的工作成效十分明显。

(2)具有良好的声誉,服务范围广泛。县、乡林业技术部门在多年的工作当中,为农民排忧解难,服务的对象广泛,在广大农户当中具有良好的声誉和技术权威性,由林业技术部门组建的专业技术协会容易得到农民的积极响应,再加上专业技术协会只收取少量的费用,甚至不收取任何费用,参与的农户数量众多,合作组织覆盖的范围广泛。例如,截至2010年,福建省共组建护林联防协会9000余个,涉及山林面积达到7000多万亩,占全省集体林总面积的70%以上,[①]覆盖的范围相当大,而这些基本上都是由林业局有关科室、森林防火办、森防站等组建的。

(3)具有良好的示范效应,衍生作用明显。林业技术部门所组建的专业合作经济组织具有良好的示范效应,合作组织的建立有效地培养了部分农户的市场意识,在农户和市场、农户和龙头企业之间搭建了桥梁,解决了农民生产和经营中的难题,不同程度地显示了农民林业专业合作经济组织的积极作用。在林业技术部门的带动下,许多龙头企业、运销大户和林业大户纷纷组建专业

---

① 数据由福建省林业厅森林防火办提供

合作经济组织。例如,福建省建瓯市竹业协会是建瓯市林业局竹业科组建的专业协会,协会成立之后,为广大农户积极提供市场信息和技术服务,发挥了重要的作用。在市竹业协会的示范下,2002年12月,建瓯市迪口镇一些从事生产和销售笋竹的种植户和流通户也按照自愿、民主、平等、互助、互利的原则,成立了笋竹专业合作社;此后,示范效应不断强化,合作社队伍不断扩大,短短的两年时间里,迪口镇坑头笋竹专业合作社、迪口镇衫洋笋竹专业合作社、迪口镇霞溪笋竹专业合作社相继成立,会员增加到180多人,带动农户1000多户,年销售鲜笋及各类笋干14700余吨。

2. 林业技术部门组建农民林业专业合作经济组织可能存在的局限

(1)形式较为简单,组织较为松散。从林业技术部门所组建的专业合作经济组织看,合作组织的形式多为专业协会,组织较为松散,理事会成员人数相对较多。在该类型的专业合作经济组织中,随着合作组织的发展,有的合作组织有必要从简单、松散的专业协会逐步向专业合作社发展,但林业技术部门不愿单独指导组建,需要联合龙头企业、运销大户或其他力量共同组建。

(2)技术力量和条件不平衡现象不容忽视。林业技术部门是组建农民林业专业合作经济组织的重要力量,但是,林业科技力量和条件不平衡的现象不可回避,在现有的林业技术部门,特别是林业站、技术推广站、农机站、种苗站中,仍有不少人员的工资不是来源于财政拨款,而只能通过林业经费、自收自支或财政差额解决。此外,还有一些林业站没有自有办公用房,没有机动交通工具,工作条件相对落后,这种现象的存在必然影响其组建的力量,导致农民专业合作经济组织发展缓慢。

(三)林业技术部门组建局限的突破

1. 加强各级林业技术部门的建设

切实解决林业科技服务部门遇到的困难,从办公条件、资金和人员的配备上给予必要的支持,提升林业技术部门组建农民专业合作经济组织的能力。

2. 提高林业技术部门工作人员的组建积极性

培育农民专业合作经济组织,是促进农村经济结构战略性调整、实现林业现代化的重要途径,林业技术部门的工作人员要积极培育农民林业专业合作经济组织。但是,由于林业技术部门的工作人员与合作经济组织之间难以建立紧密的利益联结机制,因此要提高林业技术部门工作人员的组建积极性,一方面要培育林业技术部门工作人员的奉献精神,另一方面也应当对无私奉献的林业技术部门工作者给予适当的精神和物质鼓励。

3.提高林业技术部门工作人员的管理素质

林业技术部门组建专业合作经济组织,除了为农户提供各种服务之外,还要培育农民的组建和管理能力。在条件具备的时候,要促使松散型的专业协会转变为紧密型的专业合作社等,并把专业合作社交给农民管理,真正变成农民自己的组织。

(四)林业技术部门组建农民林业专业合作经济组织的案例分析

建瓯市竹业协会:共同奉献、共同发展

建瓯市竹业协会成立于1987年9月,由市林业局竹业科带头组建,现有团体会员210人,个人会员960人,在8个竹业重点乡镇成立了竹协分会。林权改革以后,农民对竹业协会的服务需求增加了。2004年以来,建瓯市竹业协会为了满足农民的需求,在积极宣传普及竹业科学知识、推广竹业先进技术、提高竹农科学育竹水平上做了大量卓有成效的工作,增加了竹农收入,促进了建瓯市竹产业发展。例如,2008年,福建省毛竹林遭受冰雪灾害,受灾面积达430多万亩,为了做好灾后管理,减少灾害损失,建瓯市竹业协会组织相关力量进行研究,制定了《有关毛竹林冰雪灾后管理的技术要点》,印发宣传材料,免费发放给每一位会员,并在网上发布。《技术要点》根据弯曲、折断、破裂、翻蔸、斩梢等不同的受害类型提出了不同的技术管理要点,有效地指导农户进行灾后管理和生产,大幅度地减少灾害损失。

由于竹业协会的积极努力,2006年建瓯市被国家林业局命名为"中国竹子之乡",建瓯竹产业由过去的"副业"转变成如今最具优势的打造"中国笋竹城"的"支柱产业"。建瓯市竹业协会也多次受到上级的表彰。2004年被国家民政部授予"全国先进民间组织"称号,2007年被福建省林业厅评为"全省林业科技工作先进集体"。

建瓯市竹业协会的发展,是许多能人共同奉献的结果。该协会成立以来,得到不少老领导的关心。但是,由于农户不缴纳费用,协会的运作资金十分紧张。作为秘书长的竹业科科长林振清,为协会做了大量的工作,但是他本人却从未领取任何报酬,也不计算工作量;在协会运作资金紧张的情况下,经营大户主动缴纳会费,使专业协会正常运转。

与建瓯市竹业协会相反的是,不少由林业技术部门组建的专业合作经济组织,由于激励机制和资金的缺乏,却陷入了松散无力,甚至是长期名存实亡的状态。这样的例子甚多,这里不作专门的分析。这说明,林业技术部门带头组建农民林业专业合作经济组织,虽然具有明显的技术优势和示范效应,但是由于组建和运作资金筹集困难、缺乏激励机制,林业技术部门也可能出现组建动力不足的现象。

(五)小结

1.林业技术部门组建农民林业专业合作经济组织的动力源自建立技术推广和研发的载体、增强林业技术部门的服务职能,但是组建和运作资金不足、激励机制的缺乏等又导致了林业技术部门组建动力的弱化。

2.林业技术部门在组建农民林业专业合作经济组织方面具有得天独厚的技术优势,但是林业技术部门所组建的专业合作经济组织往往是比较松散的,技术力量的不平衡也是不容忽视的,因此必须加强林业技术部门自身的建设,给予必要的人力和资金扶持。

3.林业技术部门的具体组建人员与专业合作经济组织的运作实效缺乏紧密的利益联结机制,具体组建人员为组建工作所付出的努力基本上是凭借个人的奉献。由于林业技术部门具体人员的奉献精神和能力天然有别,所以组建专业合作经济组织的动力和能力也自然不同。

五、结论和启示

(一)结论

通过对农民林业专业合作经济组织组建者的研究,可以得出如下结论:

1.农民应该是组建农民林业专业合作经济组织的最主要力量。在林区农民自发组建的专业合作组织中,林农大户是组建专业合作组织的骨干。林农是否组建农民专业合作经济组织是从会计成本和机会成本的不同角度博弈的结果。大、小户从会计成本的角度博弈的结果应该是大户组建;而林农大户从机会成本的角度自我博弈的结果往往会导致其组建动力的弱化。提升林农大户的组建动力是今后我们将长期面临的课题。通过案例分析对林农大户组建专业合作经济组织的机会成本进一步分析的结果发现,农户之间一定差异性的存在和有效的分配机制能够增强大户的组建动力,但过大的差异反而弱化了大户的组建动力。

2. 龙头企业在加工、销售、组织管理等方面的优势使龙头企业成为组建农民林业专业合作经济组织的重要力量之一。但是契约的不稳定性是龙头企业所组建的农民专业合作经济组织时常面临的问题。在无限次重复博弈中,博弈双方履约净收益总和大于违约净收益总和的约束条件对于保证商品契约的履行起到了非常重要的作用。

3. 供销部门在流通环节的资源优势使供销部门成为组建农民林业专业合作经济组织的重要力量之一。供销部门组建的农民专业合作经济组织主要侧重于采购、销售等环节的合作,但由于供销部门的改革尚未到位,有些供销部门组建的专业合作经济组织产权不清;各供销部门工作人员的素质和奉献精神参差不齐,各地供销部门在专业合作组织组建中的作用各不相同。供销部门具体组建人员与专业合作经济组织的利益联结机制对组建动力造成直接的影响。

4. 林业技术部门在技术方面的独特优势使林业技术部门在农民林业专业合作经济组织组建中的作用越来越突出,但林业技术部门所组建的专业合作经济组织相对较为松散,形式较为简单,技术力量和条件不平衡;在利益联结机制难以建立的情况下,组建动力的强弱、组建效率的高低主要依赖于技术部门管理人员的个人素质。

(二)启示

1. 在农民林业专业合作经济组织发展的初期,林业经营大户、龙头企业、供销部门、林业技术部门都是组建合作经济组织的重要力量。不管是何种力量组建农民林业专业合作经济组织,都存在组建动力不足的现象,也都各有优势和局限。促进农民林业专业合作经济组织的组建,应当认真分析各力量组建动力不足的症结,并针对各种力量组建过程中可能出现的问题提出解决的对策,促使组建动力提升。

2. 在林农大户、龙头企业、供销部门、林业技术部门等不同的组建者中,如何克服各自的局限,提升组建的动力和效率,其着力点是不同的。(1)就林农大户组建的专业合作经济组织而言,促进其组建和发展的着力点是提升其组建的动力和能力。根据农户之间一定差异的存在和有效的分配机制能够增强大户组建动力的结论,提升林农大户组建的动力,既要培育林农大户,又要防止林农经营规模、资源、禀赋的过分差异;既要坚持农民专业合作经济组织分配的公平性原则,又要允许分配向林业大户倾斜。提升林农大户的组建能力,政府要加大对林农自发组建的专业合作经济组织的扶持力度,促进林农大户在内部管理、技术和市场开拓等方面多作努力。(2)就龙头企业组建的农民林业专业合作经济组织而言,促进其组建和发展的着力点是保持合作契约的稳定性。而要保持合作契约的稳定性,就要促进龙头企业的稳定发展、保持集体林权改革政策的持续稳定,从而使双方形成接近无限次的重复博弈,防止博弈中的短期行为;要增加龙头企业的专用投资、形成特质交易、提升龙头企业的品牌和质量,以增加龙头企业的履约收益和违约成本。同时增加农户的合作收益,加大履约的奖励力度和违约的惩罚力度,提高农民履约的积极性。(3)就供销部门组建的农民林业专业合作经济组织而言,促进其组建和发展的着力点是加快供销部门的改革步伐,明晰供销部门组建的专业合作经济组织的产权;在供销部门、具体的组建人员和专业合作经济组织之间建立紧密的利益联结机制。(4)就林业技术部门组建的农民林业专业合作经济组织而言,促进其组建和发展的着力点是加快专业合作经济组织的转变和完善。在专业合作经济组织建立之后,逐步实现从林业技术部门管理向农民自主管理的转变;在条件具备时,逐步实现从松散型向紧密型的转变。

3. 不管是哪种力量组建农民林业专业合作经济组织,培育有奉献精神的能人都是至关重要的。农民林业专业合作经济组织是为广大农户提供服务的组织,因此要大力培育有奉献精神、有经营和管理能力的组建者,才能促进农民林业专业合作经济组织蓬勃发展。

第四章 农民林业专业合作经济组织的形式选择

合作组织形式选择的合理与否对农民林业专业合作经济组织发展的影响是不言而喻的。从契约的角度看,农民林业专业合作经济组织也是林农通过一系列或松或紧的长期契约所组成的组织,所以,对合作组织形式的考察和选择,实质上就是对合作组织内部契约类型的考察和选择。

在不同形式的专业合作经济组织中,专业协会通常被认为是松散、不稳定的合作组织,并有观点认为,随着专业合作经济组织的发展,合作组织的形式将逐步从松散的专业协会向紧密、成熟的合作组织形式过渡,但是笔者认为,由于林产品生产的周期长,专业合作经济组织形式具有自己的特殊性,对形式选择的合理与否是影响合作效率和合作稳定性的重要因素。各种不同的专业合作经济组织形式是各有优势的,究竟哪一种形式更为有效,不能一概地认为越为紧密和复杂的就越好。专业合作经济组织形式的选择要与合作关系的复杂程度相适应,将复杂的契约结构运用于简单的合作关系将不必要地增加成本,甚至可能导致合作关系的终止;而将简单的契约结构运用于复杂的合作关系会显得捉襟见肘,同样可能导致合作组织的解体。因此,解决当前农民林业专业合作经济组织发展难、效率低下和稳定性差的问题,必须运用契约理论从组织形式的角度作进一步的研究,以期有利于集体林权改革的顺利进行和农民林业专业合作经济组织的发展。

本章结构安排如下:(1)对不同形式的农民林业专业合作经济组织的内部契约进行分类,在理论上把合作组织形式的考察和选择,转变为对合作组织内部契约类型的考察和选择;(2)对影响农民林业专业合作经济组织内部契约选择的因素进行分析,探讨选择合作组织形式应当考虑的主要因素;(3)运用上述影响因素分别对专业协会、专业合作社和股份合作组织的具体案例进行分析,进一步考察上述影响因素在具体选择中的作用。对于相对松散的专业协会而言,遇到挫折是比较正常的,所以本章只分析成功的案例;而对于相对紧密的专业合作社和股份合作经济组织而言,本章分别选取成功和失败的案例从正、反两方面进行分析,以期得出的结论更为全面;(4)简要的结论和启示。

一、农民林业专业合作经济组织的形式及对应的内部契约类型

(一)农民林业专业合作经济组织的三种主要形式

我国林农的丰富实践已经创造了形式多样的合作组织,归纳起来主要有以下三种类型:

1. A 型的专业合作经济组织是股份合作组织

股份合作组织是股份制和合作制相结合的专业合作组织,是资本和劳动的双重联合,其通行的做法是:(1)由龙头企业、基层农技部门、少数经营大户等出资作为股东,再吸收少量的股金组建合作组织,或者由农户以山林入股,再筹集少量的资金组建合作林场;(2)林农入股和退股往往都有条件限制,同股同利,股份往往可有限转让;(3)财产实行共同共有和按份共有,利益共享,风险共担;(4)管理上实行民主管理,投票方式多样化,一人一票或一股一票,或者实行按人投票和按股投票相结合;(5)分配上实现按资本分配和按劳动分配相结合,即按股分配和按交易额分配相结合,但以按股分配为主,甚至有的就是纯粹的按股分配。

2. B 型的专业合作经济组织是严格意义上的专业合作社

它是农村同类林产品的生产经营者自愿联合、民主管理的互助性经济组织。它以"入退自由、平等互利"为原则,由社员共同缴纳会费建立,以其成员为主要服务对象,提供农产品的销售、加工、运输、贮藏以及与林业生产经营有关的技术、信息等服务。其通行的做法是:(1)进入自愿,退出自由;(2)在种养环节上一般以一家一户(或单个企业)为单位,在加工和销售环节上统一商标、统一品牌、统一销售;(3)社员缴纳会费,比较复杂的专业合作社内部,社员也缴纳一定的股金,但缴纳的股金大致相等,股份不可转让和交易;(4)分配上首

先提留合作组织的公共积累,合作社内部有一定的不可分配的积累基金。盈余主要按社员与合作社的交易额比例返还,缴纳股金的合作社内部实行按股分红和按交易额分红相结合,但以按交易额分配为主;(5)决策机制通常实行一人一票。

3. C型的专业合作经济组织是专业协会

它是我国改革开放以来最早出现的在农民自愿基础上建立的专业服务组织,最初主要开展农业技术推广和技术服务。集体林权改革之后,林业漫长的生产周期和管护的困难催生了大量为管护服务的专业协会,使专业协会的服务和组织形态更加多样化。林业专业协会是比较简单、松散的专业合作经济组织,它是按照"民办、民管、民受益"的原则组建,协会会员一般也缴纳一定的会费,协会自主经营,其宗旨是为会员的生产经营提供农业生产资料或产前、产中、产后的系列化服务。协会通常是非营利性的组织,但协会的非营利性并不意味着它在市场上不追求利润,而是指协会与组织成员的业务是"在非营利或成本基础上"经营,它通过对成员的低成本服务或基于惠顾的盈余返还来增加会员的收入,依法维护会员的合法权益。

在专业合作经济组织的实践中,合作组织的性质与其名称并不一定相符,有的合作组织注册为专业合作社,但并没有按照专业合作社的规范来运行,而是比较典型的股份合作经济组织;有的合作组织注册为专业合作社,而其实质上是松散的专业协会;相反的,有的合作组织注册为专业协会,而其通行的做法却是比较规范的专业合作社。为了便于分析,本章在下面的考察中,严格按照不同形式的专业合作组织应有的运作机制进行划分,如有的合作组织虽然命名为专业合作社,却按照股份合作经济组织运作,本书则将其作为股份合作经济组织进行分析。

(二)不同的林业专业合作经济组织形式所对应的内部契约类型

从契约的角度看,农民林业专业合作经济组织也是林农通过一系列或松或紧的长期契约关系所组成的组织。不同的专业合作组织形式,其内部契约也不尽相同。在股份合作组织的内部,成员主要是通过要素契约形成合作组织,合作组织可以直接支配成员投资所形成的资产。成员可以获得两部分的收入,一是按股份所带来的分红,即资本收入,二是按交易额分配所带来的分红,实质上是按投入的劳动量分配;在典型的专业合作社内部,成员则主要是通过商品契约形成合作。成员缴纳会费或份额大致相等的股金,合作社为成员提供相关的服务。利润分配实行按交易额分配或按股分红与按交易额分配相结合,在二者相结合的组织中,仍然以按交易额分配为主。专业协会则是典型的商品契约,协会会员缴纳一定的会费,协会为会员提供低成本的服务来增加会员的收入。因此,根据合作组织内部契约的对象和性质的不同,农民林业专业合作经济组织相应地也可分为三种类型:一是以要素契约为主的专业合作经济组织,二是以商品契约为主的专业合作经济组织,三是典型的商品契约的专业合作经济组织。从契约的角度看,林农在组建和参与农民林业专业合作经济组织时,对合作组织形式的考察和选择,实质上就是对合作组织内部契约类型的考察和选择。

二、影响农民林业专业合作经济组织内部契约选择的因素分析

与商品契约相比,要素契约具有直接性、长期性和稳定性的特点,若单从要素契约的这一特点出发,我们似乎可以得出这样的推论:选择以要素契约为主的合作组织形式似乎是最稳定、最优的。但是,关于要素契约和商品契约何者更优的问题,阿尔钦和登姆塞茨认为,二者之间并没有任何差异。[①] 周立群、曹利群的观点与阿氏的结论相似,他们认为"商品契约和要素契约具有一定通融性和互补性",并证明了在一定的制度安排下,商品契约也可以趋于稳定。[②] 笔者在认同商品契约和要素契约具有通融性和互补性观点的基础上,同时又认为,要素契约和商品契约在不同的条件下是各有优势的,要素契约虽然具有直接性和稳定性的特点,但是其订立契约和履约的成本相对较高。与之相适应的是,股份合作组织虽然是较为紧密的组织,但建立和运作的成本相对较高;专业协会虽然是松散简单的组织,但其建立和运作的成本相对较低。因此,在农民林业专业合作经济组织的内部,究竟是商品契约有效还是要素契约有效,不能简单地一概而论。不同的产品以及同一产品的不同生产阶段,交

---

① 阿尔钦,登姆塞茨.生产、信息费用与经济[A].科斯.财产权利与制度变迁[C].上海:三联书店,2004

② 周立群,曹利群.商品契约优于要素契约[J].经济研究,2002(1):14~19

易的内容有所不同,交易的费用或交易的效率也因此存在很大差别。

影响契约效率的因素很多,除了麦克内尔考虑的三种交易类型①外,威廉姆森提出了交易成本大小与决定交易特性的三个维度:资产专用性、不确定性和交易频率。② 他们的分析为后人的研究提供了新的视角,他们对影响契约选择的各种因素的揭示也说明了契约选择的复杂性。但若具体到农民林业专业合作经济组织内部的契约选择,必须考虑的影响因素主要有以下几种。

1. 交易对象计量的难易程度

交易对象的测度费用、质量界定的费用是契约选择应当考虑的重要因素。交易对象的测度费用、质量界定的费用比较高,就会导致交易费用的上升,要素契约占有相对优势;反之,商品契约则具有比较优势。例如,林业新技术的测度比较困难,因此要素契约就在技术方面的合作占有比较优势。

2. 合作优势显现的难易程度

如果一项交易是必需的,但若合作效率难以在短时间内显现,通过要素契约建立的组织容易导致明显的内部激励不足,这将影响要素契约的稳定性并导致合作的低效率,使维持要素契约的内部组织和管理成本居高不下。因此,资产应该分别由组织和农户单独拥有,把生产过程分为若干阶段,然后通过商品契约或简单的要素契约进行合作,这应该是较好的选择。例如,由于林业的生产周期较长,数量众多的农户把林业整个生产过程的控制权全部交给合作组织,建立股份合作组织的做法在实践中是比较少见的,已建立的林业股份合作林场的成员数量普遍很少,覆盖面很小,而某个环节(如管护、销售)的合作则比较活跃。

3. 参与合作组织的成员数量

以要素契约为主的合作组织可以节省组织和农户之间的商品交易费用,但是合作组织的运行也需要耗费组织成本或管理成本。达到适度规模所需要的合作范围越大,参与合作组织的成员数量就越多,内部组织和管理的成本就越大,甚至超过合作所节省的交易费用。因此,当参与合作组织成员的数量较

---

① 麦克内尔.新社会契约论[M].北京:中国政法大学出版社,1994
② 奥利弗·威廉姆森.交易费用经济学:契约关系的规制[A].陈郁(编).企业制度与市场组织——交易费用经济学文选[C].上海:三联书店,上海人民出版社,1996:22~53

为合理时,通过要素契约建立专业合作经济组织是可行的,而参与合作组织成员的数量超过一定限度时,递增的组织和管理成本将使要素契约的优势逐渐消失殆尽,商品契约则相对占优。例如,在护林防火环节,适度合作规模所要求的成员数量较多,达成要素契约的难度加大,商品契约是更好的选择。

4. 合作组织和农户的投资决策是否具有弹性

如果合作组织的投资决策无弹性而农户的投资决策具有弹性,说明合作组织对投资决策的激励不敏感,而农户的投资决策对激励较为敏感,那么,将控制权交给合作组织是没有什么意义的,应当通过商品契约实现合作组织和农户之间的联结,这是占优的选择;反之,则应该把所有的控制权都给予合作组织,选择要素契约。例如,在产业链的延伸中,农户对投资决策往往缺乏弹性,要素契约占有相对的优势。

5. 人力资本、技术和规模的必要性程度

如果合作组织的人力资本、技术和规模是必要的,而农户的人力资本却不一定必要,那么,把要素的控制权转移给合作组织,可能会给农户带来收益的增加,此时,合作组织和农户之间采取要素契约联结是较佳的;反之,占优的选择应该是商品契约;如果合作组织和农户的人力资本分别在不同的生产环节显示出其必要性,那么可以根据具体情况确定不同的契约组合。例如,新技术和资金在林产品的加工环节是至关重要的,而利用合作组织的力量容易形成新技术和资金的优势,因此要素契约在林产品的加工环节具有相对的优势。

6. 特质交易

如果交易属于特质交易,选择商品契约将更加节省交易成本,从而获得更高的收益,因为对于特质产品而言,"买者既不会去寻求其他资源,也不会将其(按优惠价格)购得的产品挪作他用(或转手给其他用户),因为其他资源的设置成本很高,而且特质性产品的用途和用户是不可互换的;卖者同样也不会因有更好的销售机会而扣货不发,因为其资产也具有专用性质"[①]。在特质交易中,违约可能带来短期收益,但是其长期的违约成本可能远远高于履约成本,所以买卖双方博弈的结果往往是选择履约。因此,商品契约不仅能够维持稳

---

① 奥利弗·威廉姆森.交易费用经济学:契约关系的规制[A].陈郁(编).企业制度与市场组织——交易费用经济学文选[C].上海:三联书店,上海人民出版社,1996:11~12

定,同时还因为内部交易成本的节省而显得十分有效。

7.专用性投资

如果缔结契约的双方中有一方必须对合作进行专用性投资,那么投资的一方在退出时,其投入的资金将基本沉没。因为退出成本的高昂,投资的一方将选择守约,所以在专用性投资条件下,即使是商品契约,也可能取得要素契约的稳定性,而省却要素契约的内部交易成本。

8.集体劳动计量和监督的难易程度

集体劳动计量和监督的难易程度是影响合作效率的重要因素,它直接影响着要素契约和商品契约的相对优势。集体劳动计量和监督的难度越大,通过要素契约建立的合作组织的运作效率可能越低,此时,保持各农户资产的独立,通过商品契约实现组织和农户的联结将是更佳的选择。

9.合作组织发展所处的阶段

农民林业专业合作经济组织的形式并不是一成不变的。虽然并不是所有的协会最终都应该演变为专业合作社或股份合作组织,但是有的专业合作社和股份合作组织在发展的初期可以考虑先采取协会的形式,然后再逐步过渡。

影响农民林业专业合作经济组织内部契约选择的因素还有不确定性等等。对于专业合作经济组织内部契约的选择,是对各影响因素综合考虑的结果。当我们面对某一具体的选择时,也许各因素之间的影响是相互矛盾的,也就是说,从不同的影响因素出发进行分析,应做出的选择可能是不同的,因此,我们应当根据具体实际综合考虑,从而做出合理的选择。特别需要强调指出的是,对合作组织内部契约的选择,并不一定要在要素契约和商品契约之间择其一,也可以是二者的有机结合。若要素契约难以建立,也不意味着一定要选择纯粹的商品契约,而是可以在商品契约的基础上,适当订立要素契约。例如,可以通过普通社员自愿入股的方式,让农民共担责任、共负盈亏,从而增强契约的稳定性。

三、对农民林业专业合作经济组织内部契约选择的若干案例分析

(一)对林业专业协会的案例分析——以福建、江西"护林联防协会"为例

"护林联防协会",又称"护林三防协会",协会会员按照经营规模缴纳一定数量的会费,协会为会员提供护林防火、防治森林病虫害、防止盗砍滥伐等服务,是集体林权制度改革之后按照商品契约组建的较为简单的专业合作组织。福建省第一个试点县为尤溪县,该县第一家联防协会成立于2003年9月,由西城镇12位承包集体山林的大户自发成立。西城镇护林联防协会成立后,先后5次及时扑灭了经营区内的火,没有酿成火灾,其创办及成功运作的经验使尤溪护林联防协会的数量逐步增加。与此同时,福建省其他各地也进行了大胆的探索,并相互借鉴,不断发展。截至2010年,福建省共组建护林联防协会9000余个,涉及山林面积达到7000多万亩,占全省集体林总面积的70%以上。江西省在林权改革之后,也催生了大量的护林联防协会,截至2010年,全省已组建"三防"协会27601个,涉及山林面积6594.97万亩,占全省集体林总面积的52%。

农户入会必须按照林地面积缴纳会费,每亩每年缴纳会费从0.2~1元不等。协会按照联防区域面积、山场情况,就近切块划片,统一配备护林人员。协会与护林人员签订管护合同,明确管护山场四至、责任、权利,定山场、定职责、定报酬,实行管护效果与报酬挂钩,充分调动护林人员的积极性;联防协会基础设施和软环境建设不断完善,协会下设扑火队,不但配备了相关的扑火工具,还为护林人员配备了摩托车、手机等工具,有的协会甚至已经为护林人员购买了简易人身保险,有效地提高了联防协会防火抗灾的能力;协会在做好森林防火的同时,还在林木管护方面进行联防,协会的功能从最初单一的防火发展为防火、防盗和防病虫害三重功能。护林员既是防盗、防火员,又是森林病虫害测报员,降低了管理成本。

"护林联防协会"虽然只是松散的专业合作组织,但是它们都保持了稳定、高效的发展态势,而且发展的规模不断扩大。"护林联防协会"这一针对林业

管护阶段的特殊需要而建立的合作组织,选择了纯粹的商品契约,其选择的合理性主要体现在:

1. 生产周期和合作范围的特殊性凸显商品契约优势

从生产周期看,林业的生产周期从几年到几十年不等,与种植业几个月到一年左右的生产周期相比,周期较为漫长。若是通过要素契约建立股份合作组织,合作的优势难以在短时间内彰显,合作对林农的激励明显不足,不确定性随之加大,合作组织难以持续发展。从合作范围看,林业生产的管护环节达到适度规模所需的合作范围较大,尤其是森林防火,因为森林火灾并不是几个或几十个农户就能有效防范和消灭的,它要求合作组织要拥有较多的成员,这将阻碍要素契约的达成,在该环节建立股份合作经济组织难以稳定发展。因此,林业漫长的生产周期和管护环节对合作范围的特殊要求,决定了商品契约在林业管护环节具有特殊的优越性,在该环节组建专业协会是合理的。

2. 专用性投资和特质交易造就联防协会的特殊稳定性

联防协会的专用性投资不仅包括各种灭火、防治病虫害、防盗等设施的专用性投资,也包括人力资本的专用性投资,即协会定期对护林员进行技术培训,组织护林队员学习林业管护的专业知识,开展信息交流和科学技术服务,定期开展岗位练兵,为扑火队员购买简易人身保险等。由于这些投资用于其他方面的价值比其原定的特殊用途小得多,协会就不会轻易地解散或改变服务方向;农户对协会的需求也带有特质交易的特征,这是因为联防协会在林业管护环节的规模效应十分明显,协会在毗连面积 1000～3000 亩的林地上只需聘请一位护林员。农户每亩仅缴纳会费 0.2～1 元,却可以得到专业的护林服务,有效解决了林权到户后一家一户防火力量单薄、扑火风险高、防盗难、森林病虫害防治难等实质性问题。这样的规模效应必须以毗连成片为前提,由于土地的不可移动性,护林联防协会一旦建立,很难被其他资源替代,农户也就不会轻易退出。因此,农户和联防协会之间的交易是双边垄断的特质交易,联防协会和农户之间的商品契约是较为牢固的契约。

3. 林业生产各阶段的可分性和管护劳动计量的难易程度决定了"护林联防协会"的优势

由于林业生产周期较长,四个阶段的可分性较强,可以分为造林、管护、收成和销售四个阶段,且在每一个阶段中,要素契约和商品契约的相对优势有所不同。在林业的管护阶段,其劳动主要是防范灾害(病虫害、盗窃和火灾等)的劳动,防范性劳动计量的主要标准就是病虫害的及时发现和消灭、火灾和盗窃活动发生率的下降、损失范围的缩小,这种劳动的计量比较简单,监督比较容易,责任比较明确,容易把护林员的管理业绩与报酬挂钩,从而使协会的内部管理成本十分低廉。基于以上分析,商品契约在本阶段中具有明显的优势,所以,不管是单个的农户,还是股份合作组织都愿意把林业的管护环节外包给"护林联防协会","护林联防协会"的持续稳定运行也就不难预期。

4. 收益的稳定性促使"护林联防协会"持续发展

对于林业的管护环节而言,合作所带来的收益主要表现为损失的减少。病虫害、盗窃活动、火灾都可能给森林带来巨大的损失。尤其是火灾,它是林业最可怕的灾害,森林火灾不仅可能烧毁成片的森林,而且还会降低森林的更新能力,给森林带来的将是毁灭性的后果。联防协会所提供的防火、防盗、防病虫害服务,使森林火灾、盗窃和病虫害的损失显著减少,为合作带来非常可观的"收益"。以福建、江西为例,福建、江西两省广泛组建"护林联防协会"的第二年,江西省森林火灾次数就下降62.9%,过火面积下降了71.0%,受害森林面积下降了73.7%,没有发生重大、特大森林火灾;该年福建省林业刑事案和火灾发生率分别比2003年下降69.5%和80%,在协会覆盖的区域内,基本上实现"只有火警,没有火灾"的目标。可观的"收益"使合作具有相当的吸引力,从而促使"护林联防协会"保持持续稳定的发展。

(二)对林业专业合作社的案例分析——以浙江缙云笋峰茶业专业合作社和福建建瓯竹笋专业合作社为例

1. 对浙江缙云县笋峰茶业专业合作社的分析

缙云县笋峰茶业专业合作社成立于2003年,是以笋峰茶叶有限公司为依托,以茶叶生产、加工的农户为主体,县供销社兴合集体资产运营中心参股联办的农民专业合作社,入社农户260余户,带动着1000多个种植、加工茶叶农户。广大农户并不入股,只是缴纳少量的会费,合作社为成员免费提供技术培训,代办种苗和肥料,为合作社成员提供产品销售服务,并按照比市场价高约15%的保护价收购茶叶。合作社建立了严格的奖励惩罚机制,对优秀的社员给予奖励,获得奖励的社员必须是连续三次抽检合格的成员,奖励内容主要有肥料赠送、茶苗赠送等；对于不按合作社要求进行生产的社员给予惩罚，受惩罚的成员主要是产品抽检连续两次违反标准的成员，惩罚的措施是取消其社员资格。

该合作社立足绿色化、生态化、标准化生产。成员们按照合作社"质量立市，品牌创市"的诚信经营理念进行生产，合作社多次获农业部茶叶质量监督检验测试中心颁发"无公害放心茶"证书，取得该中心和中国农业部科学茶叶研究所"定点服务企业"证书，并获"有机茶原料生产"证书、"有机茶加工"证书和标志准用证。有了稳定的合作成员，就有可观的发展规模，合作社拥有标准化茶叶基地4000多亩，年产销名特优茶叶12000多千克；有了良好的信誉，合作社产品就有了广阔畅通的销售渠道，产品平均销价达每千克180多元，最高达2560元，社员的收入明显得到提高。

由于广大农户没有入股，缙云县笋峰茶业专业合作社和广大农户之间的契约主要是商品契约。在该合作社的运行机制中，利益主体主要有三个：农户、专业合作社和龙头企业。专业合作社收购农户的产品，然后再销售给龙头企业——笋峰茶叶有限公司。尽管都只是商品契约，但由于紧密的利益联结机制，三者之间的契约非常稳定，合作社处于稳定的发展状态中，其主要原因有：

(1)特质交易提高商品契约的稳定性。笋峰茶叶有限公司和合作社之间的特质交易有利于商品契约的稳定。由于合作社追求的是绿色化、生态化、标准化产品，合作社和农户之间的交易对象并不是一般的茶叶，而是按照合作社特定标准生产的特质产品，在一定意义上属于特质交易，若合作社转求其他货源，不但运输成本提高，并且质量难以保证，这将影响到公司的信誉，因此公司既不会去寻求其他货源，也不会轻易降低价格收购农产品；对于农户而言，因为此项交易价格比市场价高15%，也不是一般的交易，农户如果违约则可能被合作社开除，从而永远失去优惠价格，农户获得的合作收益大于被开除的成本，农户就不会另寻销售机会或违反生产标准，稳定的商品已经衍生出"权威"和"支配性的权利"。

(2)专用性投资提高了商品契约的稳定性。由于合作社事前对农户制定了统一的生产流程和统一的市场标准，对农户的生产进行专门的指导，并对优秀社员免费赠送肥料和茶苗，上述费用构成了合作社的专用性投资，所以合作社也不会轻易放弃专用性投资而转求其他信息不完全的货源。在重复的博弈中，违约的一方或许可以获得更高的短期收益，但从长期来看，任何违约一方都可能遭到对方的报复，从而必须承担高昂的违约成本，这种商品契约不仅能够维持稳定,同时还节省了要素契约所必需的内部管理和组织成本。

(3)交易对象容易计量,商品契约具有相对优势。农户种植的茶叶区域相对集中,合作社对农户实行分组管理,每组设组长和技术人员,对茶叶生产实行全程指导和监控,茶叶生产中的采摘标准、开采时间、栽培技术、施肥技术等都是由龙头企业规定,茶叶质量可控程度较高,农户与合作社之间的交易费用相对较低,所以商品契约占有相对优势。

(4)成员数量众多,集体劳动计量的难度大,要素契约难以维系。高质量、有品牌的茶叶生产对规模经济的要求相对较高,合作社共有入社农户260余户,成员数量众多。若选择要素契约,内部组织和管理的成本将十分高昂,再加上茶叶市场耗费的劳动多,集体劳动的计量比较困难,通过要素契约建立合作组织的效率将十分低下。在此条件下,保持各农户资产的独立,通过商品契约实现组织和农户的联结是更合理的选择。

2.对福建建瓯竹笋专业合作社的分析

2005年,为了提高产品质量、拓宽销售渠道,建瓯成立了竹笋专业合作社,专业合作社以当地的一个笋食品有限公司为依托,吸纳全县农户和加工大户150多户,建立了产、加、销一条龙,贸、工、农一体化的生产体系。合作社按合同价收购竹笋,其余的盈亏由合作社负责。合作社共有团体成员三个,并主要由团体成员入股,这意味着营利和亏损实质上是由团体成员承担。

在市场行情不好的时候,为了防止亏损,合作社往往通过提高收购规格减少收购数量,甚至压低价格,导致农户未能按照合同价销售,甚至出现产品滞销;在笋产品走俏的时候,由于普通农户不能分享到合作社任何利润,农户也不愿意按照合同价格向合作社销售产品,而是私下寻找其他销售渠道,履约率不足50%,导致合作组织不能收购到计划数量。几经周折之后,农户干脆不与合作社签订合同,合作社陷入名存实亡的状态。该合作社成员数量、集体劳动监督的难易程度与缙云县笋峰茶业专业合作社是相似的,完全的要素契约肯定是不合适的,其原因与缙云县笋峰茶业专业合作社有共同之处,本书不再赘述。该合作社与农户之间的商品契约选择虽然是相对合理的,但其契约却缺乏稳定性和效率,合作社的发展陷入被动的状态。本书主要对商品契约的不稳定分析如下:

(1)未能适当增加特质交易,双方都存在违约的可能。特质交易是保证商品契约稳定的重要因素之一,但是,在建瓯竹笋专业合作社中,合作社所经营的产品以中低档产品为主,合作社所需要的产品对质量没有特别的要求,合作社与农户之间所约定的交易对象是一般产品,而不是特质产品。在市场行情不好的时候,合作社就可以按更低的价格从其他货源购入,从而导致合作社本身违约;而在市场行情走俏、市场价高于合同价时,农户则存在违约的可能。

(2)未能适当增加专用性投资,合作社的违约成本低。专用性投资是维持契约稳定性的另一个重要措施,①这也就是说,若交易对象不是特质产品,通过合作社的专用投资,如在生产之前为农户提供良种、化肥、种畜、农机、技术或者不可收回的资金,或建立加工厂等,可以减少投资方的违约行为。但是,在上述竹笋专业合作社中,合作社并没有提供任何专用性投资,再加上农户一般都无力追偿违约责任,所以合作社的违约成本几乎趋近于零,这就加大了其违约的可能性。

(3)没有任何要素契约,农户和合作社的关系松散。适当地辅助以要素契约,比如让农户自愿入股,共担风险,共负盈亏,也是紧密联结农户与合作组织的重要纽带之一。但是,上述竹笋专业合作社的股份全部属于团体成员所有,而普通农户未能分享合作社的利润,农户的违约成本趋近于零。因此,一旦市场价高于合同价,违约就成为常态。

(4)合作社缺乏奖惩措施,违约的约束机制和履约的奖励机制缺失。在市场价高于合同价的时候,履约的收益和违约成本非常之小,而履约的成本和违约的收益都很大,相比之下,农户就很容易选择违约行为,合作组织处于不稳定的状态之中。

(三)对林业股份合作经济组织的案例分析——以福建漳平市云中山专业合作社和福建沙县高桥某股份合作林场为例

1. 对漳平市云中山专业合作社的分析

林权改革之后,为了科学造林、育林,探索集约化、产业化、规模化、现代化经营林业之路,实现永续利用的目标,由陈榕林、邓榜炎、周建芳等13名成员发起,于2007年7月10日成立云中山专业合作社。成员以山林和资金入股,日常经营由合作组织的专业机构统一运营,林木资产和经营收益按出资比例分享。虽然注册时是专业合作社,但其契约是典型的要素契约,合作组织实质

---

① 周立群,曹利群.商品契约优于要素契约[J].经济研究,2002(1):14~19

上是股份合作经济组织。

合作组织最初以成员入股的 2 万亩商品林地为核心，组建久鸣、宝山两个商品林经营区，实行紧密连锁经营。合作社以培育森林资源为主业，兼顾承接生态公益林管护，以短周期工业原料林基地建设为重点，拓展笋竹等林副产品加工业，使成员投入产出比最大化。由于合作组织运行稳定，组织不断发展壮大，规模得到有效扩张，经营面积从原来的 2 万亩增加到 3.4 万亩，成员从最初的 13 名发展至 125 名，并发展了多项加工业和养殖业。

云中山专业合作社这一以用材林经营为主的专业合作组织，却能选择要素契约的形式，并能保持稳定发展，其原因主要有：

（1）运用委托代理机制，发挥要素契约优势。云中山合作社的经营对象以用材林为主，集体劳动计量和监督的难度大，要素契约的优势不明显，因此同类专业合作组织的成员数量一般都在 20 人以内。云中山专业合作社共有社员 125 人，由于成员数量为数不少，内部组织和管理的成本剧增，发展较为不稳定，要素契约的优势几乎无存。预见到合作组织可能面临的困难，云中山合作组织的负责人周建芳同志巧妙地运用了委托代理机制，将 125 个成员按照家族划分为三个家族，合作组织的股份分为三个部分，分别由三个家族代表持有。各成员的股份在家族内部细分，家族内部的股份可以相互转让。各成员委托家族代表行使股东权利，三个家族的代表是合作组织的决策者，不论是扩充股金、日常经营决策还是重大的对内对外投资活动以及重大的分配政策都由三个代表共同决定。该合作组织由于委托代理机制运用得当，决策集中且富有效率，合作组织的内部交易成本显著降低，从而使要素契约具备了可能性。

（2）合作组织技术和规模的必要性，凸显要素契约优势。合作组织除了栽植普通的树种外，还栽植降香黄檀、楠木、花榈木、香樟、乳源木莲、石楠、红豆杉等乡土珍贵树木，建设小果园、小竹园、小花园，发展森林之家、农家乐等生态旅游。这些经营项目虽然能够带来较高的收益，但它不仅需要一定的经营规模，而且对栽植和管护的要求也比较高。也就是说，这样的经营使得合作组织的技术和规模是必要的，而农户的传统经营经验却不一定必要，所以把要素的控制权交给合作组织，由合作组织组建专门的生物技术服务机构、营林专业工程队、专业护林队，能够比普通农户更好地从事生产经营，并取得更多的合作收益，从而维护要素契约的稳定。

（3）合作的长期性使组织的投资决策富有弹性，助长要素契约优势。云中山专业合作社的核心成员以山林和资金入股，并约定 70 年不分割、不退股。

有了 70 年的合作时间作为保证,合作组织的投资具有较大的空间,合作成员选择要素契约的形式,将山林的控制权交给合作组织,并逐步新增投资,用于合作组织的发展,他们将产业链向上、下游延伸,大幅提高了合作收益,维持了合作关系的稳定,助长了要素契约的优势。成立 4 年多以来,他们共投资 1250 万元,除了营造林外,还筹集资金 450 万元,积极促使产业链的前后向延伸。合作组织组建了年出栏 200 头规模的肉牛养殖场;引进 3 条竹制品生产线,生产香芯、竹胶板半成品、牙签等竹制品;组建 4 个玉兰片"闽笋"加工场;组建林业苗圃,培育"闽林"马尾松容器苗、"2.5 代"杉木苗、阿丁枫、木荷、酸枣和枫香等乡土树种。

(4)虚拟收益的增加,使合作优势及时得到体现,维护了要素契约的稳定。如前所述,由于林业生产特别是用材林生产的周期长,合作优势难以在短期内显现,通过要素契约建立的组织容易导致内部激励不足,从而影响合作组织的稳定性。云中山专业合作经济组织以经营用材林为主,合作优势难以显现,从这个角度看,该合作组织并不适合选择要素契约的形式。为了增强合作组织的凝聚力,维护合作组织的稳定,合作社内部实行股本动态变化的原则,每年年初将上一年的资产增值部分所形成的资本公积及时量化到每个股东的账户,同时吸纳新股本。股本账户金额每年核算一次,股权证每年年末作废,年初重新发放。根据这几年资产增值的情况看,增值的比例一般在 12% 左右,这就意味着股东次年账户的余额=上年总股本×(1+12%)。股本动态变化的原则,实际上是新增股本同股不同值原则的变化和延伸,同时也是为了保护那些无力增加投资的林农利益。当每年年初的股权证金额不断增长时,虽然还只是虚拟收益,但成员们却及时地感受到了合作的收益和优越性,从而提高要素契约的稳定性。

2. 对福建沙县高桥某股份合作林场的分析

为了解决有些农户劳动力、资金不足的难题,实现规模经营,福建沙县高桥某小组成立了股份合作林场,该小组将集体所有的 150 多亩山林以村民入股的形式交给新成立的合作林场进行经营管理,股份合作林场属于村民小组全体成员共同所有。该小组共有村民 40 多户,全体村民平均拥有股权,平均分配合作林场经营收益。股份合作林场推举了小组长担任合作林场负责人,合作林场以经营杉木为主。合作所经营的对象目前正处在管护阶段,五年后即将全面进入采伐期。由于合作组织目前没有什么收入,负责人的日常管理几乎没有工资。股份合作林场目前没有其他的业务拓展,村民对合作组织的认可度低,不少村民希望退股,合作林场处于消极、不稳定状态。同样是用材林经营,同样选择了要素契约,但是,该股份合作林场却遭遇了"成长之痛",其原因主要有:

(1)参与成员数量较多,要素契约的优势消失。当合作组织的成员数量较为合理时,通过要素契约建立股份合作林场是可行的。如前所述,从大部分的股份合作林场来看,成员数量一般在20名以内,而该合作林场的成员数量却达到40多户,超出一定限度后,成员数量的增加将带来递增的组织和管理成本。该合作林场的规模又不大,仅有林地150多亩,户均不足4亩,负责人本身所拥有的股本同样不足4亩,如此之低的预期收益抵消了要素契约高昂的内部交易成本,要素契约的优势消失殆尽。

(2)组织的投资决策缺乏弹性。股份合作林场成立时,虽然已经约定了20年的合作时间,但是,由于成员对合作组织的发展预期不稳定,合作组织的投资决策难以获得成员的一致通过;负责人目前没有任何报酬,对合作组织的关心不够,投资决策缺乏激励机制,所以组织的投资决策几乎没有弹性。

(3)人力资本、技术的必要性程度不足。该股份合作林场全部栽植杉木,并且目前已进入稳定的成长期,日常所需要的管护对合作组织的人力资本、技术并无多大要求,合作组织在采伐指标申请、技术等方面的优势难以体现,因此,合作组织和农户之间的要素契约联结并不是最佳的,占优的选择应该是商品契约,或根据具体情况确定不同的契约组合。

四、结论和启示

(一)结论

1. 农民林业专业合作经济组织是林农通过一系列或松或紧的长期契约关系所组成的组织。在不同的条件下,要素契约和商品契约的相对优势是各不相同的。

2. 农民林业专业合作经济组织的选择受到多种因素的综合影响,包括交易对象计量的难易程度、合作优势显现的难易程度、参与合作组织的成员数量、投资政策是否具有弹性、人力资本和规模的必要性程度、特质交易、专用性投资、集体劳动计量和监督的难易程度、合作组织发展所处的阶段等。

3. 农民林业专业合作经济组织的运作效率与契约选择的合理与否密切相关。不同产品、不同成员、不同生产阶段、不同地方的实际,对契约和合作组织类型的选择可能不同;同一种产品、相同的成员、相同的生产阶段,在相关的因素创新之后,也可能选择不同的契约和合作组织类型。要根据要素契约和商品契约的比较优势进行全面深入的分析,而非单纯地追求更为紧密、复杂的组织形式,更不能一味盲目地追求高度统一的生产和分配。(1)"护林联防协会"虽然只是通过商品契约建立的一种松散型的合作组织,但特质交易、低廉的内部管理成本和稳定的合作收益却使"护林联防协会"具有较强的稳定性。组建和参与"护林联防协会"将是林权改革后农民解决"护林难"的一个现实选择。就我国目前林业、林农和合作组织发展的实际看,广大林农对合作必要性的认识仍然存在很大的差异,股份合作组织的规范也有很长的路要走,因此,以要素契约为主的股份合作组织还不能急于广泛推广。林农在林业管护阶段的合作关系较为简单,管护阶段的独有特点也决定了通过商品契约建立的"护林联防协会"具有明显的比较优势,福建、江西等地"护林联防协会"的发展佐证了这一优势。因此,组建和参与"护林联防协会"将是集体林权改革后农民的现实选择。(2)专业合作社虽然以"入社自愿、退社自由"为原则,并保持了农户的独立生产,主要的契约形式是商品契约,但是专业合作社是依法登记、取得法人资格的合作组织,它以服务成员为宗旨,谋求全体成员的共同利益,盈余主要按照成员与农民专业合作社的交易量(额)比例返还。与专业协会相比,专业合作社更加紧密,能够产生更多的合作收益;与股份合作组织相比,专业合作社的覆盖面更广、运作机制更加灵活、内部交易成本更低,并且能通过交易额返还让广大农户共同受益。所以,在条件成熟时,专业合作社是农民专业合作经济组织形式的主要选择。既然如此,就应当努力探索专业合作社商品契约的稳定性和效率的提高。要维系商品契约的稳定,提高合作的效率,除了诚信道德教育外,必要时可以适当增加特质交易的元素;或者适当增加合作社的专用性投资,增加合作社的违约成本;或者在合作收益的分配中明确奖惩措施,以增加农户的违约成本,提高农户的履约收益,促使合作社和农户共同履约,共谋专业合作社的发展。(3)股份合作林场、家庭合作林场在用材林生产中是少数农户联合的可行形式,但该形式的选择一定要以自愿为前提,成员的数量要适当,在股权的安排和后续资金的投入中要考虑少数经济困难农户的投资能力,并维护这部分农户的利益。

(二)启示

1. 不少农民林业专业合作经济组织在成立初期选择了专业协会或家庭合作林场,而当专业合作经济组织的内外部环境发生积极变化,需要转变为更为紧密的专业合作经济组织时,应该积极引导它们进行动态调整,选择其他的合作经济组织形式。

2. 林业的生产过程较为漫长,一个完整的林产品生产过程,可以根据各产品、各阶段的实际交替采用要素契约和商品契约,以及它们的不同组合来实现合作。通过要素契约建立起来的林业股份合作组织、专业合作社也可以把部分环节"外包"给其他专业合作组织。

3. 影响农民林业专业合作经济组织形式选择的各种因素对契约类型的偏好不一定一致。若其中的多数因素支持某一种形式的选择,而另有一个或少数的因素并不支持时,可以像云中山合作社那样通过创新,提高专业合作经济组织的运作效率。

第五章 农民林业专业合作经济组织的所有权和盈余分配机制

产权是经济所有制关系的法律表现形式。它是法定主体对财产所享有的所有、占有、支配、使用、收益和处分的权利。在产权这一组权利中,收益权是非常关键的。获得收益是人类一切经济活动的直接目的或最终目的,市场经济条件下林区农民是否选择合作是基于利益的比较和权衡,只有合理分享到合作收益时,林农才会积极参与合作,合作经济组织才能获得广泛的成员基础和持续健康的发展,所以合作组织的盈余分配受到了学界和政府的广泛关注;在产权这一组权利中,所有权是产权基础,这正如马克思指出:"分配关系和分配方式只是表现为生产要素的背面","消费资料的任何一种分配,都不过是生产条件本身分配的结果。而生产条件的分配则表现生产方式本身的性质。"由此,我们可以明确:对农民林业专业合作经济组织盈余分配的研究,遵循从财产所有权再到盈余分配这一基本顺序是其必然的逻辑基础。

本章关注的是,在中国农户经营规模较小、经营能力不强、素质不高的背景下,农民林业专业合作经济组织的所有权和盈余分配机制应该如何安排才有利于合作组织的发展?所有权安排和盈余分配机制对合作组织的发展绩效有何影响?专业合作组织的所有权安排和盈余分配机制应该如何体现效率和公平二者的有机结合?在我国农民林业专业合作经济组织发展的内外部约束条件下,应该如何以和谐为理念去构建中国特色的合作组织所有权和盈余分配机制?本章将总结农民林业专业合作经济组织的绩效与所有权、盈余分配的状况,并对合作组织的发展绩效与所有权、盈余分配机制之间的内在关联进行实证分析,为规范合作组织的所有权和盈余分配机制提供依据。由于专业技术协会的共有财产很少,基本上也没有盈余可言,所以专业技术协会不在本章分析的范围之内。在林区农民林业专业合作经济组织中,股份合作组织和专业合作社的所有权和利润分配机制存在明显的不同,所以本书在对二者的研究中,将二者分开进行。

本章结构安排如下:(1)提出农民林业专业合作经济组织所有权和盈余分配机制与绩效之间关系的假说,并阐述假说提出的理论依据;(2)对农民林业专业合作社的所有权和盈余分配机制与绩效之间的关系进行实证分析;(3)对农民林业股份合作经济组织的所有权和盈余分配机制与绩效之间的关系进行实证分析;(4)简要的结论和启示。

一、关于农民林业专业合作经济组织所有权、盈余分配机制与绩效关系的理论假说

(一)理论假说的提出

关于农民专业合作经济组织的所有权,学界和政府部门存在不同的争论。政府部门和不少学者强调合作组织劳动联合的性质,从公平的角度出发,认为合作经济组织的股权制度是一种特殊的所有权制度。股权的设置应体现公平的原则,为了避免大资本控制,保证合作经济组织以劳动联合为主的性质,合作经济组织还应当限制社员个人的最高持股量。[①]《浙江省农民专业合作社条例》则明确"单个社员或者社员联合认购的股金最多不得超过股金总额的百分之二十"。也有观点认为,所有权的集中有一定的合理性,经营者持大股成为选择具有才能的经营者并且降低企业所有权成本的有效手段。[②]

关于农民专业合作经济组织的盈余分配,一般认为合作经济组织实现自我发展的核心问题是建立由社员"按惠顾额分配盈余"的利益机制和制度体系。[③]《中华人民共和国农民专业合作社法》第五章第37条对可分配盈余的

---

① 孙亚范.农民专业合作经济组织利益机制及影响因素分析——基于江苏省的实证研究[J].农业经济问题,2008(9):48~56

② 马彦丽.我国农民专业合作社的制度解析[M].北京:中国社会科学出版社,2007:129

③ 孙亚范.农民专业合作经济组织利益机制及影响因素分析——基于江苏省的实证研究[J].农业经济问题,2008(9):48~56

分配作出明确规定:"按成员与本社的交易量(额)比例返还,返还总额不得低于可分配盈余的百分之六十。"但有的学者从中国农民专业合作经济组织的实际出发,把社员分为投资和惠顾合一的"所有者—惠顾者"社员、具有投票权但不跟合作社进行交易的股东、只与合作社进行交易而不投资的社员。由于惠顾者关心的是按交易额返利,而投资者关心的是按股分红,当社员异质性导致投资者和惠顾者身份错位,单方面强调惠顾者的权利,就会弱化社员投资的积极性。

本书遵循从财产所有权再到盈余分配这一基本逻辑,围绕我国农民林业专业合作经济组织发展过程中与关于农民专业合作经济组织的经典假说不一致的现象,希望验证以下假说:

(1)在经营规模普遍较小和农民企业家才能缺乏的现实约束下,农民林业专业合作经济组织所有权一定程度的集中能够激发经营者的积极性,提高合作的绩效。

(2)合作组织的成员可以分为投资者、经营者和惠顾者。在所有权相对集中的前提下,在合作组织的盈余分配中要允许适当比例的盈余实行按股分红,才能提高合作组织的绩效。

(二)假说提出的理论依据

1.所有权一定程度的集中的理论依据

(1)所有权一定程度的集中有利于激发经营者的积极性

我国农户的经营规模狭小,林区农户也不例外,如果所有的社员都均等地持有股份,必然形成股东较多,且都是小股东的格局。在这样的专业合作经济组织中,社员关注合作组织需要付出大量的时间或财力,而从合作组织中得到的利益却有限,即关心合作组织的成本可能远远大于收益,所以"搭便车"便成为大部分社员的理性选择。社员可能对合作组织缺乏责任感,缺乏经营的积极性,从而使合作组织的经营陷入"公有地的悲剧",经营效率低下,合作的收益微乎其微。合作收益的低下反过来又进一步弱化社员的积极性,从而出现社员自行退出现象,合作组织的稳定性差。在此情况下,如果组织者缺乏奉献精神,合作则常处于名存实亡的状态。合作组织一旦面临风险,更是无人担当责任,而是任其消亡。因此,农民林业专业合作经济组织也需要股权一定程度的相对集中,要有适度的大股东。股权一定程度的集中,能够最大限度地激发大股东的积极性和责任感,提高合作效率,从而为其他合作成员带来更多的合作收益。

(2)所有权一定程度的集中有利于提高决策的效率

在专业合作经济组织创立的初期,参与合作的农户共同拥有、共同经营合作经济组织,齐心协力地为企业的生存与发展而奋斗,决策的问题相对较为简单,决策的效率较高,矛盾并不突出。但是,当专业合作经济组织发展壮大之后,合作组织的发展方向事关重大,每个经营者均等地持股必然导致相互之间协商的交易费用居高不下,决策的效率低下,从而可能延误商机,甚至使合作组织解体。

(3)所有权一定程度的集中有利于在创建初期筹集必要的资金

专业合作经济组织成员对合作组织所拥有的所有权由其所持有的股份而定,而股份的多少取决于林农对合作经济组织的投资。从表面上看,由于绝大多数农民林业专业合作社仅在产业链的低端开展业务活动,所需的资金不多,资金并不构成进入壁垒,[①]这似乎说明,筹集资金并不一定需要所有权的集中。但是,值得一提的是,由于大多数农民在合作组织创建的初期对专业合作社的经营缺乏稳定的预期,缺乏风险意识,或缺乏承担风险的勇气和能力,因此,大多数普通社员的入股积极性不高,要筹集到必要的资金,就必须允许愿意投资的社员增加投资,从而使初始的股权分布呈现集中的状态。

(4)所有权一定程度的集中符合专业合作经济组织发展的规律

由于农民经营能力、市场信息和管理能力的缺乏,由农民自发组建合作组织并非易事。因此,从农民林业专业合作经济组织的发展路径看,不少合作组织是依托龙头企业、运销大户而建的。即使是农民自发组建的合作组织,也往往是先由少数几个农户组成合伙组织,然后在合伙组织的基础上进一步组建专业合作经济组织。在合作组织组建的初期,被依托的组织或原先的合伙组织贡献了技术、信息、管理经验等,且它们对上述要素的贡献是无偿的,是合作组织的重要骨干成员,因此要允许它们通过持有更多的股份获得上述要素的报酬,这就可能形成所有权一定程度的集中。

(5)所有权一定程度的集中是林业经营者非均质的必然要求

传统的农民专业合作经济组织一般是由相对均质的社员组成的。但是,自从实行家庭联产承包责任制之后,特别是集体林权改革之后,农村劳动力大

---

① 马彦丽.我国农民专业合作社的制度解析[M].北京:中国社会科学出版社,2007:109

量向城市转移,青壮年劳动力更是大规模地向城市迁徙或转向非农产业。从参与合作经济组织的成员看,非均质现象十分明显,社员之间的经营能力、组织能力、责任感、积极性呈现显著差异。大部分农户的经营规模较小,但有少数农户已经实现了适度规模经营;在农村从事农业、林业的劳动力虽然以老人、妇女为主,但仍有一些青壮年劳动力志在农业、林业;在农村从事农业、林业经营的大部分农户虽然没有强烈的创业意识和合作精神,但仍有一部分青壮年劳动力具有较强的经营能力和责任感。所以,让经营规模大、经营能力和责任感强的农户持有更多的股份,能提高合作组织的经营效益,为社员带来更多的合作收益。

2. 允许适当比例的盈余实行按股分红的理论依据

(1) 允许适当比例的盈余实行按股分红是对初始风险投资的必要报酬

由于农民冒险精神和风险承担能力的缺乏,农民自发组建专业合作经济组织并不是一件易事,需要投入大量的人力、物力和财力,而且都是高风险的投资。在农民林业专业合作组织特别是深加工型合作组织创建的初期,需要大量的资金投入。而在合作收益充分显现之前,普通农户对合作收益缺乏稳定的预期,所以对合作组织的初始投资也缺乏必要的动力,甚至无人问津。初始投资者对专业合作组织的初始投资承担了较大的风险,合作组织所需要的专用性投资越大,投资者所面临的风险也就越大,所以,允许按股分红的存在是对初始风险投资的必要报酬。

(2) 允许适当比例的盈余实行按股分红是对各生产要素贡献的必要报酬

农民专业合作经济组织虽然是劳动者的联合,但是,将一部分盈余赋予投资者是对资金、技术、实物要素贡献的必要肯定。除了一般的劳动投入外,社员的技术、资金、管理、信息或实物等多种资源的投入同样也是非常重要的。技术的投入可以提高劳动生产率和产品质量,并有助于延伸产业链;管理主要表现为组织协调和指挥运筹的才能,能够有效地提高合作效率,拓展市场范围,扩大品牌影响;信息也是一项十分重要的生产要素,谁拥有足够的信息,谁就能在市场竞争中掌握生产经营的主动权,占据生产经营的优势,从而大大提高合作组织的经营收益。但是,在一般情况下,合作组织的经营者并没有多少工资报酬,而主要是通过持股的盈余获得补偿,如果盈余的分配过度向惠顾者倾斜,就意味着技术、管理、信息或其他实物的贡献者不能得到公平的报酬,从而抑制要素所有者的积极性。在我国农民林业专业合作经济组织发展的过程中,资金不足、技术水平相对落后、人才缺失等是合作组织共同面临的问题。

而按股分红实际上就是允许和鼓励生产要素按贡献参与分配,这必然会激发生产要素的所有者对生产要素投入的热情,有利于更好地提高合作组织的营利能力,从而使普通成员分享到更多的合作收益。因此,农民林业专业合作经济组织的盈余分配,也应当体现按生产要素分配,按股分红在盈余中所占的份额应当考虑各生产要素贡献的大小。

(3)允许适当比例的盈余实行按股分红是社会平均利润规律作用的必然结果

社会主义市场经济体制的建立,肯定了市场在配置资源过程中的基础作用,使各企业和农户在投资选择上有了政策和理论依据,为资金、技术在各部门的转移提供了有利的条件。无论是合作组织的内部投资者还是外部投资者,力求实现利润的最大化是他们永恒的追求,获取平均利润是每一位投资者正常的利益要求。如上所述,假定社员同时拥有劳动、技术、资金或实物等几种资源,那么社员投入什么、投入多少,则是根据各种资源回报率的高低而定。对于内部投资者而言,如果资金投入不能获得必要的报酬,社员则可能把多余的资金投向别的用途,而以劳动或其他资源的投入为主;对于外部投资者而言,如果投资回报率低于平均利润率,投资者就必然会把资金转移到其他的经济主体中去。以加工为主的专业合作经济组织,其资金的需求量大,对资金的稳定性要求高,所以,当投资者和惠顾者非均质的条件下,按股分红和按交易额返还各自应占多少的比重必须遵循市场规律,既要兼顾惠顾者的利益,强调按交易额返还,又要兼顾投资者的利益,保证投资者获得相当于平均利润的收益。

二、对农民林业专业合作社所有权、盈余分配机制与绩效关系的实证分析

(一)度量指标的选择

1. 对农民林业专业合作社绩效的度量

农民专业合作经济组织的主要功能是为其成员提供生产资料购买,农产品销售、加工、运输、贮藏以及与农业生产经营有关的技术、信息等服务。成员

不仅希望通过合作组织获得有关方面的服务,也希望能够直接参与合作组织盈余的分配。因此,不管是农民林业专业合作社、农民林业股份合作经济组织,还是家庭合作林场,既要考虑经济功能,又要考虑社会功能,对其绩效的度量,应该要有经济和社会的双重测度。

鉴于部分农民林业专业合作经济组织缺乏规范的财务报表数据,本研究通过问卷调查设计指标的方式测度农民林业专业合作社的绩效。综合考虑各种情况,本书选用了两个相关的指标来反映当前农民专业合作社的绩效,即营利能力和社员满意度。营利能力侧重反映专业合作社的经济功能,社员满意度则综合反映专业合作社的经济功能和社会功能。每一个指标都分别是其子指标评价的加总平均。对每一个指标采用李克特五点度量表(Likert Scale)的方式,将反映合作组织绩效的各指标得分由低到高分为五个等级。调查问卷请合作组织的主要负责人根据实际情况进行评价。

表 5-1　农民林业专业合作社绩效变量的定义

绩效	变量名	定义
营利能力	Y_1	以下两个指标的评价加总平均 (1)营利能力与业务相近的同行相比 (2)营利能力与合作之前相比 (差很多＝1;差一些＝2;差不多＝3;好一些＝4;好很多＝5)
社员满意度	Y_2	以下两个指标的评价加总平均 (1)社员对合作组织提供服务的满意程度 (2)社员对合作组织认可和接受程度 (很不满意＝1;较不满意＝2;一般＝3;较满意＝4,很满意＝5)

2.对农民林业专业合作社所有权、盈余分配机制的度量

对农民林业专业合作社所有权安排的度量主要从入股方式、是否有团体成员持股、退出的自由度、股权结构等方面反映合作社的所有权分配情况,并主要从二次返利、利润分配依据等两个方面反映合作经济组织的盈余分配情况(见表 5-2)。

表 5-2　农民林业专业合作社所有权安排和盈余分配机制的度量

所有权和盈余分配		自变量	定义
所有权	入股方式	SER1 SER2	按经营规模的大小入股 自愿入股
	团体成员	SER3	关于是否有团体成员入股的虚拟变量 (没有＝0;有＝1)
	退股的自由度	SER4 SER5 SER6	关于可以自由退出,且可以撤回资金的虚拟变量 关于可以自由退出,但不能撤回资金的虚拟变量 关于自由退出,对退出的条件没有规定的虚拟变量 (没有＝0;有＝1)
	股权结构	SER7 SER8 SER9	理事会成员所持股份在总股本中所占的比重 最大股东所持股份在总股本中所占的比重 个人持股是否有限制的虚拟变量(没有＝0;有＝1)
盈余分配	是否有二次返利	SER10	关于是否有二次返利的虚拟变量 (没有＝0;有＝1)
	盈余分配依据	SER11 SER12 SER13	关于按股分红的虚拟变量(没有＝0;有＝1) 关于按股分红和按交易额分配相结合的虚拟变量(没有＝0;有＝1) 关于按交易额分配的虚拟变量(没有＝0;有＝1)

本书选择入股方式来反映所有权分配状况,主要是因为入股方式关系到股权持有和盈余分配的公平和效率,从而影响合作组织的营利能力和社员满意度。入股的依据主要分为三种:按经营规模的大小入股,自愿入股,均等持有股份。需要说明的是,按经营规模的大小入股基本上也是按交易额大小入股;自愿入股即根据成员的意愿自由入股,但在实地调查中发现,由于普通成员对合作组织的情况缺乏全面的了解,或对入股信息一无所知,自愿入股的合作组织实际上是少数核心成员掌握大部分股权,而绝大部分普通成员没有入股或只有微小的股份;均等持有股份,就是全体成员不论地位的高低,不论经营规模和贡献的大小,都以均等的金额入股。在我国农民林业专业合作经济组织股权普遍比较集中的情况下,按照哪一种依据入股有利于提升合作组织的营利能力;若是股权比较集中的情况难以在短时间内改变,按照哪一种依据入股能够被成员所接受?哪一种入股方式可以兼顾到效率和公平?以下将讨论上述这些问题。

SER3反映了团体成员在所有权安排中的地位。众所周知,我国农民林业专业合作经济组织在成立和发展的过程中,对龙头企业、供销社等组织的依托情况比较普遍。本书将在下面讨论在合作组织发展的初期,农民的整体素质和经营能力较为低下,团体成员的持股对合作经济组织的营利能力是否有影响?广大成员是否欢迎团体成员持股?

SER4、SER5、SER6 三个变量代表股本的退出能力。股本退出的能力反映所有权安排的民主程度,退出的能力越强,所有权安排的民主程度越高。若是合作组织股权过度集中,普通成员对企业的控制权名存实亡,普通成员为了保护自己的利益不受或少受侵犯,只能用"脚"投票,这就需要有较强的退出能力。在问卷调查中,由高到低对退出能力设置了四个选项:可以自由退出,且可以撤回投入资金;可以自由退出,但不能撤回投入资金;可以自由退出,退出的条件不明确;不能自由退出。

SER7、SER8、SER9 三个变量反映了农民林业专业合作经济组织的股权结构。股权比较集中代表少数成员的资本贡献较大。一般认为,过于集中的股权结构与专业合作经济组织的性质并不相符,它可能有利于激发大股东的积极性和责任感,但可能会降低其他成员对合作组织的认同感和归属感,从而降低广大成员的满意度。

SER10 反映了二次返利的情况。二次返利是按交易额分配的形式之一,二次返利能够保证广大农户分享合作所带来的收益。由于大部分合作经济组织没有规定二次返利在盈余分配中所占的比重,又囿于大部分合作组织的营利情况并不乐观,更不稳定,因此在盈余分配的实践中,同一合作组织在不同的年份也没有统一的标准,获得关于二次返利具体比例的具体数据十分困难,所以本书仅选择以是否有二次返利作为变量。

SER11、SER12、SER13 代表专业合作经济组织盈余分配的依据。一般认为,按股分红是向投资者倾斜,按交易额分配有利于惠顾者的利益,而二者相结合的方式则同时兼顾了投资者和惠顾者的利益。但是,有的合作社既不介入生产资料的采购,也不参与生产过程和产品的销售过程,只是为其成员提供技术培训和市场信息,所以合作组织本身没有经营收入,更没有任何盈余可供分配。鉴于合作社盈余分配的复杂性,在设计问卷调查时,本书设置了按股分红、按股分红和按交易额分配相结合、按交易额分配、没有盈余分配四个选项。

(二)回归模型的选择

本书采取逻辑回归的模型分别估计所有权、盈余分配对营利能力(Y_1)和社员满意度(Y_2)的影响。本书对农民专业合作社分别设回归方程式如下:

$$I\_Y_1 = C(1) \times SER01 + C(2) \times SER02 + C(3) \times SER03 + C(4) \times SER04 +$$

$C(5) \times SER05 + C(6) \times SER06 + C(7) \times SER07 + C(8) \times SER08 +$
$C(9) \times SER09 + C(10) \times SER10 + C(11) \times SER11 + C(12) \times SER12 +$
$C(13) \times SER13$ ·· (1)

(1)式中,Y_1为因变量,即样本合作组织的营利能力变量;SER 系列是单个合作社所有权和盈余分配系列变量,这些变量将影响合作社的营利能力;C 系列为估计参数变量。

$I\_Y_2 = C(1) \times SER01 + C(2) \times SER02 + C(3) \times SER03 + C(4) \times SER04 +$
$C(5) \times SER05 + C(6) \times SER06 + C(7) \times SER07 + C(8) \times SER08 +$
$C(9) \times SER09 + C(10) \times SER10 + C(11) \times SER11 + C(12) \times SER12 +$
$C(13) \times SER13$ ·· (2)

(2)式中,Y_2为因变量,即样本合作社的社员满意度变量;SER 系列是单个合作社所有权和盈余分配系列变量,这些变量将影响合作社的营利能力;C 系列为估计参数变量。

(三)调查样本的选择和调查方法

由于农民林业专业合作社的营利能力和社员满意度受到地区经济、交通条件、非农就业、农民素质等诸多因素的影响,为了更加客观地分析农民林业专业合作社的所有权安排、盈余分配及其对合作组织营利能力、社员满意度的影响,在样本的选择上,首先采取分组抽样的办法,分别在福建、浙江、江西、四川、云南、辽宁等林权改革的试点省份选择农民林业专业合作社5～20家。问卷调查采取面对面访谈或电话访谈的方法。

(四)对农民林业专业合作社的实证结果及其解释

1. 农民林业专业合作社所有权安排和盈余分配的基本统计特征

在调查的100个农民林业专业合作社中,取得有效问卷95份,有效率为95%。根据调查结果,对农民林业专业合作社所有权安排和盈余分配的特征归纳如下:

(1)农民林业专业合作社在所有权安排方面的特征

第一,投资主体多元化。

在被调查的95个农民专业合作社中,59个专业合作经济组织有团体成员投资,占62%;团体成员有龙头企业、林业技术服务部门、供销部门和其他社会团体成员,且龙头企业的投资额很大。投资主体多元化的趋势十分明显。

第二,所有权安排存在较高程度的集中。

在被调查的95个专业合作社中,只有4个专业合作社是全体社员持股;69个专业合作社是自愿持股,占72.6%。值得说明的是,自愿持股的合作组织基本上是大户、经营能手或团体成员持股,普通社员持股较少。而理事会所持的股份平均为51.9%;单个成员持股的比重最高达100%,持股最多的单个成员平均持股比重为27%,其身份85.3%是理事长。

第三,所有权安排因合作社经营对象的不同而不同。

从经营的对象看,以用材林生产为主的专业合作社,其所有权安排的集中程度相对较低,而以经济林生产为主的专业合作社,其所有权安排的集中程度相对较高。形成这种差别的主要原因是经济林生产所面临的市场风险大,普通成员由于对市场信息的不了解而不愿入股;或者是由于对团体成员的依赖性大所导致的团体成员控股现象。

第四,所有权安排因合作社经营环节的不同而不同。

从经营的环节看,加工环节特别是精深加工环节的专业合作社,其所有权安排的非均质性最为明显,集中程度最高,主要集中在从事加工的龙头企业手中;为成员提供销售服务的专业合作社,其所有权安排的集中程度也相对较高,主要集中在运销大户的手中;而以造林、管护为主的专业合作社,其所有权安排的均质性相对较强。呈现此差别的原因主要是合作社对龙头企业和运销大户的依赖性大。

第五,入股的方式多样化。

在95个专业合作社中,22个专业合作社根据经营规模的大小入股,占总数的23.2%;69个专业合作社实行自愿入股,占总数的72.6%;4个专业合作社的社员均等地持有股份,只占总数的4.2%。所占比重较大的是自愿入股,其次是按经营规模入股。

第六,股权退出的自由度较高,但退出现象较少。

大部分专业合作社退出的自由度较高。56个专业合作社规定可以自由退出,且可以撤回资金,占58.9%;12个专业合作社规定可以自由退出,但不能撤回资金,占12.6%;21个专业合作社规定可以自由退出,但条件不明确,占22.1%;只有6个专业合作社规定不能自由退出,占6.4%。成员退出的现象比较少,退出的原因主要是转行或工作调动。合作社成员很少退出的原因又有两种情况:一种情况是认同度高,另一种情况则可能是成员与合作组织的联系不密切,既没有入股,也无须缴纳会费,所以也就无所谓退出与否的问题。上述两种原因在我国农民专业合作社中都存在,但后者是主要原因。

(2)农民林业专业合作社盈余分配的基本统计特征

第一,盈余分配的依据多样化。

专业合作社的盈余分配依据呈现多样化的形态。有的合作社按照市场价收购成员的产品,弥补亏损后的盈余,严格按照有关规定提取公积金、风险补偿金后,按照股份或交易额进行分配;有的合作社在产品收购时,则预支未来的部分盈余进行保护价收购,年终结算后按照股份或交易额进行分配;有的合作组织则在章程中明确规定,社员每年均可按照股金的一定比例获得股份分红;有的合作社因没有介入生产经营的任何环节,只是提供技术培训、市场信息服务,没有任何收入,故没有盈余分配。而本书在调查统计中根据决定成员收益的主要因素,对盈余分配的依据进行分类。如,只按保护价收购,年终没有任何其他分配,这说明成员的收益主要跟交易规模有关,本书将它列为按交易额分配;若保护价收购之后,盈余按股份分红,这说明普通成员通过保护价获得的收益是按交易额分配,而投资者则是按股分红,本书将其列入按股分红和按交易额分配相结合;若入股成员获得绝大部分的盈余,而普通成员基本上不参与盈余分配,主要只享受技术培训等服务的,则视为按股分红。95个专业合作社中,30个专业合作社按股分红,占31.6%;19个专业合作社实行按股分红和按交易额分配相结合,占20%;9个专业合作社按交易额分配,占9.5%。由于农民林业专业合作社尚处于起步阶段,其余的专业合作社没有形成利润,仅与专业协会相似。

第二,盈余分配向资金所有者倾斜。

在30个按股分红的合作社中,都是按规模入股或自愿入股;对上述69个自愿入股合作社的股权结构作进一步的观察发现,它们都是部分成员持股,不持股的成员则未能参与合作社的利润分配,这说明,农民林业专业合作社的盈余分配向投资者倾斜。

第三,盈余分配向经营管理者倾斜。

由于大部分合作社尚未进入成熟稳定的发展阶段,合作社没有稳定的收入流,所以合作社的经营管理者基本上不从合作社领取工资报酬,或者只是象征性地领取少量的报酬。经营管理者的报酬主要是通过持有更多的股份,并从按股分红中获得。30个按股分红的合作社中,理事会的平均持股比重为52.3%。"具有企业家才能—成为合作社的管理者—兼为大股东—按股分红"四位一体是经营管理者从合作社获得报酬的普遍形式。

第四，二次返利的盈余分配形式较为少见。

尽管《中华人民共和国农民专业合作社法》规定，专业合作社可供分配的盈余必须要有一部分按成员与本社的交易量比例返还，返还总额不得低于可分配盈余的60%，但是，从农民林业专业合作社的实践看，95个专业合作社中，只有33个合作社有二次返利，占总数的34.7%。

第五，有些依附型的专业合作社没有真正独立的财务，利润边界不明确。

虽然依附型的专业合作社都设立了财务部门，也有专门的财务核算，但是很多合作社的财务并没有真正独立。合作社往往附属于龙头企业，它们只是简单地按照团体成员所规定的价格收购成员的产品，然后按照相同的价格销售给龙头企业。毋庸置疑，这种平价买进卖出的业务并不产生利润，合作社相当于龙头企业的采购部门，每年由龙头企业拨付一定的经费作为合作社的日常运作开支，并同样由龙头企业拨付一定的资金用于股份分红或二次返利，利润边界不清晰。

2. 农民林业专业合作社的所有权、盈余分配机制与绩效之间关系的回归结果及解释

通过逻辑回归分析，得出参数估计值后，估计农民林业专业合作社所有权、盈余分配机制与营利能力关系的回归方程式为：

$$I\_Y_1 = 0.09572022741 \times SER01 + 0.2081645997 \times SER02 - 0.06600619073 \times SER03 - 0.4579661643 \times SER04 + 0.6356645216 \times SER05 - 0.02934120535 \times SER06 + 0.02283475398 \times SER07 - 0.008940956718 \times SER08 + 0.6429052621 \times SER09 - 0.1270527017 \times SER10 + 0.8510747877 \times SER11 - 0.1725998657 \times SER12 + 0.7942817974 \times SER13 \quad \cdots\cdots (3)$$

得出参数估计值后，估计农民林业专业合作社所有权、盈余分配机制与社员满意度关系的回归方程式为：

$$I\_Y_2 = 1.904784497 \times SER01 + 0.07111486085 \times SER02 - 0.5596446776 \times SER03 - 1.066153858 \times SER04 + 0.0488980262 \times SER05 - 0.1195146403 \times SER06 + 0.002332317733 \times SER07 - 0.006253889688 \times SER08 + 0.4659868991 \times SER09 + 0.05331532306 \times SER10 + 1.173640881 \times SER11 + 0.9988395537 \times SER12 + 1.443584004 \times SER13 \quad \cdots\cdots (4)$$

回归分析结果如表5-3所示，其概率分别为0.040313和2.87E−06，回归分析的整体效果较好。

表 5-3 农民林业专业合作社的所有权、盈余分配机制与绩效之间关系的逻辑回归估计结果(第一次)

自变量	营利能力		社员满意度	
	Coefficient	Prob.	Coefficient	Prob.
按经营规模的大小入股	0.09572	0.7666	1.904784	0
自愿入股	0.208165	0.778	0.071115	0.9134
团体成员入股	−0.066006	0.8189	−0.559645	0.0592
可以自由退出,且可以撤回资金	−0.457966	0.3907	−1.066154	0.0689
可以自由退出,但不能撤回资金	0.635665	0.3016	0.048898	0.9397
自由退出,退出的条件不明确	−0.029341	0.9587	−0.119515	0.8442
理事会成员持股在总股本中的比重	0.022835	0.0027	0.002325	0.7498
最大股东持股在总股本中的比重	−0.008941	0.259	−0.006254	0.4728
对个人持股的限制	0.642905	0.0244	0.465987	0.1075
二次返利	−0.127053	0.6943	0.053315	0.8702
按股分红	0.851075	0.0213	1.173641	0.0049
按股分红和按交易额分配相结合	−0.1726	0.672	0.99884	0.0198
按交易额分配	0.794282	0.1529	1.443584	0.0165
	Probability(LR stat) 0.040313		Probability(LR stat) 2.87E−06	

由于回归结果显示有多个自变量对因变量影响不大,为了提高回归分析的可靠性,本书从第一次分析结果中选取对因变量 Y_1、Y_2 有影响的自变量,运用同样的分析方法再次进行逻辑回归分析,并分别设回归方程如下:

$$I\_Y_1 = C(1) \times SER07 + C(2) \times SER09 + C(3) \times SER11 \quad \cdots\cdots\cdots\cdots (5)$$

$$I\_Y_2 = C(1) \times SER01 + C(2) \times SER03 + C(3) \times SER04 + C(4) \times SER11 + C(5) \times SER12 + C(6) \times SER13 \quad \cdots\cdots\cdots\cdots (6)$$

再次进行逻辑回归,得出参数后的方程式分别为:

$$I\_Y_1 = 0.01213636995 \times SER07 + 0.5650596302 \times SER09 + 0.5000888355 \times SER11 \quad \cdots\cdots\cdots\cdots\cdots\cdots\cdots\cdots\cdots\cdots\cdots\cdots (7)$$

$$I\_Y_2 = 1.843236247 \times SER01 - 0.6528289433 \times SER03 - 0.8745504294 \times SER04 + 0.9725245718 \times SER11 + 1.029939882 \times SER12 + 1.104421161 \times SER13 \quad \cdots\cdots\cdots\cdots\cdots\cdots\cdots\cdots (8)$$

再次回归的结果如表 5-4 所示,其概率分别为 0.004815 和 4.47E−08,回归分析的整体效果好。

表 5-4 农民林业专业合作社的所有权、盈余分配机制与
绩效之间关系的逻辑回归估计结果(第二次)

自变量	营利能力		社员满意度	
	Coefficient	Prob.	Coefficient	Prob.
按经营规模的大小入股			1.843236	0
自愿入股				
团体成员入股			−0.652829	0.0185
可以自由退出,且可以撤回资金			−0.874550	0.0043
可以自由退出,但不能撤回资金				
自由退出,退出的条件不明确				
理事会成员持股在总股本中的比重	0.012136	0.0061		
最大股东持股在总股本中的比重				
对个人持股的限制	0.565060	0.0254		
二次返利				
按股分红	0.500089	0.0608	0.972525	0.0078
按股分红和按交易额分配相结合			1.029940	0.0053
按交易额分配			1.104421	0.0188
	Probability(LR stat) 0.004815		Probability(LR stat) 4.47E−08	

第一,入股方式影响农民林业专业合作社的绩效。其中,入股方式对合作社的营利能力影响不大,对社员满意度有显著的影响。按规模入股能够明显提高成员的满意度,受到成员的欢迎。这表明,按规模入股比均等持股、自愿入股更能够保证公平和效率的统一,激发每位成员的责任感,也在一定程度上反映了成员的入股愿望。

第二,团体成员的加入影响成员的满意度。团体成员的加入对农民林业专业合作社的营利能力影响不大,但对社员满意度存在较为显著的反向影响。在实地调查获得的印象认为,团体成员尤其是龙头企业的加入应该能够延伸产业链、提高技术水平、提升产品的市场竞争力和市场占有率,从而有效地提高合作社的营利能力,但数据分析的结果并不支持这一点,其原因可能是许多龙头企业参与合作社但并没有真正独立的财务,合作社相当于龙头企业的采购部门,其真正的营利能力难以估计,因此,从统计数据分析中很难看出团体成员与合作社营利能力之间的关系;也正因为团体成员攫取了合作的大部分收益,未能让广大普通成员充分分享合作的收益,所以团体成员的加入对社员满意度有显著的反向作用。

第三,股本退出的能力对专业合作社的营利能力影响不大,但对社员满意

度存在显著的积极影响。股本退出的能力越弱,成员的满意度越低;反之,股本退出的能力越强,成员的满意度越高。这在一定意义上表明,我国农民林业专业合作社尚处于发展的初级阶段,广大农户对合作社的治理机制和发展前景所持的态度不太乐观,缺乏稳定的预期,所以比较关注股本的退出能力和资金的安全性。这与实地调查获得的印象是一致的。

第四,股权集中度对农民林业专业合作社的绩效有影响。其中,股权集中度对合作社营利能力有显著的影响,而对社员满意度并没有明显的影响。一般而言,股权的过分集中可能会对社员满意度造成反向的影响,但分析结果并不支持这一点,结果表明:(1)理事会持股比重与合作社的营利能力存在正相关的关系。理事会持股比重每增加10个百分点,合作社的营利能力将提高0.12个百分点。(2)持股最多的单个成员的持股比重对营利能力和社员满意度的影响不显著。但从实地调查的印象看,持股最多的单个成员持股比重与专业合作社的营利能力呈"∩"的关系,即随着最大股东持股比重的增加,合作社的营利能力先是随之提高,提高到一定程度之后,继而随之下降,这主要是因为最大股东过高的持股比重将使普通成员的存在显得可有可无,合作对最大股东的重要性不足;而普通成员对合作社的关心程度也明显不足,合作成本高昂,这又反过来抑制最大股东的经营积极性,降低专业合作社的营利能力。(3)单个成员最高持股的限制,对合作社的营利能力有正面影响,与社员满意度关系不大。对单个成员的最高持股份额有限制的合作社,其营利能力更强。从整体上看,股权向理事会一定程度的集中有利于激发核心人员的积极性和责任感,但单个成员的过多持股并不一定对合作社的营利能力起积极的作用。

第五,二次返利对农民林业专业合作社的营利能力和社员满意度影响不大。这说明,成员并不那么关注专业合作社以何种形式分配利润,而更多地关注获利的多少。

第六,利润分配的依据对农民林业专业合作社的营利能力和社员满意度均有显著的影响。(1)按股分红能够推动合作社营利能力的提升,这主要是因为目前的股权相对集中于理事会成员,按股分红能够促进经营者积极性的提升。(2)按股分红、按股分红和按交易额分配相结合、按交易额分配等对社员满意度都有积极的影响。在三种利润分配依据中,按交易额分配对社员满意度的提升作用最为显著,而按股分红和二者相结合的方式对社员满意度的提升也有积极的影响。这也再次说明,成员对合作社的要求其实并不高,只要能够分享到合作收益,不管采取什么依据进行分配,成员都持认同的态度。这也说明,那些没有盈余的合作社,也就是多年亏损或松散型的合作社不受成员的青睐,满意度比较低。从整体上看,成员希望合作社在为农户提供技术培训和市场信息的同时,能够获取更多的利润并与广大成员共同分享。值得强调的是,通过对2个因变量和13个自变量所分别进行的两次逻辑回归分析,估计结果显示,仅仅是按股分红这个自变量对营利能力和社员满意度都有显著的影响。再综合联系前面关于入股方式的分析,可以看出,在所有权安排上按规模入股,在盈余分配上采取按股分红,能够提高专业合作社绩效。

三、对农民林业股份合作经济组织所有权、盈余分配机制与绩效关系的实证分析

(一)度量指标的选择

1. 对农民林业股份合作经济组织绩效的度量

农民林业股份合作经济组织的成员与农民林业专业合作社社员一样,都非常关注合作组织的营利能力,并希望合作组织提供周到的服务。本书对农民林业股份合作经济组织绩效的度量采取了与农民专业合作社相同的方法,同样运用营利能力和成员满意度两个相关的指标来反映当前农民林业股份合作经济组织的绩效。对每一个指标采用李克特五点度量表(Likert Scale)的方式,将各指标得分由低到高分为五个等级。调查问卷请合作组织的主要负责人根据实际情况进行评价。

2. 对农民林业股份合作经济组织所有权、盈余分配机制的度量

对农民林业股份合作经济组织所有权安排的度量主要从入股方式、股东数量、转让的自由度、股权结构、控制权等方面反映股份合作经济组织的所有权分配情况,并主要从利润分配依据反映股份合作经济组织的盈余分配情况。

第五章 农民林业专业合作经济组织的所有权和盈余分配机制

表5-5 农民林业股份合作经济组织所有权和盈余分配机制的度量

所有权和盈余分配		自变量	定义
所有权安排	股东数量	SER0	股东的数量
	入股方式	SER1	按经营规模的大小入股(没有=0;有=1)
		SER2	自愿入股(没有=0;有=1)
	转让的自由度	SER3	关于可以自由转让的虚拟变量
		SER4	关于转让的条件没有规定的虚拟变量
		SER5	关于不能自由转让的虚拟变量
			(没有=0;有=1)
	股权结构	SER6	董事会成员所持股份在总股本中所占的比重
		SER7	最大股东所持股份在总股本中所占的比重
	控制权	SER11	关于按户投票的虚拟变量
		SER12	关于按股投票的虚拟变量
盈余分配	盈余分配依据	SER9	关于按股分红的虚拟变量(没有=0;有=1)(按人口平均分配股份的合作组织,即使是按股分红,也视为按人口分红)
		SER10	关于按股分红和按劳动力分红相结合的虚拟变量(没有=0;有=1)
		SER13	关于按人口分红的虚拟变量(没有=0;有=1)

本书选择股东数量来反映林业股份合作经济组织的所有权安排,主要是因为股东数量与入股方式、控制权密切相关。从实地调查获得的印象看,股东数量对林业股份合作经济组织的影响较大,股东数量相对较多的合作组织,因为股东对合作组织的决策难以形成一致的意见,基本上都是以山林入股,按经营规模入股。在控制权中,股东数量较多的合作组织,一般都是按户投票。

本书选择入股方式反映林业股份合作经济组织所有权状况,但是,林业股份合作经济组织的入股方式主要只有两种:按经营规模的大小入股、自愿入股。按经营规模的大小入股基本上也是以山林入股,自愿入股即根据农户资金实力的不同自愿入股。

SER3、SER4、SER5三个变量代表股份的转让能力。由于林业股份合作经济组织大多不允许股本的自由退出,因此,以转让的自由度反映所有权安排的民主程度,转让的能力越强,所有权安排的民主程度越高。在问卷调查中,由高到低对退出能力设置了三个选项:可以自由转让、对转让的条件没有规定、不能自由转让。

SER6、SER7两个变量反映了农民林业股份合作经济组织的股权结构。一般认为,过于集中的股权结构与专业合作经济组织的性质并不相符,但是在林业漫长的生产中,股权的过度分散可能加剧成员的"搭便车"行为,从而不利于合作组织的发展。所以,本书分析了董事会成员持股比重和最大股东持股比重对合作组织营利能力和社员满意度的影响。

SER11、SER12 两个变量反映了农民林业股份合作经济组织的决策控制权。决策控制权关系到利润的控制权,关系到合作组织的民主程度、成员的积极性,进而影响合作组织的营利能力和成员的满意度。从实践看,决策控制权有按股投票和按户投票两种,所以 SER11 代表按户投票,SER12 代表按股投票。

对股份合作林场的盈余分配进行度量时,由于股份合作林场没有二次返利,所以就以盈余分配的依据作为度量的指标。SER9、SER10、SER13 代表专业合作经济组织盈余分配的依据。在一般的林业股份合作经济组织中,盈余分配的依据主要是按股分红、按股分红和按劳动力相结合两种。但是在农民林业专业合作经济组织的按股分红中,有些合作组织是在集体林权改革时直接以集体经济组织分给农户的山林入股,因为农户所分得的山林是按人口均分的,所以该类型的股份合作经济组织虽然也是按股分红,但实质上却是按人口均分,成员的积极性、满意度,合作组织的营利能力都与其他合作组织明显不同,为了更准确地体现按股分红对林业股份合作经济组织的影响,本书设置了按人口分红这一选项。SER9 代表按股分红的虚拟变量,SER10 代表按股分红和按劳动力分红相结合的虚拟变量,SER13 代表按人口分红的虚拟变量。

(二)回归模型的选择

本书采取排序逻辑回归的模型分别估计所有权、盈余分配对营利能力(Y_1)和社员满意度(Y_2)的影响。本书对农民林业股份合作经济组织分别设回归方程式如下:

$$I\_Y_1 = C(1) \times SER0 + C(2) \times SER1 + C(3) \times SER3 + C(4) \times SER4 + C(5) \times SER6 + C(6) \times SER7 + C(7) \times SER9 + C(8) \times SER10 + C(9) \times SER11 \quad \cdots\cdots\cdots (9)$$

$$Y_{1,1} = @CLOGIT[C(10) - I\_Y_1]$$

$$Y_{1,2} = @CLOGIT[C(11) - I\_Y_1] - @CLOGIT[C(10) - I\_Y_1]$$

$$Y_{1,3} = @CLOGIT[C(12) - I\_Y_1] - @CLOGIT[C(11) - I\_Y_1]$$

$$Y_{1,4} = @CLOGIT[C(13) - I\_Y_1] - @CLOGIT[C(12) - I\_Y_1]$$

$$Y_{1\_5}=1-@CLOGIT[C(13)-I\_Y_1]$$

(9)式中,Y_1为因变量,即样本合作组织的营利能力变量;SER系列是单个合作组织所有权和盈余分配系列变量,这些变量将影响合作组织的营利能力;C系列为估计参数变量。

$$I\_Y_2=C(1)\times SER0+C(2)\times SER1+C(3)\times SER3+C(4)\times SER4+C(5)\times SER6+$$
$$C(6)\times SER7+C(7)\times SER9+C(8)\times SER10+C(9)\times SER11 \cdots\cdots (10)$$
$$Y_{2\_1}=@CLOGIT[C(10)-I\_Y_2]$$
$$Y_{2\_2}=@CLOGIT[C(11)-I\_Y_2]-@CLOGIT[C(10)-I\_Y_2]$$
$$Y_{2\_3}=@CLOGIT[C(12)-I\_Y_2]-@CLOGIT[C(11)-I\_Y_2]$$
$$Y_{2\_4}=@CLOGIT[C(13)-I\_Y_2]-@CLOGIT[C(12)-I\_Y_2]$$
$$Y_{2\_5}=1-@CLOGIT[C(13)-I\_Y_2]$$

(10)式中,Y_2为因变量,即样本合作组织的社员满意度变量;SER系列是单个合作组织所有权和盈余分配系列变量,这些变量将影响合作组织的营利能力;C系列为估计参数变量。

(三)调查样本的选择和调查方法

由于农民林业股份合作经济组织的营利能力和社员满意度同样受到地区经济、交通条件、非农就业、农民素质等诸多因素的影响,为了更加客观地分析股份合作经济组织的所有权、盈余分配对合作组织营利能力、社员满意度的影响,在样本的选择上,同样采取分组抽样的办法,在福建、浙江、江西、四川、云南、辽宁等林权改革的试点省份分别选择15~40家股份合作经济组织。问卷调查采取面对面访谈或电话访谈的方法。

(四)对农民林业股份合作经济组织的实证结果及其解释

1.农民林业股份合作经济组织所有权和盈余分配的基本统计特征

调查共发放问卷220份,收回有效问卷201份,有效率为91%。根据调查结果,对农民林业股份合作经济组织所有权和盈余分配的特征归纳如下：

(1)股东数量较少。林业股份合作经济组织的股东数量普遍较少,平均只有15人左右。其中10人以下的合作组织共65个,占总数的32.3%;10~20人的共有93个,占总数的46.2%;剩下的21.5%均在20~40人之间。

(2)入股方式因股东数量的不同而不同。第一,股东数量较少的林业股份合作经济组织,以按经营规模入股为主;65个10人以下的股份合作经济组织中,仅有7个合作组织自愿入股,其余的58个合作组织均是按规模入股。在该类合作经济组织中,其成员的资金实力都比较雄厚,在追加股金的过程中,能够继续按规模追加股金,因此该类合作经济组织通常被称为"富人的俱乐部"。第二,股东数量较多的林业股份合作经济组织以自愿入股为主。43个20人以上的股份合作经济组织中,仅有3个合作组织按规模入股。在该类合作经济组织中,由于股东数量较多,成员的经济实力差距大,不少农户仅以林改时所分到的山林折价入股,后续生产经营需要追加股金时则没有资金入股,因此就形成了自愿入股的现状。

(3)所有权安排存在较高程度的集中。所有权安排的集中主要表现在董事会持股比例较大。董事会持股比例在50%以上的林业股份合作经济组织占总数的60%,董事会持股比例100%的股份合作经济组织27个,占总数的13.4%。林业股份合作经济组织所有权安排集中度较高的主要原因是股东数量相对较少,有些股东数量较少的合作组织,全部股东都是董事会成员,董事会持股比例100%也就顺理成章。

(4)股权转让的自由度较高,但转让现象比较少。110个被调查的合作组织规定股权可以自由转让,占总数的55%;26个合作组织对此没有明确规定,占总数的13%;另有65个合作组织规定不能转让,占总数的32%。但是,从被调查的股份合作经济组织看,股权转让的现象比较少。

(5)劳动力分红所占的比重不大。按股分红的合作经济组织73个,占36%;按人口分红的合作经济组织仅36个,占总数的18%;按股分红和按劳动力分红相结合的合作经济组织92个,占总数的46%。劳动力参与分红的合作经济组织未过半数,主要原因是不少股份合作经济组织都是雇工劳动,农户在山林折价入股或以资金入股以后,很少参与合作经济组织的经营,林业股份合作经济组织的资金和劳动力联合性质不明显。

2. 股份合作林场的所有权、盈余分配机制与绩效之间的关系

通过回归分析,得出参数估计值后,估计农民林业股份合作经济组织所有权、盈余分配机制与营利能力关系的回归方程式为:

$$I\_Y_1 = -0.2075355355 \times SER0 + 1.364763839 \times SER1 - 0.1303376197 \times SER3 - 0.3834732725 \times SER4 + 0.03512867205 \times SER6 - 0.008793440969 \times SER7 - 0.4106953212 \times SER9 + 0.7580616728 \times SER10 + 0.4091436333 \times SER11 \cdots\cdots$$

$$\cdots\cdots \quad (11)$$

$Y_{1\_1}=@\text{CLOGIT}(-9.518620079-\text{I\_Y}_1)$

$Y_{1\_2}=@\text{CLOGIT}(-7.830660024-\text{I\_Y}_1)-@\text{CLOGIT}(-9.518620079-\text{I\_Y}_1)$

$Y_{1\_3}=@\text{CLOGIT}(-2.706946534-\text{I\_Y}_1)-@\text{CLOGIT}(-7.830660024-\text{I\_Y}_1)$

$Y_{1\_4}=@\text{CLOGIT}(1.779654653-\text{I\_Y}_1)-@\text{CLOGIT}(-2.706946534-\text{I\_Y}_1)$

$Y_{1\_5}=1-@\text{CLOGIT}(1.779654653-\text{I\_Y}_1)$

得出参数估计值后,估计农民林业股份合作经济组织所有权、盈余分配机制与社员满意度关系的回归方程式为:

$$\begin{aligned}\text{I\_Y}_2 = &-0.1710008241\times\text{SER0}+1.249360859\times\text{SER1}-1.80315052\times\text{SER3}-\\&2.222559008\times\text{SER4}-0.004986796048\times\text{SER6}+0.002055905923\times\text{SER7}+\\&2.403445474\times\text{SER9}+2.116743668\times\text{SER10}+2.331514148\times\text{SER11}\cdots\cdots\end{aligned}$$ ......(12)

$Y_{2\_1}=@\text{CLOGIT}(-10.67919438-\text{I\_Y}_2)$

$Y_{2\_2}=@\text{CLOGIT}(-8.366548445-\text{I\_Y}_2)-@\text{CLOGIT}(-10.67919438-\text{I\_Y}_2)$

$Y_{2\_3}=@\text{CLOGIT}(-1.977221017-\text{I\_Y}_2)-@\text{CLOGIT}(-8.366548445-\text{I\_Y}_2)$

$Y_{2\_4}=@\text{CLOGIT}(2.307537422-\text{I\_Y}_2)-@\text{CLOGIT}(-1.977221017-\text{I\_Y}_2)$

$Y_{2\_5}=1-@\text{CLOGIT}(2.307537422-\text{I\_Y}_2)$

回归分析结果如表5-6所示,回归分析的整体效果较好。

表5-6 农民林业专业合作社所有权、盈余分配机制与绩效之间关系的逻辑回归估计结果(第一次)

自变量	营利能力		社员满意度	
	Coefficient	Prob.	Coefficient	Prob.
股东的数量	-0.207536	0.0000	-0.171001	0.0000
按经营规模的大小入股	1.364764	0.0040	1.249361	0.0093
股份可以自由转让	-0.130338	0.8044	-1.803151	0.0018
对股份转让的条件没有规定	-0.383473	0.5020	-2.222559	0.0004
董事会成员持股在总股本中的比重	0.035129	0.0006	-0.004987	0.5924
最大股东持股在总股本中的比重	-0.008793	0.4869	0.002056	0.8712
按股分红	-0.410695	0.3500	2.403445	0.0000
按股分红和按劳动力分红相结合	0.758062	0.1183	2.116744	0.0001
按户投票	0.409144	0.4329	2.331514	0.0000
	Probability(LR stat) 0.000000		Probability(LR stat) 0.000000	

由于回归结果显示有多个自变量对因变量影响不大,为了提高回归分析的可靠性,本书从第一次分析结果中选取对因变量 Y_1、Y_2 有影响的自变量以及一些比较重要的变量,运用同样的分析方法再次进行逻辑回归分析,并分别设回归方程式如下:

$I\_Y_1 = C(1) \times SER0 + C(2) \times SER1 + C(3) \times SER6 + C(4) \times SER9 + C(5) \times SER10 +$
$\quad C(6) \times SER11$ ·· (13)

$I\_Y_2 = C(1) \times SER0 + C(2) \times SER1 + C(3) \times SER3 + C(4) \times SER4 + C(5) \times SER6 +$
$\quad C(6) \times SER7 + C(7) \times SER9 + C(8) \times SER10 + C(9) \times SER11$ ······ (14)

再次进行逻辑回归,得出参数后的方程式分别为:

$I\_Y_1 = -0.2074198871 \times SER0 + 1.403148592 \times SER1 + 0.03057133844 \times SER6 -$
$\quad 0.4064789993 \times SER9 + 0.7589687276 \times SER10 + 0.4815610351 \times SER11$ ······
$\quad$ ·· (15)

$Y_{1\_1} = @CLOGIT(-9.258151228 - I\_Y_1)$

$Y_{1\_2} = @CLOGIT(-7.591422497 - I\_Y_1) - @CLOGIT(-9.258151228 - I\_Y_1)$

$Y_{1\_3} = @CLOGIT(-2.503240734 - I\_Y_1) - @CLOGIT(-7.591422497 - I\_Y_1)$

$Y_{1\_4} = @CLOGIT(1.937147942 - I\_Y_1) - @CLOGIT(-2.503240734 - I\_Y_1)$

$Y_{1\_5} = 1 - @CLOGIT(1.937147942 - I\_Y_1)$

$I\_Y_2 = -0.1668889756 \times SER0 + 1.206811498 \times SER1 - 1.805142135 \times SER3 -$
$\quad 2.220194724 \times SER4 + 2.377457275 \times SER9 + 2.091175922 \times SER10 +$
$\quad 2.282121886 \times SER11$ ··· (16)

$Y_{2\_1} = @CLOGIT(-10.43711871 - I\_Y_2)$

$Y_{2\_2} = @CLOGIT(-8.1288149 - I\_Y_2) - @CLOGIT(-10.43711871 - I\_Y_2)$

$Y_{2\_3} = @CLOGIT(-1.742621433 - I\_Y_2) - @CLOGIT(-8.1288149 - I\_Y_2)$

$Y_{2\_4} = @CLOGIT(2.54079254 - I\_Y_2) - @CLOGIT(-1.742621433 - I\_Y_2)$

$Y_{2\_5} = 1 - @CLOGIT(2.54079254 - I\_Y_2)$

再次回归的结果如表 5-7 所示,其概率分别为 0.004815 和 4.47E-08,回归分析的整体效果好。

表 5-7 农民林业股份合作经济组织的所有权、盈余分配机制与绩效之间逻辑回归的估计结果(第二次)

自变量	营利能力		社员满意度	
	Coefficient	Prob.	Coefficient	Prob.
股东的数量	−0.207420	0.0000	−0.166889	0.0000
按经营规模的大小入股	1.403149	0.0029	1.206811	0.0110
股份可以自由转让			−1.805142	0.0010
对股份转让的条件没有规定			−2.220195	0.0002
董事会成员持股在总股本中的比重	0.030571	0.0000		
按股分红	−0.406479	0.3343	2.377457	0.0000
按股分红和按劳动力分红相结合	0.758969	0.1034	2.091176	0.0001
按户投票	0.481561	0.3485	2.282122	0.0001
	Probability(LR stat) 0.000000		Probability(LR stat) 0.000000	

第一,股东数量影响农民林业股份合作经济组织的绩效。股东的数量对合作经济组织的营利能力、成员的满意度均有显著的反向影响。股东的数量增加一个,合作组织的营利能力下降0.2个百分点,成员对合作组织的满意度下降0.167个百分点。其主要原因是:随着合作组织成员数量的增加,成员的"搭便车"倾向也随之增强,对合作组织的关心程度和积极性下降,合作组织的经营活动减少,营利能力减弱,成员的满意度也因此降低;反之,成员较少的合作组织,成员对合作组织的责任感、凝聚力明显增强,成员也容易就合作组织的发展和分配等事项达成一致意见,决策效率高,合作组织的营利能力增强。

第二,入股方式影响农民林业股份合作经济组织的绩效。按经营规模入股对合作组织的营利能力和社员满意度均有正向的影响。关于入股方式的统计显示,股东数量较少的合作经济组织基本上都是按经营规模入股,而股东数量较多的合作经济组织则以自愿入股为主。这说明,按经营规模入股对合作经济组织绩效的影响可能是股东数量的影响作用在一定程度上的传递。

第三,股份转让的自由度影响成员的满意度。股份可以自由转让和转让条件没有规定的合作组织,对成员的满意度都有一定的负向影响。股份的自由转让将影响成员对未来的稳定预期,分散凝聚力,从而降低成员对合作经济组织投资的积极性,使合作经济组织的发展陷入困境;对转让条件没有规定的合作经济组织,从一定意义上说,也是制度相对不够完善、成员合作信心欠坚定的合作经济组织,因此其发展也相对比较困难。

第四,董事会成员所持股份在总股本中的比重影响林业股份合作经济组织的绩效。在反映股权集中度的两个指标中,最大股东所持股份的比重对合作经济组织的绩效影响不大,但是董事会成员持股在总股本中的比重对合作经济组织的营利能力有一定的正向影响。这表明,在林业股份合作经济组织漫长的生产过程中,股权向某个人集中,单靠某个人的力量难以维系合作组织持续活跃的发展;而股权向董事会集中,有利于提高董事会的经营积极性,从而促进合作组织的发展。当然,股权向董事会过度集中,容易导致其他成员地位的弱化,降低农民对合作组织的认同感和归属感,所以成员对合作组织的满意度并没有随着股权集中度的提高而提高。

第五,对决策权的控制影响成员的满意度。按户投票对成员的满意度有显著的正向影响。规模较大的林业股份合作经济组织,成员对按户投票的认同主要是为了避免自己的地位在按股投票中被边缘化;而规模较小的股份合作经济组织很容易就某一决策达成一致的意见,所以就倾向于选择组织成本较小的按户投票。

第六,盈余分配依据影响股份合作经济组织成员的满意度,对营利能力的影响却不显著。从实地调研获得的印象认为,盈余分配的依据对合作组织的营利能力有一定的影响,但是回归分析的结果却不能支持这一观点,究其原因,可能与成员评价的准确性有一定的关系,因为绝大部分的合作组织仍处在生产环节,目前还没有现成利润,成员对营利能力的评价主要根据自己的主观预期,而同样的合作组织,不同成员的预期乐观程度则可能完全不同,因此就可能造成对营利能力评价一定程度的不准确。分析结果显示,盈余分配的依据影响合作经济组织的社员满意度。按股分红、按股分红和按劳动力分红相结合两种分配依据对社员满意度都有显著的正向影响,说明这两种分配方式比按人口分红更能体现效率与公平的统一,从而受到更多成员的认可。

四、结论和启示

(一)结论

1. 在农民企业家才能缺乏以及成员异质性较高的条件下,股权一定程度的集中能够提高农民林业专业合作社和股份合作经济组织的绩效,但股权的过度集中并不利于营利能力或社员满意度的提高。(1)从农民林业专业合作社的实际来看,社员满意度的高低与合作社可供分配的盈余数量的多少密切相关,而合作社的营利能力又主要与股权的集中程度密切联系。股权向理事会的集中有利于增进合作社的营利能力,而单个成员的过多持股反而不利于合作组织营利能力的增进。(2)从农民林业股份合作经济组织的实际来看,股权向董事会的集中对合作经济组织营利能力的积极影响非常显著,但对社员满意度的影响并不显著。这个差异表明,股份合作经济组织的成员不但关心合作组织所带来的营利,也关心自己在合作组织中的地位。

2.在股权相对集中的前提下,为了能够更好地兼顾各方面的利益关系,按交易规模或经营规模入股是理性的选择。若入股方式是按交易规模或经营规模入股,那么按股分配基本上就是按交易额分配或按惠顾额分配,这既可以允许股权的适度集中,又可以保证盈余分配按照专业合作经济组织的分配原则进行;它既能提高合作的绩效,又可以保证盈余分配的公平和效率。

3.农民林业专业合作经济组织的盈余分配必须充分关注要素投入者的利益。(1)在农民林业专业合作社的盈余分配中,社员对按股分红的认可度较其他分配形式更高。按股分红能够提高专业合作社的营利能力,而合作社营利能力的增强又为广大不参与股份分红的普通成员提供更加稳定的市场销路、技术培训及其他方面的服务,所以能被广大成员所接受。因此,农民林业专业合作社的盈余分配应当承认投资者和经营者的利益,要允许适当比例的盈余实行按股分红。(2)在农民林业股份合作经济组织的盈余分配中,按股分红、按股分红与按劳动力分红相结合的方式得到了成员的认可,这再次说明,充分关注要素投入者的利益,包括资金和劳动力投入者的利益,能够提高股份合作经济组织的绩效。

4.农民林业股份合作经济组织的成员数量要坚持适度的原则。在我国农民市场意识不强、合作理念薄弱、经营规模较小的现实约束下,成员数量的过度膨胀将带来合作组织内部交易成本的急剧递增,因此,农民林业股份合作经济组织的成员数量要控制在适度的范围内,不可贪大求强。

(二)启示

1.提高农民林业专业合作经济组织的绩效,可以允许所有权安排的适度集中。(1)农民林业专业合作社的所有权可以向理事会适度集中,形成合作社的核心层,增强合作组织的营利能力。与此同时,又要按《中华人民共和国农民专业合作社法》的规定,对单个成员的最高持股比例进行限制,逐步降低股权向单个成员集中的程度,从单个核心人员向多个核心人员转变,从而集思广益,并增加核心层与普通成员的接触面。(2)农民林业股份合作经济组织的所有权安排可以适度向董事会集中,以提高董事会的经营积极性。

2.提高农民林业专业合作经济组织的绩效,必须关注合作组织的入股方式。按交易规模、经营规模入股或提高按交易规模、经营规模入股在总股份中所占的比重,有利于公平与效率的统一,可以防止"资本雇佣劳动",是合理的入股方式之一。鼓励普通成员按交易规模或经营规模入股,以增强合作组织与普通成员的关联性,让普通成员更多地分享合作带来的收益,增强合作组织的凝聚力。当然,鼓励普通成员入股要充分考虑农民的意愿,若农民入股的意愿不够强烈,要尊重农民个人的选择。

3.提高农民林业专业合作社的绩效,必须规范团体成员在合作组织中的行为。团体成员的加入虽然能够提升合作组织的经营管理水平,从而提升合作组织的营利能力,但合作组织应该真诚地参与合作,与农户共享合作收益,而不能凭借其强势地位从合作中攫取利益。团体成员与合作组织的关系应该在合作组织章程和有关管理制度中进一步明确和规范,其业务往来也应该有明确的合同。

4.提高农民林业专业合作经济组织的绩效,必须规范合作经济组织的财务管理。合作组织要有独立的财务核算,尤其是要把合作组织的财务与龙头企业的财务分开核算;监事会要加强财务管理,提升财务管理的透明度;合作组织的财务状况和利润分配要定期向成员公开。

5.提高农民林业专业合作经济组织的绩效,必须规范合作经济组织的利润分配。农民林业专业合作社的盈余分配首先要按《中华人民共和国农民专业合作社法》的规定落实二次返利,并在此基础上适当考虑投资者和经营管理者的利益,充分调动核心成员的积极性;林业股份合作经济组织则要兼顾投资者和劳动者的利益,实行按股分红或按股分红与按劳动力分红相结合。

第六章 林区农民对专业合作经济组织的需求分析

第四章、第五章主要是从专业合作经济组织的角度,分析农民林业专业合作经济组织应该选择什么样的形式、应该如何进行所有权和收益分配,本章侧重对林区农民意愿的考察,并从成员的角度进一步分析林区农民对专业合作经济组织组建者、形式和内部机制的期待。林区农民是发展林业专业合作经济组织的主体,他们的意愿既集中反映了影响农民林业专业合作经济组织发展的各种因素,同时也影响着农民林业专业合作经济组织的发展方向,所以本章采用入户调查的方法,以林区农户的需求和意愿作为核心分析对象,了解和分析林区农民是否需要专业合作经济组织,需要什么样的专业合作经济组织,影响农民参与合作积极性的因素有哪些?通过林区农民需求的调查进一步求证前面几章研究结论的可靠性,以期更好地促进农民林业专业合作经济组织的发展。

关于林农家庭基本情况及经营特征与林农参与合作意愿之间的关系,黄和亮、王文烂、吴秀娟等已经对此进行了调查和统计描述,[①]他们的研究结论为研究者提供了有益的启示。他们的调查范围是福建省,研究方法以统计描述分析为主。本书在他们研究的基础上,将调查样本的范围扩大到福建、浙江、江西、云南、四川、辽宁等六个省份。研究方法则是在统计描述的基础上加以回归分析,力求更加深入地分析影响林区农民参与合作积极性的因素。

本章的结构安排如下:(1)林农家庭基本情况及经营特征与林农参与合作意愿之间关系的实证分析,旨在揭示影响林农参与合作意愿的因素;(2)分析林农对林业专业合作经济组织的具体需求,进一步验证前面几章的结论是否

---

① 黄和亮,王文烂,吴秀娟,等.影响农户参与林业合作经济组织因素分析[J].林业经济,2008(9):55~58

符合农民的需求。

一、理论假说

农民对专业合作经济组织有其特有的效率"逻辑"。林区农民是否加入专业合作经济组织,取决于加入专业合作经济组织的总成本和总收益之间的比较。林农加入专业合作经济组织的收益包括生产性收益和非生产性收益。生产性收益是指因合作组织经营规模的扩大而多获得的收益或生产成本的节省,它可能来自分工、农业机械的运用、新技术的引进和使用、生产结构的调整或产业链的延伸等;非生产性收益是指由于对外交易费用的节省等所带来的收益增加,其中最主要的是整个组织对外交易费用的节省。林农加入专业合作经济组织所要支出的成本也包括生产性成本和非生产性成本。生产性成本是指合作组织为了组织生产和经营,进行基础设施和机器设备等投资而耗去的成本;非生产性成本主要指那些不直接发生在生产过程中的成本,它可能来自林农与合作组织之间、林农和林农之间的交易费用,主要包括信息搜寻的成本、谈判成本、拟订契约的成本、合作组织运作过程中的决策成本、监督和管理的成本等等。如果加入专业合作组织的总收益大于总成本,市场规律作用的结果必然催生大量的林业专业合作经济组织;相反,若总收益等于或小于总成本,那么农民对专业合作组织的热情必然不足。

林区农民参与合作的理性行为与预期总收益、总成本密切相关;而在同样的专业合作经济组织中,林农可能获得的收益、可能支出的成本则与林农家庭的基本情况、经营的基本特征密切相关。因此,本书希望通过分析验证以下几个具体假说:

(1)林农是否加入专业合作经济组织是对预期总收益和总成本比较的结果,若总收益大于总成本,林农对专业合作经济组织的热情必然增加;若总收益等于或小于总成本,那么林农对专业合作经济组织的热情必然不足。

(2)林农家庭的基本情况、经营的基本特征不同,对农民林业专业合作经济组织的需求也有明显的差异。在不同的要素禀赋和制度下,农民的理性是有变化的。[①] 假定其他条件不变,林农家庭的收入水平、家庭劳动力和就业状况、对专业合作经济组织的认知和预期、家庭主要成员的社会地位、家庭成员

---

① 郑风田.制度变迁与中国农民经济行为[M].北京:中国农业科技出版社,2000:14

对专业合作经济组织的了解程度不同,林农对合作的需求则可能不同;林农家庭经营的基本特征,如林农家庭的林业经营规模、经营对象、经营所处的阶段等不同,林农对合作的需求也可能不同。林农家庭的收入水平越高、文化程度越高,对专业合作经济组织的了解程度越高,对合作的益处应该有更深刻的认识;非农就业机会越多,从事山林经营的时间越少,机会成本越大,农户对合作组织的服务需求就越多;经营对象、经营环节不同,面临的困难和风险就可能不一样,对合作组织的需求也可能不同;林农家庭的林业经营规模不同,参与专业合作经济组织的收益则可能不同,从而影响到合作意愿。

(3)农民对林业专业合作经济组织的需求不仅受到农户自身条件的影响,同时也受到合作组织供给的影响。供给什么样的专业合作经济组织,林农的需求则可能完全不同。关于林农对合作的需求,不仅仅要了解林农参与合作的意愿,还要掌握林农对专业合作经济组织的具体需求,如,对专业合作经济组织的形式、对组建者的偏好等。只有了解林农的具体需求,才能组建符合林农需要的专业合作经济组织,提高林农参与合作组织的积极性。

二、调查的方法和调查的主要内容

(一)调查方法

为了比较全面地了解不同林农对专业合作经济组织的需求,客观地分析影响林农合作需求的因素,本书的调查首先采取分组抽样的方法,在每个省选择了两个县。在浙江省主要林区选择了缙云县(林地面积10.7万公顷,森林覆盖率65.8%)和庆元县(林地面积0.39万公顷,森林覆盖率82.4%);在福建省选择了建瓯市(林地面积33.5万公顷,森林覆盖率80.1%)和永安市(林地面积25.5万公顷,森林覆盖率83.2%);在江西省选择了南丰县(林地面积11.5万公顷,森林覆盖率71.3%)和修水县(林地面积24.9万公顷,森林覆盖率73.5%);在云南省选择了景谷傣族彝族自治县(林地面积36.1万公顷,森林覆盖率74.1%)和双柏县(林地面积21.6万公顷,森林覆盖率95%);在四川省选择了西昌市(林地面积11.5万公顷,森林覆盖率54.9%)和井研县(林地面积0.98万公顷,森林覆盖率39.1%);在辽宁省选择了本溪满族自治县(林地面积20.8万公顷,森林覆盖率76.8%)和宽甸满族自治县(林地面积49

万公顷,森林覆盖率78%)。这些县(市)都是所在省份的重要林区,其林地面积和森林覆盖率高,分布于所在省份的不同地区,具有明显的代表性。依据地理位置、交通条件和经济发展水平的不同,在每个县(市)选择不同发展水平的5个村,在每个村随机抽样调查7户农户。被调查的对象以未加入专业合作经济组织的林农为主。共计完成420户的问卷调查工作,收回有效问卷395份。

(二)调查内容

本书关于林区农民对专业合作经济组织需求的调查主要从四个方面展开:

(1)林农家庭的基本情况。主要包括被调查林农家庭的收入水平、家庭劳动力和就业状况、家庭主要成员的文化水平、家庭主要成员的社会地位、林农家庭对专业合作经济组织的了解程度。

(2)林农家庭经营的主要特征。主要包括林农家庭经营的规模、经营的对象、经营所处的阶段等。

(3)林农对专业合作经济组织的需求意愿,即林农是否愿意参与合作,是否愿意加入专业合作经济组织。

(4)林农对专业合作经济组织的具体需求。主要包括林农对服务内容与组织类型的需求、对组建机制的态度与期待、对管理机制的态度与期待、对农民专业合作经济组织的最大期待。

三、林农家庭基本情况及经营特征与合作意愿关系的实证分析

(一)指标的选择和度量

1. 关于林农参与林业专业合作经济组织意愿的度量

关于林农是否愿意参与林业专业合作经济组织的虚拟变量:不愿意=0,愿意=1。

2. 关于林农家庭基本情况及经营特征的指标选择和度量

表 6-1　林农家庭基本情况及经营特征的度量

家庭基本情况和经营特征		自变量	定义
家庭基本情况	家庭的收入水平	RJSR	林农家庭的人均收入
	家庭的务农劳动力数量	WNLDL	从事林业生产的劳动力数量
	家庭主要成员的非农就业技能	FNJYJN	关于是否有非农就业技能的虚拟变量（没有＝0；有＝1）
	家庭主要成员的文化水平	WHXX WHCZ WHGZ	小学毕业(不是＝0,是＝1) 初中毕业(不是＝0,是＝1) 高中毕业(不是＝0,是＝1)
	家庭主要成员的社会地位	SHDW	是否担任或担任过村干部、村民小组领导(不是＝0,是＝1)
	家庭成员对专业合作经济组织的了解程度	LJCD	关于对专业合作经济组织了解程度的虚拟变量(不是＝0,是＝1)
经营特征	经营规模	JYGM	农户家庭经营的林地面积
	经营对象	DXZZ DXCL DXCY DXSG DXQT	主要从事竹子的经营 主要从事用材林的经营 主要从事茶叶的经营 主要从事水果的经营 从事其他林业经营 (不是＝0,是＝1)
	经营所处的阶段	JDZL JDGH JDTC	主要处于造林阶段 主要处于管护阶段 主要处于投产和销售阶段 (不是＝0,是＝1)

本书主要选择人均收入水平反映林农家庭的收入水平。林农收入水平的高低可能说明林农的经营意识、经营能力，可能影响林农的风险承受能力，从而影响林农参与合作的意愿。

选择林农家庭的务农劳动力数量、家庭主要成员的非农就业技能等指标反映林农家庭劳动力和就业状况。一般而言，林农家庭务农劳动力的不足，将提高他们参与劳动合作的积极性；家庭主要成员的非农就业技能的高低将关系到非农就业机会的多少和非农就业的稳定性。需要说明的是，非农就业机会的多少本来也影响劳动合作的需求，但是务农劳动力数量已经包含了非农就业机会的因素，因此在指标的选择上，本书未把非农就业机会作为自变量假设。

　　林农家庭主要成员的文化水平的高低影响农民的视野,从而影响林农对专业合作经济组织的认知和预期。按照林农所接受教育程度的不同,其文化水平可分为小学毕业、初中毕业和高中毕业。

　　林农家庭主要成员的社会地位。林农家庭主要成员的社会地位可能影响林农家庭成员对合作组织的心理预期,从而影响他们参与合作组织的意愿。作者在问卷中对社会地位的调查设计了"是否担任或担任过村干部、村民小组领导"这一问题。

　　林农家庭成员对专业合作经济组织的了解程度。林农家庭成员对专业合作经济组织的了解程度将直接影响他们对专业合作经济组织的认知和预期,从而关系到合作需求的高低。

　　林农家庭的林业经营规模、经营对象、经营所处的阶段代表林农家庭经营的基本特征。林农家庭的经营规模可能影响林农参与合作的收益,从而影响农户对林业生产的重视程度。对经营规模的度量主要采取林业经营的面积这一指标;经营的对象不同,面临的市场风险不同,参与合作的积极性也可能不同,本书将经营对象分为竹子、用材林、茶叶、水果和其他经营;经营所处的阶段不同,农户面临的困难不同,参与合作的需求也不尽相同,本书将经营阶段分为造林阶段、管护阶段、投产和销售阶段。

(二)林农家庭基本情况及经营特征的基本统计

　　本调查共收回有效问卷 395 份,其中 233 户农户回答"愿意"加入农民林业专业合作经济组织,占总数的 59%;162 户回答"不愿意"。林农家庭基本情况和经营特征的基本统计如下:

1. 林农家庭的收入情况

　　在被调查样本中,人均年收入水平一般集中在 3000~5000 元区间。林农家庭的收入结构中,非农收入所占的比重一般在 10%~90%之间。

2. 林农家庭务农劳动力和就业状况

　　(1)关于林农家庭的务农劳动力数量,农户小型化的特征较为明显,但是由于农村老人特别是 70 岁以下的老人基本上都能参与劳动,家庭务农劳动力数量在 0~1 人的比较少(205 户),占 52%;家庭务农劳动力数量在 2 人及以上的占 48%(190 户)。家庭务农劳动力数量在 0~1 人的家庭中,有 166 户回答愿意加入专业合作经济组织,占80%;而务农劳动力在2人以上(含2人)的农户中,67户回答愿意加入合作组织,占35%。(2)关于林农家庭主要成员的非农就业技能。在395个调查样本农户中,有55个农户拥有泥水工、木工、油漆工、驾驶等非农就业技能,他们当中有49个农户愿意加入农民林业专业合作经济组织,占89%;不具有非农就业技能的农户仅有54%愿意加入。

表6-2 家庭务农劳动力数量、就业状况与农民参与合作的意愿

务农劳动力数量与就业状况	务农劳动力数量		非农就业技能	
	0～1	2人以上(含2人)	具备	不具备
该类农户数量	205	190	55	340
愿意参与合作的农户数及占该类农户数的百分比	166	67	49	184
	80%	35%	89%	54%

3. 林农家庭主要成员的文化水平和社会地位

从395个样本农户的统计看,农户家庭主要成员的文化水平大多是小学或初中,小学文化及以下者(159户)占40%,初中文化者(184户)占47%,高中及以上文化者(52户)占13%。75%的高中及以上文化者愿意加入农民林业专业合作经济组织,60%的初中文化者愿意加入,52%的小学及以下文化者愿意加入。在关于社会地位的问卷中,有49户农户回答正在担任或曾经担任村干部或村民代表,而这部分农户96%倾向于加入农民林业专业合作经济组织;而其他的346户仅有54%回答愿意加入合作组织。

表6-3 家庭主要成员文化水平、社会地位与农民参与合作的意愿

文化水平与社会地位	家庭主要成员文化水平			家庭主要成员是否担任过村干部或村民代表	
	小学文化及以下	初中文化	高中文化及以上	担任过	未担任过
该类农户数量	159	184	52	49	346
愿意参与合作的农户数及占该类农户数的百分比	83	111	39	47	186
	52%	60%	75%	96%	54%

4. 林农家庭成员对专业合作经济组织的了解程度

从总体上看,林农家庭成员对专业合作经济组织缺乏了解,在被调查的395户农户中,有209户样本农户回答"了解"专业合作经济组织,其余的186

户回答"不了解"。回答了解的农户中只有 106 户愿意加入,仅占 51%;而回答"不了解"的农户中有 127 户回答愿意加入。

表 6-4　农民对林业专业合作经济组织的了解程度与农民参与合作的意愿

了解程度	了解	不了解
该类农户数量	209	186
愿意参与合作的农户数及占该类农户数的百分比	106	127
	51%	68%

5. 林农家庭的林业经营规模、经营对象、经营所处的阶段

样本农户的经营规模从 1 亩到 480 亩不等,其中 60 亩以上的农户 49 户,占样本农户总数的 12.4%。样本农户的经营对象以茶叶、竹子、水果和用材林为主,其中用材林农户 137 户,茶农 75 户,竹子 101 户,果农 70 户,其他的 12 户。从经营所处的阶段看,尚处于造林和抚育阶段的 115 户;管护阶段的 123 户;投产和销售阶段的 157 户。从统计特征上看,果农和茶农加入专业合作经济组织的意愿更显强烈;处于投产和销售阶段的农户,其合作积极性也较高。

表 6-5　经营对象和经营阶段与林农参与合作的意愿

农户类型	经营对象					经营所处的阶段		
	用材林	茶叶	竹子	水果	其他	造林和抚育	管护	投产和销售
总户数	137	75	101	70	12	115	123	157
愿意参与合作的户数及占该类农户数的百分比	79	57	37	56	4	60	56	117
	57.7%	76%	37%	80%	33%	52%	46%	75%

(三)回归结果及解释

作者采取逻辑回归的模型估计林农家庭基本情况、经营特征对林农参与合作意愿的影响。本书对影响农民参与林业专业合作经济组织的因素设回归方程式如下:

$$Y = 1 - @LOGIT[-(C(1) \times RJSR + C(2) \times WNLDL + C(3) \times FNJYJN + C(4) \times WHCZ + C(5) \times WHGZ + C(6) \times SHDW + C(7) \times LJCD + C(8) \times JYGM + C(9) \times DXZZ +$$

$C(10)\times DXCL+C(11)\times DXCY+C(12)\times DXSG+C(13)\times JDZL+C(14)\times JDGH]$
....(1)

(1)式中,Y 为因变量,即农民是否参与林业专业合作经济组织的意愿;其他为林农家庭基本情况和经营特征的系列变量,这些变量将影响林农参与合作的意愿;C 系列为估计参数变量。

通过逻辑回归分析,得出参数估计值后,估计林农家庭基本情况、经营特征与林农参与合作意愿之间关系的回归方程式为:

$Y=1-@LOGIT[-(-4.419729789e-05\times RJSR-1.639138236\times WNLDL+1.858364069\times FNJYJN+0.2981134738\times WHCZ-0.04469764619\times WHGZ+3.110808316\times SHDW-0.5912360867\times LJCD+0.02850790519\times JYGM+0.4900020257\times DXZZ+1.951446372\times DXCL+1.732608038\times DXCY+2.842650449\times DXSG-1.83855646\times JDZL-1.653415512\times JDGH]$ ……(2)

回归分析结果如表 6-6 所示:

表 6-6 逻辑回归的估计结果(第一次)

Variable	Coefficient	Std. Error	z-Statistic	Prob.
林农家庭的人均收入	−4.42E−05	8.05E−05	−0.548914	0.5831
务农劳动力数量	−1.639138	0.296858	−5.521625	0.0000
非农就业技能	1.858364	0.546288	3.401803	0.0007
文化程度(初中毕业)	0.298113	0.305757	0.975000	0.3296
文化程度(高中毕业)	−0.044698	0.505828	−0.088365	0.9296
家庭主要成员的社会地位	3.110808	0.815419	3.814982	0.0001
林农对专业合作经济组织的了解程度	−0.591236	0.298615	−1.979930	0.0477
经营规模	0.028508	0.006983	4.082214	0.0000
经营对象(竹子)	0.490002	0.542204	0.903722	0.3661
经营对象(用材林)	1.951446	0.615461	3.170705	0.0015
经营对象(茶叶)	1.732608	0.675974	2.563129	0.0104
经营对象(水果)	2.842650	0.633728	4.485599	0.0000
经营阶段(造林)	−1.838556	0.428987	−4.285810	0.0000
经营阶段(管护)	−1.653416	0.395119	−4.184603	0.0000
Mean dependent var	0.591371	S.D. dependent var		0.492206
S.E. of regression	0.344736	Akaike info criterion		0.828293
Sum squared resid	45.16041	Schwarz criterion		0.969584
Log likelihood	−149.1736	Hannan−Quinn criter.		0.884279
Avg. log likelihood	−0.378613			
Obs with Dep=0	161	Total obs		394
Obs with Dep=1	233			

由于回归结果显示,林农家庭收入水平、家庭主要成员的文化程度、家庭成员对合作经济组织的了解程度等自变量对因变量的影响不大,与研究假设存在不一致。为了提高回归分析的可靠性,先排除林农家庭收入水平和文化程度等自变量,运用同样的分析方法再次进行逻辑回归分析,并设回归方程式为:

$$Y=1-@LOGIT[-(C(1)\times WNLDL+C(2)\times FNJYJN+C(3)\times SHDW+C(4)\times LJCD+C(5)\times JYGM+C(6)\times DXZZ+C(7)\times DXCL+C(8)\times DXCY+C(9)\times DXSG+C(10)\times JDZL+C(11)\times JDGH)] \cdots\cdots (3)$$

通过逻辑回归,得出参数估计值后,估计林农家庭基本情况、经营特征与林农参与合作意愿之间关系的回归方程式为:

$$Y=1-@LOGIT[-(-1.63590305\times WNLDL+1.872273754\times FNJYJN+3.058438544\times SHDW-0.5818066594\times LJCD+0.02777926952\times JYGM+0.3908954677\times DXZZ+1.870348904\times DXCL+1.663702764\times DXCY+2.756333595\times DXSG-1.787354256\times JDZL-1.6124065\times JDGH)] \cdots\cdots (4)$$

回归分析结果如表6-7所示:

表6-7 逻辑回归的估计结果(第二次)

Variable	Coefficient	Std. Error	z-Statistic	Prob.
务农劳动力数量	-1.635903	0.295299	-5.539821	0.0000
非农就业技能	1.872274	0.538962	3.473850	0.0005
家庭主要成员的社会地位	3.058439	0.812336	3.764992	0.0002
林农对专业合作经济组织的了解程度	-0.581807	0.295825	-1.966725	0.0492
经营规模	0.027779	0.006926	4.011129	0.0001
经营对象(竹子)	0.390895	0.392577	0.995716	0.3194
经营对象(用材林)	1.870349	0.500331	3.738227	0.0002
经营对象(茶叶)	1.663703	0.551988	3.014021	0.0026
经营对象(水果)	2.756334	0.515836	5.343433	0.0000
经营阶段(造林)	-1.787354	0.423567	-4.219771	0.0000
经营阶段(管护)	-1.612407	0.391805	-4.122689	0.0000
Mean dependent var	0.591371	S.D. dependent var		0.492206
S.E. of regression	0.344292	Akaike info criterion		0.816477
Sum squared resid	45.39959	Schwarz criterion		0.927492
Log likelihood	-149.8459	Hannan-Quinn criter.		0.860466
Avg. log likelihood	-0.380320			
Obs with Dep=0	161	Total obs		394
Obs with Dep=1	233			

1. 林农家庭的务农劳动力数量对林农参与合作的意愿有显著的反向影响

务农劳动力数量越少,林业经营面临的困难就越大,参与合作的意愿越强烈。从调查获得的印象看,务农劳动力数量少的农户家庭,除了少数家庭是因为缺乏青壮年劳动力、人口老龄化严重外,其他家庭则主要是因为具有较多的非农就业机会。值得注意的是,如果不考虑务农劳动力数量的影响,是否具有非农就业机会对他们参与合作的意愿具有显著的积极影响。从数据的简单统计看,201户回答"有非农就业机会",194户家庭回答"没有非农就业机会"。具有非农就业机会的农户70%愿意加入合作组织,而不具备非农就业机会的农户仅有47%愿意加入合作组织。

2. 非农就业技能对林农参与合作的意愿具有明显的正向影响

具备非农就业技能的林农参与合作的愿望明显比不具备的林农强烈。具备非农就业技能的林农除了具有更多的非农就业机会,没有时间从事山林的经营外,更为重要的是,从事山林经营的成本也比普通林农更高,所以,他们倾向于加入林业专业合作经济组织,将山林交给林业专业合作经济组织管理。

3. 家庭主要成员的社会地位对林农参与合作的意愿具有明显的正向影响

家庭主要成员担任过或曾经担任村干部、村民小组领导的农户倾向于参与合作,他们对专业合作经济组织充满信心和期待,充分预见到专业合作经济组织的各种好处;而从未担任过村干部、村民小组领导的农户则对参与合作存在较大的分歧,一部分农户认为可以尝试,而一部分话语权不多的农户则不愿意参与合作,他们对专业合作经济组织的控制权、公平性和透明度等问题忧心忡忡,主要担心参与合作经济组织后自己的利益被侵占。

4. 林农对专业合作经济组织的了解程度与林农参与合作的意愿呈明显的反向关系

对农民专业合作经济组织"有所了解"的林农反而更不愿意加入专业合作经济组织,这个现象似乎令人十分费解。本问卷对回答"了解"的林农进一步设置的问题有助于我们解开这一疑惑。问卷要求"了解"的林农进一步回答"你所了解的专业合作经济组织是改革开放前的农民合作社还是近年来发展起来的新型专业合作经济组织"。统计结果显示,209户(约占52%)农户所认知的专业合作经济组织是指改革开放前的农民合作社,这部分农民把专业合作经济组织等同于改革开放前的合作社,因此基本上不愿意加入合作组织。这说明,农民对专业合作经济组织的误解抑制了农民参与合作的意愿,今后应该加强对农民专业合作经济组织的宣传。当然,还有一小部分曾经参与或接触过专业合作经济组织,由于他们所参与的林业专业合作经济组织经营不力、组织不善或透明度不高、公正性不足等问题令他们对林业专业合作经济组织信心不足。

5. 林农家庭的林业经营规模对农民参与合作的意愿具有正向影响

经营规模较大的农户参与合作的积极性比小规模农户更为强烈,其主要原因是规模农户参与合作的收益随着经营规模的增加而增加,该部分农户参与合作的收益比较大;而小规模农户参与合作的收益不大,因此参与的动力也有所不足。

6. 经营对象对林农参与合作的意愿有一定的影响

经营对象对林农参与合作意愿的影响程度又因具体经营对象的不同而不同。水果、茶叶和用材林的相伴概率都小于 0.05,估计的系数影响显著,具有较高的可信度,表明水果、茶叶和用材林经营对农民参与合作意愿的影响大;而竹子经营的相伴概率大于 0.1,估计的系数影响不显著,说明竹子经营对农户参与合作积极性的影响较小。虽然水果、茶叶和用材林经营对农户参与合作的积极性影响显著,但影响方向却不相同。水果、茶叶经营的系数(Coefficient)为正,说明从事水果、茶叶经营的农户比其他农户更愿意参与合作;而用材林经营的系数(Coefficient)为负,说明与其他林农相比,从事用材林经营的农户参与合作的积极性更弱。市场风险的不同是形成这一差异的重要原因,水果、茶叶面临的市场风险较大,通过合作能够降低市场风险,而用材林则不然。

7. 经营阶段对林农参与合作意愿的影响显著

造林与管护阶段对林农参与合作意愿的影响为负,这说明,处于造林与管护阶段的林农,其参与合作的意愿更低;进入投产和销售阶段的林农,参与合作的意愿更高。不同经营阶段对林农合作意愿的不同影响再次表明,通过合作降低市场风险、增强谈判能力是农户参与合作的重要原因。当然,值得一提的是,不同的经营对象,在相同的经营阶段,林农参与合作的意愿是不一样的。从获得的原始调查数据看,经营水果和茶叶的林农在造林与管护阶段参与合作的意愿低,而用材林农户在造林与管护阶段参与合作的意愿比较高。

四、林区农民对专业合作经济组织的具体需求分析

林农期待专业合作经济组织提供他们自身难以完成的服务,对合作组织的期待因经营对象、经营阶段等具体情况的不同而不同,具体而言,主要表现在:

(一)林区农民对服务内容的期待

本研究设置了技术培训、提供生产资料、帮助销售产品、林业管护、造林服务、加工服务等多项服务,并允许农户选择多项。调查结果显示,林农期待技术培训的频数是213,期待提供生产资料的频数是63,期待帮助销售产品的频数是181,期待林业管护的频数是80,期待造林服务的频数是76,期待加工服务的频数是31。可见,林农对技术培训和销售服务的期待最为强烈。从调查中还可发现,对服务的期待因农户家庭基本情况、经营对象和经营环节的不同而不同,务农劳动力比较紧缺的农户希望合作组织提供造林和管护的服务,经营规模不大、劳动力不太紧缺的农户则没有这样的期待;处于造林阶段的农户可能期待造林抚育的服务,而其他农户则期待相应的服务。

(二)林区农民对专业合作经济组织类型的态度

本研究将专业合作经济组织分为专业协会、专业合作社和股份合作组织三种。由于大多数林农对组织类型之间的区别几乎没有了解,因此,在调查时先由调查者对三种组织类型的不同进行简要说明,并允许多项选择。在233个愿意参与合作的农户中,几乎100%愿意加入专业协会;70.4%的农户愿意加入专业合作社;约25.3%的农户愿意加入股份合作组织。这一调查结果显示,专业协会受到林农的欢迎,而对股份合作组织的态度较为谨慎。从经营对象看,经营水果的林农对专业合作社的期待强于其他类型的林农;倾向于股份合作组织的林农以经营用材林为主。从经营的环节看,处于销售阶段的农户对专业合作社的期待强于其他农户,而处于造林和抚育阶段的农户比其他农户更容易接受股份合作组织。林农的文化和社会地位对组织类型的选择有一

定的影响,担任过村干部或村民代表的林农更倾向于股份合作林场或专业合作社,而其他林农更倾向于专业协会。

(三)林区农民对组建和管理机制的态度与期待

1. 林区农民对组建者的期待

本书将专业合作经济组织的组建者分为龙头企业、乡镇干部、村干部、农林科技服务部门、林业大户(包括运销大户)等,并且允许选择多项。其中59户选择龙头企业,10户选择乡镇干部,40户选择村干部,90户选择农林科技服务部门,173户选择林业经营大户(包括运销大户)。从林农的意向看,乡镇干部和村干部所得的票数较少,林业经营大户最受林农的欢迎,这反映了林农对自发组建专业合作经济组织的期待。林农对组建者的选择与林农经营的对象和环节有一定的关系。经营用材林和竹林的农户几乎不选择龙头企业作为组建者,而经营水果和茶叶的农户更能接受龙头企业作为组建者;造林和生产阶段的农户基本上不选择龙头企业、乡镇干部作为组建者,而销售阶段的农户更能接受龙头企业作为组建者,希望它们能够带动产业链的延伸。对林业经营大户的选择分布于各个不同产品和不同阶段的经营中。一些经营新品种的林农最期待农林科技服务部门作为组建者。

2. 林区农民对缴纳会费的态度

在233户愿意加入专业合作经济组织的农户中,17%的农户认为不要缴纳会费;62%的农户愿意缴纳0~50元的会费;21%的农户愿意根据需要缴纳会费。在缴纳意愿的三个选项中,愿意缴纳会费的农户所占的比例加总为83%,这说明林农对缴纳会费的必要性是认可的,但只限于缴纳少量的会费,愿意根据合作组织发展的需要缴纳会费的农户所占的比重较小。对不愿意根据合作组织发展的需要缴纳会费的农户进行进一步的调查发现,79%的农户是因为对合作组织的信任和预期并不太乐观;11%的农户是因为缴纳会费有一定的困难;10%的农户是因为其他方面的原因。

3. 林区农民对入股的态度

关于入股的态度,本书设置了"愿意"、"不愿意"、"要看情况而定"。调查结果显示,林农对于入股的态度比较谨慎。在233个样本农户中,14%的农户回答愿意,45%的农户回答不愿意,而41%的农户回答"要看情况而定"。这份针对未加入农民林业专业合作经济组织农户的问卷调查结果再次表明,在专业合作经济组织发展的初期,农民对合作投资的信心不足,入股的愿望较低。

4.林区农民对合作组织覆盖范围的态度

关于专业合作经济组织覆盖的范围,本书设置了应该由"亲戚或朋友组成"、"同村的农民或其他组织组成"、"同乡(镇)的农民或其他组织组成"、"同县或更大范围的农民或其他组织组成"四个选项。调查结果显示,55户农户认为应该由亲戚或朋友组成,占23.6%;122户农户认为应该由同村的农民或其他组织组成,占52.4%;35户农户认为应该由同乡(镇)的农民或其他组织组成,占15%;仅有21户农户认为应该由同县或更大范围的农民或其他组织组成,占9%。这个统计结果说明,同村以内的覆盖范围容易被农民所接受,亲戚、朋友更容易受到农户的信任。农户的经营对象和所处的经营阶段与农户对覆盖范围的态度有明显的关系。从经营对象上看,生产茶叶的农户比较容易接受大范围的合作,因为茶叶的销售需要规模,需要区域品牌;以用材林生产为主的农户更加倾向于小范围的合作,因为其生产周期长、收益慢的特点迫切需要节省交易成本,小范围合作的优势凸显;生产其他产品的农户基本上认为应该由同村范围的成员或亲戚、朋友组成。从经营的环节上看,尚处于生产阶段的农户基本上认为应该由同村范围内的成员或亲戚、朋友组成;处于销售阶段的农户更能接受较大范围的合作成员。

5.林区农民对管理者素质的期待

管理者最重要的两项素质是什么?奉献和廉洁的频数是213;营销能力的频数是126;管理能力的频数是83;技术专长的频数是31;其他能力的频数是2。从调查结果可以看出,"奉献和廉洁"是林农关注的焦点。合作不能没有奉献,合作组织的核心诉求就是共同奉献。要满足这一诉求,合作组织的管理者本身就要甘于奉献,廉洁自律,因此,奉献和廉洁自律是合作组织的管理者所不可或缺的。从调查中还发现,不同经营类型和经营环节的林农,对管理者素质的期待也有所差异,以水果生产为主的农户,特别是已进入投产阶段的农户基本上都选择了"营销能力"、"奉献和廉洁"这两个选项;而以用材林生产为主特别是尚处于造林、抚育和管护阶段的农户,除了对"奉献和廉洁"的期盼外,还期待"管理能力"和"技术专长"等。

6. 林区农民对加入或退出条件的态度

关于加入专业合作经济组织是否需要条件的限制,本书设置了"应该限制条件"、"不清楚"、"不应该限制条件"三个选项,66%的林农认为"不应该限制条件",21%的林农回答"不清楚",13%的林农选择"应该限制条件"。选择"应该限制条件"的林农一般以经营大户为主,而关于加入条件的开放性问答中,不少林农主张应该对入股的资金、成员的信用有所限制。关于退出专业合作经济组织是否需要条件的限制,本书也设置了"应该限制条件"、"不清楚"、"不应该限制条件"三个选项,48%的林农认为"不应该限制条件",21%的林农回答"不清楚",31%的林农选择"应该限制条件"。而关于退出条件的开放性问答中,不少林农主张,成员们不能退出专业合作经济组织。

7. 林区农民对决策机制的态度

在233个愿意加入农民林业专业合作经济组织的农户中,28个农户赞成一股一票;72个农户倾向于一人一票和按股相结合;133个农户希望实行一人一票。从调查结果可以看出,一人一票或适当增加投资者的票数能够被广大林农所接受。

(四)林区农民对专业合作经济组织的最大期待

关于"你对农民林业专业合作经济组织的最大期待是什么"的开放性访谈中,约60%的农民都回答最期待的是合作组织"带领农民致富"。其余农户回答最期待合作组织"帮助销售林产品"、"解决劳动力、技术难题"或"维护农民的权益"等。尽快致富是林农的共同心愿,专业合作经济组织应该努力去做农民最期盼的事。

五、结论和启示

(一)结论

1. 林区农民是否加入专业合作经济组织,是对预期合作总收益和总成本比较的结果。农户家庭特征、经营特征的不同,其参与合作经济组织的预期总收益和总成本随之不同，林农加入专业合作经济组织的意愿也因此不同。

2.林区农民参与专业合作经济组织的积极性受到农户家庭的务农劳动力数量、非农就业技能、家庭主要成员的社会地位、林业经营规模、经营对象、经营阶段、农户对专业合作经济组织的了解程度等因素的影响。从总体上看，非农就业技能，家庭主要成员的社会地位，经营规模、用材林、茶叶和水果的经营对农户参与积极性呈正向影响；而务农劳动力数量、造林和管护阶段对农户参与积极性呈反向影响。需要特别指出的是，经营用材林的农户在造林、管护阶段参与合作的意愿较高，并不对合作意愿形成负向影响。

3.经营不同对象、处于不同经营阶段的农户对林业专业合作经济组织类型的偏好存在明显差异。就一般情况而言，农民对专业协会的偏好明显高于专业合作社，对专业合作社的偏好也明显高于股份合作组织；不同经营对象、经营环节的农户，对专业合作经济组织的类型偏好也各不相同：专业协会普遍被不同农户所接受，经营水果的农户对专业合作社的期待强于其他类型的农户，倾向于股份合作组织的农户则以经营用材林为主；处于销售阶段的农户对专业合作社的期待强于其他农户，而处于造林和抚育阶段的农户比其他农户更容易接受股份合作组织。

4.林区农民加入专业合作经济组织的意愿与合作经济组织的供给密切相关。具体而言，主要表现在：(1)林区农民对专业合作经济组织所提供的服务，最为期待的是技术培训，其次是销售服务。(2)农民对林业专业合作经济组织组建和管理机制的态度表明，农民对林业专业合作经济组织的预期并不十分乐观，对合作组织的发展仍有观望的迹象，所以大部分农户比较喜欢接受组织程度相对较低的专业合作经济组织，对于会费的缴纳和入股等问题的态度比较保守，对加入或退出的严密性持迟疑不决的态度。(3)农民对组建者的态度表明，林业经营大户最受农民的欢迎，这反映了农户对自发组建专业合作经济组织的期待。农民对组建者和管理者的素质最关注的是"奉献和廉洁"，其次就是营销和管理能力。因此，加强对专业合作经济组织管理者的培养，打造一支甘于奉献、廉洁自律、能力突出的优秀管理者队伍是非常重要的。

(二)启示

1.由于林区农民家庭基本情况和经营特征对农户参与合作的意愿有不同程度、不同性质的影响，所以促进农民林业专业合作经济组织的发展，应当充分关注各因素的作用。要发挥正向影响因素的作用，消除或缓解负向因素的影响。促进农民林业专业合作经济组织的发展,需要政府推动非农产业的发展,加快林区富余劳动力的转移,促进林地使用权依法、有序、适度地流转;必须加大对林业专业合作经济组织的宣传力度,让更多的农民真正地了解专业合作经济组织。

2. 促进农民林业专业合作经济组织的发展,应当充分关注不同经营对象、不同经营阶段的农户对专业合作经济组织的具体需求,并根据农户的不同需求组建专业合作经济组织。在专业合作经济组织的形式选择中,不同的农民林业专业合作经济组织不宜采取统一的模式,而要以各种经营主体的意愿为基础,加以适当的引导;在提供的服务内容中,必须充分考虑农民的需要,发挥合作组织的优势,解决农民最迫切需要解决的难题,实现农民作为分散单个的个体难以实现的目标;在完善组建和管理机制的过程中,必须加大力度扶持一批优秀专业合作经济组织,充分发挥优秀专业合作经济组织的典型示范作用,树立林区农民对合作组织的信心。

第七章 促进农民林业专业合作经济组织发展的对策选择

农民林业专业合作经济组织是林农、龙头企业等主体在合作收益的诱导下自发进行的需求诱致性创新,承担经济和社会双重的职能,具有准公共产品的性质。但在合作组织发展的初期,由于各合作成员承担创新成本的动力和能力不足,合作组织的发展难以满足社会的需求,因此,农民林业专业合作经济组织的发展,离不开政府的引导和支持。促进农民林业专业合作经济组织发展,要把林农、龙头企业等主体的创新与政府推动有机地结合起来。从目前的情况看,对合作组织的扶持已经得到各级政府的共识,并表现出对农民专业合作经济组织不同程度的重视,许多合作组织也已得到不同程度的扶持。从政府已有的实践看,现实并不缺乏政府对农民合作的引导,却有待进一步明确应该如何引导;现实并不缺乏政府对农民合作的支持,却很有必要审视已有扶持政策的实效。因此,为了更好地推进农民林业专业合作经济组织的发展,要对已有的扶持政策和实施效果进行梳理和研究,进一步研究政府对农民林业专业合作经济组织的扶持重点。基于此,本章拟以前面各章的结论为基础,分析政府促进农民林业专业合作经济组织发展的突破口和基本思路,并对已有的财政、贷款、税收三大扶持政策的实施效果进行研究,探讨已有的政策可能存在的问题,并提出进一步做好财政、贷款、税收扶持的政策建议。

本章结构安排如下:(1)政府促进农民林业专业合作经济组织组建、发展的突破口和基本思路。以前面各章的结论为基础,研究政府应当着重从哪些方面促进合作组织的组建和发展。(2)农民林业专业合作经济组织的财政扶持政策研究。主要对已有的财政扶持政策进行梳理,分析其实施的效果和存在的问题,并提出进一步做好财政扶持的政策建议。(3)农民林业专业合作经济组织的贷款扶持政策研究。主要对已有的贷款扶持政策进行梳理,分析其实施的效果和存在的问题,并提出进一步做好贷款扶持的政策建议。(4)农民林业专业合作经济组织的税收扶持政策研究。主要对已有的税收扶持政策进行梳理,分析其实施的效果和存在的问题,并提出进一步做好税收扶持的政策建议。

一、政府促进农民林业专业合作经济组织发展的基本思路和重点分析

对农民林业专业合作经济组织给予必要的引导和扶持已经成为各级政府的共识。从中央到地方,各级政府出台各种鼓励和扶持的文件,并对合作的重要性进行大力宣传,有些县政府的职能部门、乡镇政府还参与了组建和领建的指导工作。但是,令不少地方政府苦恼的是,政府投入了大量的人力、物力、财力,但农民却未能理解领受,林业专业合作经济组织的发展停滞不前。究其原因,主要是扶持的突破口不明确。因此,我们首先必须从林区农民和林业的实际出发,探索政府促进合作组织发展的重点方向和基本思路。

(一)政府促进农民林业专业合作经济组织发展的重点分析

对于处于初期发展阶段的农民林业专业合作经济组织而言,合作组织数量少,且基本上仍处于初级发展阶段,需要培育和扶持的对象多,在人力、财力、物力有限的约束下,政府应该有所突出、有所着重,才能更加有效地推进农民林业专业合作经济组织的发展。

1. 按照经营对象的不同区分培育重点

首先,就目前的市场情况而言,因为水果、茶叶面临的市场风险大,茶叶的加工、销售环节具有明显的规模效应,因此经营水果、茶叶的农户最容易形成合作,是政府培育专业合作经济组织的重点之一;其次,用材林生产中的管护环节对合作的需求较为明显,也应该成为政府培育的重点;再次,毛竹经营中的笋产品加工和销售的附加值高,通过合作可以获取较好的合作收益,具有较大的合作空间,所以也应该作为政府培育的主要阵地。

2. 按照组建力量的不同确定培育的重点

首先，农民林业专业合作经济组织应该是农民自己的组织，农民是组建专业合作经济组织的主要力量。而林业经营大户比普通农户更具组建的热情和能力，所以适当培育和扶持林业经营大户是壮大组建力量的重点。其次，在合作组织发展的初期，由于农民的素质不高，合作的意识和能力不强，龙头企业、政府职能部门、村干部在组建中的作用尤其突出，所以，鼓励龙头企业、林业技术推广部门、村干部领建农民林业专业合作经济组织，规范其角色和行为，也是政府壮大组建力量的重点。

3. 按照生产环节的不同确定培育的重点

不同的生产环节，农民对合作的需求是不一样的。在投产和销售阶段，农民的合作需求相对较强，而其他阶段的需求相对较弱，所以提供销售服务的合作组织对农民有较大的吸引力，应成为政府培育的重点；在用材林的管护阶段，农民对合作的需求也较强，也应该成为培育的重要环节。值得注意的是，储存、加工虽然并不是林农必然要经历的环节，也不被农户所强烈呼求，但是，加工环节能够大幅度提高林产品的附加值，降低林产品面临的市场风险，所以政府应具有前瞻性，可鼓励和培育包含加工环节的合作组织，增加林农的收入。

4. 按照农户和地区特征的不同确定培育的重点

首先，从农户特征看，务农劳动力少、非农就业技能强、家庭主要成员社会地位高的农户，参与合作的意愿更为强烈，应该成为培育的重点。其次，从地区特征看，经济发达、交通便利、非农产业发达的地区应该成为培育的重点。经济水平、交通条件、非农产业发展的程度不同，林区农民参与合作的意愿也不相同。经济发达、交通便利、非农产业发达的地区，农民对合作的需求相对强烈，培育的难度较小，合作的实效较强；反之，合作的意愿相对较弱。在经济欠发达地区、偏远地区、非农产业欠发达地区，由于相当一部分农户承担合作初始成本的能力较弱，所以政府应适当提供准公共产品性质的合作组织，支持这些地区林业的发展。例如，林业部门、村级组织应该帮助组建类似防火协会、技术协会等松散型的专业合作组织，并通过财政划拨适当的经费，补贴合作组织的日常运营开支。

5. 按照形式的不同区分扶持的重点

首先,要明确家庭合作林场和林业专业技术协会的扶持重点。不同的经营阶段、不同的经营环节、不同的经营对象、不同的农户对合作形式的需求是各不相同的,政府扶持要充分尊重林农的选择,不要搞"一刀切",不能贪大求强。家庭合作林场和林业专业技术协会虽然是合作组织的初级形式,但它们可能向更高阶段发展。从专业技术协会和家庭合作林场的不稳定性出发,政府不仅要给它们财政、税收和技术扶持,更要加强技术和制度规范的指导,促使其不断走向规范化、不断发展壮大,并在时机成熟的时候,引导其改造成为股份合作组织或专业合作社。其次,要明确林业专业合作社和股份合作组织的扶持重点。专业合作社和股份合作组织在财政、税收、贷款和技术扶持的同时,应该引导其在内涵上不断提升,指导其构建合理的所有权安排和收益分配机制,监督其规范运作,促使其健康发展。

6. 按照内容的不同区分扶持的重点

各地政府对农民林业专业合作经济组织的扶持内容十分丰富,包括技术扶持、制度规范的指导、资金扶持,但也有些地方政府强制农民加入、搞"拉郎配"、直接参与了合作组织的运作、指定经营内容等。政府扶持应该是做农民不能做、做不了的事情,在内容上应把扶持的重点放在技术扶持、资金扶持和制度规范的扶持上。政府应通过技术扶持为合作组织的发展提供良好的技术支撑;通过财政、贷款和税收扶持为合作组织的发展提供坚实的资金基础;通过法规和政策扶持为农民专业合作经济组织确立一个稳定的制度环境。

(二)政府促进农民林业专业合作经济组织发展的基本思路

1. 增加非农就业机会,提升林农素质,增强林农的合作需求和能力

根据第六章对农民合作需求的调查,在其他条件不变的情况下,农民非农就业机会的多少、科技文化素质的高低以及对合作组织了解程度是影响农民合作意愿的主要因素。然而,由于人多地少,我国农民的生产经营规模较小,非农就业机会缺乏,科技文化素质不高,对合作组织的了解不多,参与合作的意愿不强,合作组织建立的难度大,所以,促进农民林业专业合作经济组织的发展,必须增加农民的非农就业机会,加强对合作的宣传,提升农民的科技文化素质。

(1)增加非农就业机会,增强林农合作需求

增加非农就业机会,促进大量的农村富余劳动力向第二、三产业和城市转移是社会发展的必然趋势,是城乡经济一体化统筹发展的必要阶段。对林农合作需求的调查结果显示,增加非农就业机会,促进农村富余劳动力的转移,能够增强农户对合作的需求,推动专业合作经济组织发展;增加非农就业机会,农村富余劳动力的转移还可带动林地经营权流转,培育林业经营大户,壮大农民专业合作经济组织的组建力量。

增加非农就业机会,应该加快城市化进程,并把城市化的发展和工业化的发展有机地结合起来,促进第二、三产业的发展,加快农村劳动力向城市转移;增加非农就业机会,必须在大力发展小城镇、农村工业化和产业化的同时,鼓励民工回乡创业,实现农村剩余劳动力的就地转移;增加非农就业机会,必须建立城乡一体化的市场体系、公共服务机制,加快户籍制度改革,建立健全一体化的劳动力市场和信息网络平台,在权益保障、政府服务、职业培训等方面实现城乡共享、城乡平等;增加非农就业机会,还应该加快改革入学和社会保障制度,从根本上改变市民与农民在社会保障、子女入学等方面的差别,给予进城农民工子女入学平等待遇,健全农村社会保障体系,建立与社会经济发展水平相适应的农村基本养老保险制度,逐步提高新型农村合作医疗的保障水平和覆盖率,彻底打破城乡分割的二元社会结构,逐步实现人口的自由迁徙,减少农民对土地的依赖性。

(2)加强对合作知识的宣传,增强林农的合作需求

林农合作的动力之所以不足,与林农对合作组织的不了解密切相关。对合作组织的不了解既包括对合作组织的无知,也包括对合作组织的误解。有些年纪较大的农民把农民专业合作经济组织等同于新中国成立初期的合作社,并对入社的强制性心有余悸,这种误解削弱了他们参与合作的动力;有一部分农民对合作的益处认识不足,不了解合作能够带来的收益。

因此,促进农民林业专业合作经济组织发展,必须加强对合作组织的宣传,通过与新闻媒体的联系与协作,采用多种形式,如开办广播、电视讲座,开设宣传栏,印刷合作组织的宣传手册,举行文艺表演、大学生志愿者行动等方式,加强对合作原则、组建程序和条件的宣传,加强对合作益处的宣传;以优秀专业合作经济组织为典范,加强对合作业务的指导,让农民在实践中感受合作的功能和作用。只有大力宣传,才能唤醒农民的合作意识,提升农民的合作能

力,消除农民对专业合作经济组织的种种误解,促进合作组织的健康发展。

(3)加强对政策扶持的宣传,增强林农对合作的需求

进一步宣传各级政府的相关扶持政策,加强与农民的沟通,随时掌握合作组织的组建情况,从中筛选出好的合作组织,积极申报各级"农民专业合作社示范项目"、"科普惠农兴村计划"、"农业产业化经营项目"等;以丰富多样的形式宣传有关法律、法规及财政、税收、信贷等优惠政策,激发农民组建合作组织、参与合作的热情;通过林业服务热线等形式接受关于合作的政策咨询工作,耐心解答合作组织和农民提出的各类问题,并帮助其协调与有关部门的关系。

(4)实施教育和培训计划,增强林农参与合作、组建合作组织的能力

要把科技文化水平相对不高、组织管理经验相对缺乏的农民组织起来,教育培训的作用是不容忽视的。从对林区农民的调查看,的确有相当一部分人对合作的原则、设立和登记的程序,成员的权利和义务,组织机构、权利和义务、合并、分立和解散的程序等不甚了解,因此缺乏组建合作组织的动力。政府应尽快制定农民专业合作经济组织的培训计划,在财政预算中设立专项培训基金,开设具有针对性的专业,建立专门的培训基地。在农民专业合作经济组织的教育和培训中,应着重加强以下三个方面的培训:

第一,举办农民职业技术学历教育和短期培训。依托农林大学、农林职业技术学院举办有关农业、林业和合作的新专业,开展函授学历教育;鼓励县、乡农技推广部门发挥自身的信息、技术和人才优势,结合农业新品种、新技术的示范推广以及林业发展的实际需要,对农民开展关于技术和合作知识的短期培训;鼓励供销部门结合自己的营销优势,开展营销技术的培训。

第二,举办农村党员、林业经营大户、村干部培训班。农村党员、林业经营大户、村干部是组建农民专业合作经济组织的骨干力量,所以要针对农村党员、林业经营大户、村干部开展组建知识的培训,培训知识涉及合作意义、《中华人民共和国农民专业合作社法》、合作章程的制定、设立和登记的程序规范等知识的培训。并采取理论和实践相结合的形式,让参训学员在实践中掌握组建合作组织的程序和步骤,提升农民参与和组建合作组织的能力。

第三,举办农民林业专业合作经济组织管理人员培训班。管理人员的奉献精神和管理素质是合作组织持续健康发展的必要条件。所以要举办管理人员的专题培训班,提升管理人员的道德水平,树立奉献意识,探索如何完善自我发展机制、股权设置机制、利益分配机制、民主管理机制和财务监督机制,从而加快农民专业合作经济组织的发展。

2.培育林业经营大户,造就合作组织的组建者

林业经营大户是农民自发组建专业合作经济组织的主要力量,因此,培育专业合作经济组织的组建者既要促进林权流转,形成一定数量的适度经营大户,又要重视对林业经营大户的合作意识、奉献精神和组建能力的培育。

(1)规范林权流转,培育适度的经营大户

形成一定数量的适度经营规模大户,要在明晰产权的基础上,促进和规范林权流转。首先,要促进流转形式的多样化。通过转包、租赁、股份合作等形式实现林地使用权和林木产权流转,满足一些资金充足、经营能力强的林农扩大经营规模的需要。其次,要保证林权流转的合法化。林权流转要做到程序合法,操作规范,合同完整,手续完备。进入市场流转的林权,必须是取得"中华人民共和国林权证"的林木和林地使用权,且流转的林权所涉及的受益处置与分配、经营主体与经营关系、经营范围与经营时限等不得存在争议。再次,林权流转的服务体系要常规化。政府应建立林地使用权流转交易中心,集中发布交易信息,规范交易手续和档案登记。要培育流转的中介组织或机构,如山林评估、调查规划、法律服务等。但是,需要特别强调的是,由于成员之间的过大差异将弱化大户的组建动力,因此,对林业经营大户的培育必须坚持适度的原则。

(2)注重提升林业经营大户的经营管理能力

组建动力的强弱和组建者自身的经营管理能力密切相关。组建者的经营管理能力越强,广大林农对他的跟从意愿就越强烈,跟从行为就越明显,他的倡议也更容易得到广大林农的附和,从而有效地降低组建成本,提升组建收益和组建动力;反之,组建者经营管理能力的不足将增加不必要的组建成本,弱化组建动力。因此,要长期保持组建者的动力,不但要加强对合作组织物质方面的直接扶持,更要提升林农的经营管理能力。通过举办合作组织负责人培训班和经纪人培训班,加强职业技术、管理和营销知识的培训,提升林农的技术实力、营销能力和管理水平;要培育林业经营大户的合作品质,即与其他合作成员共同决策、和谐经营、共享利益、共担风险的品质;要培育林业经营大户良好的信用品质,即内部公平、公正、公开的信用管理,外树诚信经营的信用形象;要培育林业经营大户宽容和奉献的品质,即培育大户奉献的意识和服务的精神,预见和排除可能出现的埋怨和误解。

(3)注重提升林业经营大户的社会声誉

社会声誉是社会或他人对组织的发展能力、诚实守信或对个人内在能力、

道德水平及其他方面综合素质的总体印象,包括名誉、声望、公众形象等,是嵌入个人社会网络中的社会资源。[①] 组建者所具有的声誉在合作组织发展的初期可以有效地减少组建过程中的不确定性和其他风险,赢得更多农户的信任,吸引更多的农户加入合作组织,从而有效地降低组建成本、增加合作效益。因此,要大力宣传林业大户和组建者的事迹,以提高他们的社会知名度和声誉;要加强对优秀组建者的表彰力度,在对经营能力、诚实守信等项目的评估或考核的基础上,授予那些经营能力强、信誉度高的农民以"五一劳动奖章"、"三八红旗手"、"先进劳动者"、"诚实守信经营户"等光荣称号,以提高其社会声誉。

3. 延伸与拓展产业链,提高合作收益

林农是否参与合作,关键取决于合作是否能够带来更多的收益。林业产业链向下游延伸,可以让农民从加工、销售环节分享附加值,降低交易成本,增加合作组织对林农的吸引力;产业链向上游延伸,同样可以降低交易成本,同时还有助于保证种苗的品质,提升林产品的质量和市场竞争力。产业链的延伸可以摆脱社会化服务体系不健全的制约;产业链的延伸有利于合作组织内部各环节的平衡发展、互补发展,实现物流、信息流、资金流、人才流的合理配置;[②]产业链的横向拓展还可以拓展产业领域,获得新的经济增长点。所以,促进农民林业专业合作经济组织的发展,必须努力延伸产业链,提高合作收益。

关于产业链的纵向延伸,一方面要引导农民专业合作经济组织以林产品加工业为基础,向林木种苗培育"前向"领域延伸,努力使优质种苗培育产业的发展速度超过加工业的发展速度;另一方面向流通、销售等"后向"领域渗透,大力发展加工业、森林旅游业和其他产业,发展经济林果品储运、保鲜、分选、包装、精深加工和物流配送产业,并依法推进以森林公园、湿地公园、自然保护区和狩猎场为主的生态旅游产业发展。关于产业链的横向拓展,要引导专业合作经济组织开展珍贵用材树种和珍稀树种的培育;合理利用野生花卉、林木种质资源,选育具有市场竞争力的新品种,适当发展鲜切花、高档盆花、食品花卉、化工花卉及观赏植物和高标准绿化种苗;大力培育和开发我国优良乡土能

---

① 林南.社会资本:关于社会结构与行动的理论[M].上海:上海人民出版社,2005
② 张智光,陈勇.江苏林业产业发展战略研究[M].北京:中国林业出版社,2004:154~155

源树种。①

4. 引导合作组织之间的合作,增强合作组织的持续发展能力

加强合作组织之间的联合是合作组织发展到一定阶段的必然产物。与分散的小农相比,合作组织能够明显地提高市场谈判能力,获得规模收益。但是,与产业链下游的大公司相比,各合作组织又处于被动的地位,竞争力量十分有限。若合作组织的产业链不能在短期内延伸,那么加强合作组织的联合是提升合作组织发展能力的重要手段。合作组织之间的联合能够增加市场份额,提升合作组织的市场谈判能力,实现与加工、销售企业直接谈判、讨价还价,在价格形成中占有一席之地;合作组织之间的联合有利于形成统一的市场标准,废除各合作组织自定的收购标准,统一采用国家制定的产品标准,提高产品的市场竞争力,从源头上抑制了下游的加工、销售企业利用自我标准压级压价的潜在风险;合作组织之间的联合有利于进一步取得外部规模经济效应。联合起来的合作组织通过统一开展产品运输、冷藏和销售,统一提供技术服务等,降低了各合作组织的交易成本,实现了外部规模经济。

促进农民林业专业合作组织的联合,政府要牵头帮助指导。政府可以充分利用自身特有的社会动员力和社会信誉度,在短期内将本地区有着相同需求的合作组织聚集起来;政府也可以为它们提供市场信息、资金支持、技术服务等生产要素,并搭建公共服务平台;政府还可以培养合作组织的互助合作精神,形成团结、独立、自助、民主的合作文化,建立合作组织主动参与的机制,保证联合起来的合作组织不偏离方向。当然,重大决策必须由各合作组织自主决定,而不能由政府取而代之,更不能采取强制的手段。②

二、政府扶持农民林业专业合作经济组织的财政政策研究

财政、贷款、税收是政府扶持农民林业专业合作经济组织的三大政策。财政扶持政策有广义和狭义之分。狭义的财政扶持政策是指财政部门根据《中

---

① 杨加猛,张智光. 基于供需协同视角的林业产业链延伸与拓展[J]. 商业研究,2010(2):36~40

② 苑鹏. 农民专业合作社联合社发展的探析——以北京市密云县奶牛合作联社为例[J]. 中国农村经济,2008(8):44~51

华人民共和国农民专业合作社法》和有关发展规划,运用财政资金支持农民专业合作经济组织的发展,帮助合作组织做优做强,促使合作组织长期健康发展。广义的财政扶持政策泛指政府各部门根据有关发展规划和农民专业合作经济组织发展的需要,直接运用财政专项资金或间接运用财政拨款培植农民专业合作经济组织并促使其健康发展。本书的财政扶持政策是指广义的财政扶持政策。

若要奠定农民林业专业合作经济组织发展的坚实基础,在合作组织发展的初期,政府的财政扶持政策是必不可少的。农民林业专业合作经济组织不是单纯以盈利为目的的市场主体,而是一个兼具经济和社会双重性质的组织。从经济性质看,专业合作经济组织必须在市场中与其他市场经济主体平等地竞争,对外必须能够营利或保持自身收支的平衡,对内又必须能够为广大成员服务或为广大成员带来利益。从社会性质看,合作组织具有福利的性质,它既要在对外竞争中保证生存与发展,又要在对内分配中保持公平。合作组织在分配中对公平的强调抑制了资本所有者投资的积极性,而对成员加入或退出自由的强调又使合作组织的资金处于不稳定的状态。合作组织的特殊性质使其在平等竞争中处于不利地位,因此农民林业专业合作经济组织特别需要政府的财政扶持。

(一)财政扶持的基本状况

1. 财政扶持的现状

(1)各级财政设立财政专项资金

截止到 2010 年,所调查的省份中,省级财政都设立了扶持农民专业合作经济组织的专项资金(见表 7-1)。设立财政专项资金,扶持农民专业合作经济组织的发展已经成为省级财政预算的一项重要内容,国家财政支持农民专业合作经济组织的基本框架已初步形成。在省级财政扶持资金的带动下,部分县市区也设立了地方财政专项资金,如浙江省宁波市设立了专项扶持资金,制定了《农村专业合作组织专项资金管理办法》和《农村专业合作组织专项扶持资金申报指南》,明确了专项资金的使用对象和范围、农村专业合作组织补助的标准和申报程序、示范项目扶持标准和申报程序等,林业专业合作经济组织和其他的农民专业合作经济组织一样,可以按条件和程序申报和享受政府扶持。

表 7-1　各省财政扶持农民专业合作经济组织发展专项资金规模初步统计

单位:万元

省份	辽宁	浙江	福建	江西	四川	云南
年均支持额度	700	3000	300	2000	1000	700
起始时间	2004	2001	2003	2009	2005	2004
对单个合作组织的支持额度	5～10	10～30	8～12	10～30	5～8	7～8

数据来源:由各省农业厅经管部门提供

(2)财政专项资金带动其他部门设立扶持资金

其他部门设立的扶持资金主要有三种类型:第一类是承担国家的有关涉农项目。《中华人民共和国农民专业合作社法》规定:"国家支持发展农业和农村经济的建设项目,可以委托和安排有条件的有关农民专业合作社实施。"为此,国家农业综合开发办公室在《2008年国家农业综合开发产业化经营项目申报指南》中明确了四类予以鼓励的项目,其中之一就是具有独立企业法人资格的农民专业合作组织申报的项目。《2009年国家农业综合开发产业化经营项目指南》更是对农业专业合作社的扶持办法进行独立、专门的规定:为切实加大对农民专业合作社的扶持力度,适当调整《申报指南》中合作社承建项目的立项条件。《申报指南》还强调,"在同等条件下,对合作社申报的产业化经营项目优先立项扶持";"在同等条件下,产业化经营项目要优先扶持已经牵头组建合作社的龙头企业;优先扶持合作社参与经营管理的龙头企业"等,以期通过对与合作社紧密相连的龙头企业的扶持,多形式、多渠道地促进农业专业合作社的发展。此外,国家扶贫资金中也有一部分用于支持农业专业合作社的发展。

第二类来自中国"科普惠农兴村计划"资金。中国科协的"科普惠农兴村计划"主要用于"全国百强农技协"创建。从2006年起,每年专门评选100个农村专业技术协会,按照"以奖代补和奖补结合"的原则,给予每个协会20万元的奖励补助支持。

第三类来自林业部门的扶持。林业部门对农民林业专业合作经济组织也给予了大力的安排和扶持,如福建省林业厅《2010年部分林业专项资金项目申报指南》中,专门对林业合作组织制定了专项的申报指南;此外,林业部门还在防护林、种苗工程等专项资金中对专业合作经济组织给予了扶持,如福建省光泽县在种苗工程中为合作组织无偿提供种苗,合作组织外的其他成员则不享受此项资助。

(3)财政扶持资金规模呈不断扩大趋势

2010年,受调查的省份对农民专业合作经济组织的专项扶持资金规模均有明显的增长。如福建省2010年的财政专项扶持资金从2008年的300万元增加到500万元。

2. 财政扶持的基本特点

(1)从扶持对象看,主要向农民专业合作社倾斜,尤其是向优秀的专业合作社倾斜

首先,财政扶持向农民专业合作社尤其是规范化的农民专业合作社倾斜。从政府出台的多项扶持政策看,股份合作经济组织和专业协会获得的扶持资金相对较少,农民专业合作社获得的财政专项扶持资金相对较多,尤其是规范化的合作社。国家农业综合开发产业化经营项目的农业专业合作组织申报条件中,明确要求扶持对象必须是专业合作社。各地财政专项扶持资金,在扶持对象上与农业部基本相同,如《浙江省农民专业合作社项目申报指南》对申报条件的第一项规定就是:"工商登记一年以上,并按省工商局《农民专业合作社注册登记的若干意见》要求重新登记,股金设置符合《浙江省农民专业合作社条例》条件。"《宁波市农村专业合作组织专项资金管理办法(试行)》中补助的对象和范围是农民专业合作社和市农业行业协会。

其次,向优秀的农民专业合作社倾斜。不论是中央、省级财政还是市县级财政,其扶持对象一般都要求产权明晰、经营能力强、经营规模大、带动辐射范围广、内部股权结构合理、按照合作社的原则运作等,有的还明确规定扶持对象必须是被评为下一级的示范性专业合作社或者是本级的骨干专业合作社等。申报国家农业开发产业化经营项目的农民专业合作社,其申报要求对合作社注册时间、注册部门以及经营业绩等都作了明确规定。浙江省《农民专业合作社项目申报指南》中对合作社的经营规模和能力也规定:"以农民为主体,以服务为宗旨,原则上要求成员在100个以上,带动农民500户以上,带动农民增收效果较好;产业优势明显,带动能力较强,在当地农业产业中所占比重较大。"台州市《农民专业合作社项目申报指南》则在浙江省上述规定的基础上,进一步明确规定其申报对象是通过市规范化验收的合作社和列入年度重点培养对象的骨干合作社,并规定合作社年销售收入原则上是在500万元以上,粮食农机类合作社年收入在200万元以上。

(2)从扶持的内容和环节来看,主要向生产营销环节的建设倾斜

中央政府的示范项目资金使用主要用于农民专业合作经济组织的生产和

市场营销能力的提升。在项目申报时,强调必须在增强生产能力、开拓市场能力中任选一项,在抗风险能力、培训教育、信息网络建设中任选一项,项目申报对生产能力和市场营销能力建设提出明确的要求,但对规范性建设并没有明确的要求。省级扶持项目的要求也是如此。如《浙江省农民专业合作社项目申报指南》的扶持内容和环节主要包括服务设施建设、科技推广建设、质量安全建设和市场营销建设。市县级农民专业合作社申报指南的扶持内容和环节同样以生产能力和市场营销能力的提升为主。当然,本书在调查中也注意到,一些专业合作社发展相对较慢的省份或市、县,其扶持的内容比较注重合作组织的规范化建设。如《福建省农业专业合作社示范项目》所规定的项目资金用途中,开展规范化建设,健全完善财务管理制度、盈余分配制度,对成员进行生产技术、管理知识培训位列首位。

(3)从扶持的载体看,主要以项目建设为载体

中央财政专项资金的扶持载体基本以示范性项目建设为主。为了提高合作组织的生产经营能力,防止资金使用过程中的流失现象,便于监督、检查、管理和验收,省份和市、县的扶持资金也以项目建设为主。除了奖励外,只有建设项目才可能申请到扶持资金。国家农业综合开发产业化经营项目申报同样扶持项目建设。各级、各地的项目建设包括开展信息技术、培训、质量标准认证、市场营销等服务,建设标准化基地,兴办仓储设施和加工企业,购置农产品运销设备等。当然,良好的经营业绩也成为部分扶持资金的扶持参照。如中国科协的"科普惠农兴村计划"按照以奖代补和奖补结合的原则,给予每个协会20万元的奖励补助,但项目建设的扶持资金远远高于对经营业绩的奖励。就同级的项目建设资金和奖励金额进行比较,项目建设资金一般是奖励金额的5～6倍,项目建设是财政扶持农民专业合作经济组织的主要载体。

(4)从扶持的目的看,主要以提升合作组织的综合能力、示范作用和服务水平为主

财政扶持农民专业合作经济组织的目的明确,重点在于提升合作组织的技术、管理、经营水平,初加工能力以及市场开拓等方面的能力。《2009年农民专业合作组织示范项目指南》中的项目目标是通过改善基础设施、组织实施农业标准化生产、开展农产品质量标准认证、加大市场营销和农业技术推广,使所扶持的专业合作社与同类合作社相比较,在产品商品率、优质率,产品竞争力以及成员收入水平等方面有明显提高。在示范项目的影响和带动下,引导更多合作组织提高服务水平,增强内生发展活力和发展后劲,使之成为引领农民参与市场竞争的现代农业经营组织,成为当地经济发展的重要载体,农民

增收的重要渠道，进一步发挥合作组织在发展现代农业、建设社会主义新农村中的积极作用。各地财政扶持农民专业合作经济组织的专项资金基本上都是锁定这一目标，如福建省农民专业合作社示范项目的目标是帮助农民专业合作社解决困难，引导和促进农民专业合作社健全各项制度，推进标准化生产、专业化服务、专业化经营，使之成为引领农民参与市场竞争的现代农业经营组织。

（二）财政扶持的初步效果

尽管财政专项资金的总扶持规模有限，但财政专项资金已经取得了良好的初步效果。一是从受扶持单位本身看，受扶持合作组织的基础设施条件、生产能力、营销能力、规范化程度以及社员的技术水平、综合素质等均有明显的提高；二是受扶持合作组织的示范效应日趋明显。具体而言，主要表现在以下几个方面：

1. 改善受扶持合作组织的生产经营条件

浙江省奉化市环球花木专业合作社成立于2004年10月，由当地的6位花农发起设立，统一渠道销售、推销滞销苗木、发布花木产销和价格信息。2010年合作社有入股社员200多户，苗圃基地近1000亩，其中标准化示范基地500亩，年销售额超亿元。合作社把60万元的财政专项扶持资金用于生产经营条件的改善，加上社员入股的股金，建造了占地1万平方米、建筑面积2500平方米的现代化花园式办公综合管理用房，建设形成现代化苗木专业卖场2万平方米，达到年产容器各档规格苗5万盆、小盆50万盆。合作社形成专业销售平台，运用现代物流、配送手段，产品销售覆盖江苏、广东、四川、云南等地。

2. 带动农民林业专业合作经济组织的建立

由于上述财政专项扶持资金是专门针对合作组织或向合作组织倾斜的，要享受此项优惠就必须组建或参与专业合作经济组织，所以，财政扶持政策的实施有效地提高了各方组建合作组织的积极性，农民参与合作组织的主动性也大为增强。浙江省东阳市自2005年开始成立第一家香榧专业合作社以来，市政府和有关职能部门给予大力扶持，有力地促进了林业专业合作社的组建。截至2010年上半年，全市通过注册的林业专业合作社已近16家，合作社经营范围涵盖了香榧、青枣、油茶、苗木四大类,逐步发展成林业产业化的组织载体和重要力量,并呈现出组织多样化、产权多元化、专业多项化、经营规模化的发展趋势,为现代林业和山区农村经济发展注入了新的活力。

福建省光泽县,由于政府免费为合作组织提供树苗、每亩抚育补助10元、免费设计、提供技术服务,其他经营主体则不能获得此项扶持,为了争取到此项扶持政策,村级"经济能人"积极引领,借助亲情、乡情、技术、资金等纽带,采取"以山入股,以股投资"、"以户入股,按户出资"、"以山入股,以资折股"等多种形式组建股份合作林场。截至2011年3月,共注册登记74家股份合作林场,注册资金6353万元,山林经营面积14.786万亩,有效解决了林改后林农单家独户的发展难题。"山在转,权不转"的经营模式,也为林区长久发展和稳定种了"平安树"。

3. 有利于推进合作组织的科学化生产

农民林业专业合作经济组织的科学化生产不仅体现在新品种的引进,还体现在新技术的开发和推广等方面。政府向农民林业专业合作经济组织所拨付的财政专项资金,相当一部分合作组织将其用于引进新品种、开发新技术或进行技术培训。

受财政专项资金扶持的专业合作经济组织,90%的合作组织开展了新技术的开发或培训工作。浙江江山林山茶叶专业合作社将财政扶持资金用于新技术的开发,该合作社成立于2004年,建有茶叶基地6800亩,年销售茶叶9万千克,销售收入1525万元。该合作社将获得的财政扶持资金和公积金用于合作组织的技术开发和培训。2010年3月,林山茶叶专业合作社又在政府的牵线搭桥下,与浙江大学农业与生物技术学茶学系签订了"江山绿牡丹茶叶深加工工艺开发"项目技术合作协议书,以引进最切合林山合作社实际的茶叶新产品开发技术、种植和加工技术,依靠技术促进合作社的发展,同时也使合作社成为科技推广、成果转化的创新平台,成为助农增收的服务平台。

同样是茶叶专业合作社,福建安溪长坑珍田茶叶专业合作社则把有限的财政资金用来支持技术培训和推广。长坑乡珍田村是福建安溪县茶叶主产村之一,全村1100多人绝大多数从事茶叶生产、加工和销售,几乎每家每户都有茶园。以往由于珍田村民大多各自为政,茶叶的生产和经营得不到有效规范,未能最大限度地发挥茶叶经济优势。2006年3月,由县茶叶协会发起,组建了珍田茶叶合作社。合作社成立后,珍田村有116户茶农、14户茶商加入合作社,占总户数的91%。该合作社积极开展各种培训和茶事活动,不定期举办"技术夜校",利用晚上的时间,为合作社成员开展各种培训。2006年4月底,合作社成功承办当年全县春季安溪铁观音初制技术大赛。目前,珍田茶叶合作社社员中,有88人获得国家职业技能资格证书,其中高级技师2人,技师8人,高级技工50人,中级12人,初级16人,并成立全国首家农民科研机构——珍田茶农茶叶研究所,创办《珍田茶农茶讯》刊物,开展各种服务茶农的活动。

部分受扶持的专业合作经济组织还将财政专项资金用于引进新品种,浙江省衢州市衢江区耀飞柑橘产销专业合作社便是一个例子。该合作社成立于2006年4月,是一个依托技术部门、由柑橘生产大户等组成的,集生产、销售于一体的专业合作社。近年来由于柑橘品种呈多样化趋势,衢州柑橘逐渐受到芦柑、赣南脐橙、广东沙糖橘的冲击,销路出现不畅。为此,合作社引进种植了新品种"象山红","象山红"易储藏,很少腐烂,从12月至来年5月长达五六个月的销售周期使其不愁"象山红"的销路。"象山红"属于特早熟蜜橘,在8月15日就可运往上海市场销售。由于上市时间早,每千克特早熟蜜橘的价格是普通蜜橘的3倍。

4. 有利于推进标准化生产

为了提升合作组织的标准化生产水平,许多合作组织将财政扶持资金用于标准化基地建设,实行统一标准、统一施肥、统一采摘、统一用药、统一收购、统一品牌。以浙江省缙云县笋峰茶叶合作社为例,该合作社将财政扶持资金用于标准化基地建设,并建立了茶叶质量监督检验测试系统,对不按标准化生产的农户予以罚款甚至取消会员资格。笋峰绿茶多年来连获农业部茶叶质量监督检验测试中心颁发"无公害放心茶"证书,并取得该中心和中国农业部科学茶叶研究所颁发的"定点服务企业"证书,经中国农业科学院茶叶研究所有机茶研究与发展中心认证,笋峰茶叶有限公司所属大洋山茶园(290亩)符合有机茶标准,颁发"有机茶原料生产"证书、"有机茶加工"证书和标志准用证。

5. 有利于推进品牌化经营

获得过国家和省级财政专项资金扶持的专业合作经济组织,70%以上的合作组织拥有自己的注册商标。从地区看,浙江省合作组织注册商标的比重高于其他省份;从经营对象看,经营水果、茶叶的合作组织注册商标的比重最高,经营竹子的合作组织次之,经营用材林的合作组织最低;从经营的环节看,以加工和销售为主的合作组织注册的商标比重较高,正处在生产阶段、产品生产周期较长的合作组织,其注册商标的比重较低。

浙江淳安千岛湖天坪石笋专业合作社就是在政府的扶持下成功实施了品牌化经营的合作社案例。该合作社位于浙江淳安天坪村,是该县最北、海拔最高的村庄,林改前是有名的贫困村,林改后大力发展笋干产业。天坪村拥有 24343 亩山林,其中竹林 5000 亩,该村独特的天坪石竹笋特别嫩,特别适合制笋干。可是由于种种原因,最初该村的笋干几乎卖不出去。也正是在这种形势下,2004 年该村村民每户出资 100 元,成立了淳安县首家农民专业合作社——淳安千岛湖天坪石笋专业合作社。天坪石笋专业合作社成立后,对笋干产业发展进行了科学规划,并有效使用财政专项扶持资金实现了品牌的华丽转身。该合作社负责人意识到,"佛靠金装,人靠衣装",品牌就是商品的最好名片。为此,他们在成立初期就确定了品牌发展战略,通过电视、报纸等各种途径进行品牌宣传,并制定出一系列标准,对于达不到合作社标准的笋干坚决不收。有了宣传和质量的支撑,天坪石笋干的品牌效益逐渐提升,笋干价格从 2003 年的 8 元每斤上升到了 2010 年的 23 元每斤,价格差不多是一块钱一根,人称"人参笋"。光笋干方面的收入,每年就有望给每户农户增收 3000 元左右。该专业合作社荣获省市县三级示范性农民专业合作社、杭州市十佳农民专业合作社、杭州市规范化农民专业合作社、浙江省林业示范性农民专业合作社等一系列荣誉称号。2008 年 10 月,该合作社申请了"天坪石笋干"国家商标,之后马上申请专利,从而真正打出了属于自己的专利品牌。

6. 有利于推进产业化经营

财政扶持政策的实施,提高了龙头企业组建农民林业专业合作经济组织的积极性。以江西省为例,2009 年江西省拨付 2000 万元财政专项资金扶持农民专业合作社。持续的扶持吸引了大批龙头企业与农民专业合作社对接,有效地提高了农民进入市场的组织化程度,使一大批农户进入农业产业化经营领域。农户来自产业化经营的收入明显增加,省级龙头企业直接或间接带动 480 万户农户,其中通过专业合作社带动在册农户达到 100 万户,户均增收 1800 元。

7. 有利于促进合作组织的规范化

由于申请财政专项资金的扶持必须接受相应的评审,受扶持之后必须接受来自各个部门的监督,一定的时间之后通常还要接受相应的考核,而从国家扶持农民专业合作社的财政专项资金到省级财政专项资金,几乎都对合作社的规范化进行相应的规定,所以,各专业合作社为了争取到财政扶持,都在努力使制度的建设趋于规范化。受到财政扶持的专业合作社,都有健全的财务管理制度,能按照《农民专业合作社财务会计制度》进行会计核算,建立了成员个人账户,完整记录成员出资、公积金量化份额和与合作社交易情况等。有规范的章程、健全的组织机构,依法建立成员大会或代表大会制度,成立理事会、监事会或推举执行监事,重大事项能够做到民主决策等。

(三)财政扶持过程中存在的问题

1. 存在"重扶优、轻扶弱"的现象

对农民林业专业合作经济组织的扶持既要发挥优秀合作经济组织的示范作用,促使其进一步做强、做好、做大,又要重视解决处于初期发展阶段的农民专业合作经济组织所面临的种种困难。但是,如前所述,从我国目前财政扶持合作组织的对象看,财政扶持的重点对象是规模较大、注册资金较多、带动能力较强、销售收入较高、营利能力较强的优秀专业合作社。而那些正准备注册或规模较小、严重缺乏资金、带动和营利能力较弱,但具有发展前景、迫切需要政府扶持的专业合作社,却难以得到扶持,一些发展的难题未能得到解决;龙头企业组建的合作组织容易得到扶持,而农民自发组建的合作组织难以得到扶持;专业协会和股份合作经济组织更是难以挤进受扶持的行列,未能获得受扶持资格。而从专业合作经济组织的发展路径看,股份合作经济组织和专业协会往往是专业合作社的雏形,不少专业合作社就是在专业协会或股份合作经济组织的基础上发展起来的。

2. 存在"重发放、轻跟踪问效"的倾向

把有限的财政资金用于扶持农民林业专业合作经济组织的发展,这不仅需要政府的高度重视,需要财政扶持的规模随合作组织数量的增加而增加,而且也需要跟踪问效机制的完善,从而促使财政扶持资金的使用效率不断提高。从目前的情况看,财政部门、农业部门、林业部门都十分关心农民专业合作经济组织的发展,并竭力为合作社组织争取到更多的资金。但是,在资金发放以后,却轻跟踪问效。跟踪问效机制的薄弱主要表现在:一是由于财政扶持资金的监管工作一直缺乏系统的制度约束和监管措施,有些地方尚未制定相应的管理办法;有的地方虽已制定,并采取相应的监管措施,但存在的漏洞不少,监

管不能完全到位。例如,有些政府部门为了防止扶持资金的流失,采取项目直补、事后报账的办法,这在一定程度上堵塞了项目资金层层截留、挪用、滞留的漏洞,也减少了合作组织把资金挪作他用的现象,资金扶持效益明显提高,但是,由于财政报账中心只能对资金开支进行账面、账证的核实和监管,而对凭证的真实性、资金的真实用途难以监管,所以,资金的监管仍然存在一定的漏洞。二是由于主管部门的经费和人力均显得捉襟见肘、力不从心。对财政扶持资金监管的主要力量本应是县、镇等基层农业、林业部门的经管处室,但是,这两级的农林主管部门在人力、物力上都呈现明显的不足:许多县、镇农林部门没有独立的经管处室,人力严重不足;基层农林部门一般实行经费包干制,办公经费普遍紧缺,对财政扶持资金的管理缺乏必要的物力支持和激励机制。因此,对于扶持资金到账后的使用状况经常监管不力或无心监管。三是由于扶持资金本身的特点导致监管难度剧增。该资金扶持的对象必须是合作组织,既不是其他经济主体,也不是个人。一些龙头企业、个人或其他经济主体为了获得政府的财政扶持,假借亲戚朋友的户口簿虚设合作组织,捏造虚假指标骗取扶持资金,这些现象的存在导致跟踪问效的难度明显加大。

3. 存在"重指标、轻产权管理"的倾向

随着财政扶持政策体系的逐步完善,各级政府的农业、林业、财政部门对资金的监管也不断加强。不少省、市的政府主管部门颁布了《财政扶持农民专业合作经济组织发展专项资金管理暂行办法》,制定项目评审、监察和验收的指标体系,对资金使用的效果进行量化考评,以克服考评标准的主观性、验收工作的随意性。但是,指标管理却未能实现科学、民主、有效管理,主要原因有三:一是由于合作社总量规模过小,不少量化指标并不能真正反映受扶持单位是否贯彻合作原则,并不能真正反映带动和示范能力;二是有些受扶持单位捏造虚假指标;三是指标管理主要是考核资金使用的实效,而对项目资金可能形成的产权问题却未能涉及。中央到省、市、县等多级财政扶持资金的有关文件都规定,合作社接受政府扶持资金应按照接收时的现值入账,作为合作组织的共有财产,必须用于合作组织的发展,不能用于内部分配。这部分政府扶持资金是否有明晰的产权界定,不仅关系到成员的利益,也关系到共有财产的归属,但在目前的资金管理中尚未引起有关部门的足够重视。马彦丽关于农民专业合作社的研究表明,50%的受扶持单位明确了政府扶持资金的产权界定,50%的受扶持单位没有提及这一问题。在明确界定的那部分合作组织中,界定的方向又明显不同,有的合作组织把它用于分配。

4. 存在"重硬件建设、轻软件建设"的倾向

在各级政府的财政扶持政策中,为了提升政绩考核的指标,同时也为了便于考核和验收,财政扶持资金的使用普遍存在"重硬件建设、轻软件建设"的倾向。从示范项目的设计、评审、实施到最后的检查验收,固定资产、灌溉措施、道路条件等硬件建设都成了硬指标,而合作组织负责人管理水平的提升、合作成员素质的提升、合作组织的文化建设等往往成了参考性指标。从被调查的合作组织看,其获得的财政扶持资金大部分被用于硬件建设,一小部分用于技术培训,而文化建设和制度建设等方面的投资少之又少。

(四)提高财政扶持资金使用效率的建议

1. 明确财政扶持的目标

政府财政扶持的目标应该是通过财政资金的强化扶持,提升合作经济组织生存和发展的能力,提升合作组织服务成员的能力,强化合作组织的示范作用,更加有效地改善弱势小农户的市场地位,从而促进林农增收、生态文明和林区和谐。

2. 明确财政扶持的原则

(1)坚持扶优、扶强与扶弱相结合的原则。财政扶持资金的使用,主要应该满足合作组织的公共需求,而不是某个组织或某个人的特殊要求,所以财政扶持应该坚持扶优、扶强与扶弱相结合的原则,既要扶持优秀的合作组织,促使其更好地发挥示范作用,又要关注正在组建或处于初期发展阶段的合作组织,为它们解决组建和生存的难题;既要关注专业合作社的发展,又要扶持专业协会、股份合作经济组织的发展。

(2)坚持分级扶持、各有侧重的原则。鉴于正在组建或处于初期发展阶段的合作组织规范性和稳定性较弱,国家和省级财政扶持资金的评估、监管、验收难度较大,所以财政扶持体系中应该坚持分级扶持、各有侧重的原则,即国家和省级财政扶持资金可侧重于优秀示范性专业合作经济组织的扶持,通过评选、奖励和补贴等一系列手段,鼓励合作组织做优做强,树立一批优秀合作经济组织的典型,充分发挥优秀合作经济组织的榜样、示范和带动作用;市级财政扶持资金可兼顾优秀合作组织和处于弱势地位合作组织的扶持;而县级

财政扶持应该侧重于对正在组建或处于初期发展阶段的专业合作经济组织的扶持。省级财政扶持资金应该按照财政均等化的原则,加强对规范性专业合作经济组织的扶持,如推行登记注册补贴、开办费补贴等。

(3)坚持硬件建设、软件建设和人才培养相结合的原则。农民林业专业合作经济组织的发展需要加强硬件建设,但软件的提升和人才的培养也是不可或缺的。政府财政扶持农民林业专业合作经济组织,既要加强办公和基本生产设施的建设,同时又要加强软件建设和人才培养。如设立专项资金,用于农民林业专业合作经济组织的人才培养,举办合作组织负责人培训班,加强对农民的技术培训,接受有关咨询;又如,通过市场可行性调研分析、市场信息和营销服务、农产品质量标准和认证服务、农产品品牌建设、合作组织的文化建设、合作组织的政策与法律咨询,加强合作组织的软件建设。

(4)坚持奖励与监督、引导相结合的原则。财政扶持农民林业专业合作经济组织的政策体系既要运用资金奖励或补贴的方式鼓励合作组织的发展,同时又要加强对资金的监督和引导。坚持公开、公平、公正地确定和发放财政资金;坚持客观、科学规范地监督资金的使用;引导合作组织高效、规范地使用财政资金,引导合作组织科学、合理、民主地确定财政扶持项目建设所形成的产权;引导合作组织按照合作、公平、公正的原则分配财政扶持所带来的各种收益;引导合作组织把财政资金流动、使用状况向全体社员公开。

(5)坚持重点突出的原则。在财政扶持惠及符合条件的每个农民林业专业合作经济组织的同时,重点突出是指中央和地方财政所安排的扶持资金应该在产业和环节上突出重点。确定重点扶持产业时,应该与国家的农业产业化经营、农业产业结构调整、经济发展方式转变等紧密结合在一起,重点支持那些依托本地优势产业、特色产业、具有良好发展前景的产业。确定重点扶持环节时,结合前面关于扶持重点的分析,应该着重抓好以下几种环节:一是关系到合作组织生产经营的正常开展,林农有能力做但缺乏资金的环节,如农业生产经营条件的改善,包括生产示范区、办公设施、灌溉设施、森林防火设施、林业有害生物防治、森林资源监测、仓储设施、加工设施以及产品质量检验设施等。二是关系到合作组织的发展壮大,林农没有能力做或做不好的环节,如种苗选购、商标注册、品牌创建、市场信息、市场分析、统一的广告宣传、举办农产品交易展览会、交易市场和批发市场的建设、合作组织的互助保险和商业保险等。三是林农对其重要性预见不足的环节,如制定和实施林产品质量标准,鼓励合作经济组织按照统一标准进行生产经营,支持合作组织进行无害产品、绿色产品、有机食品、森林可持续经营认证及生产基地、原产地标志等认证,鼓励合作组织积极申请著名商标和专利等;鼓励合作组织及成员参加森林火灾保险,为森林火灾保险提供资金补贴等。

(6)坚持多种形式相结合的原则。扶持的对象不同、内容不同、环节不同,选择的扶持方式也有所不同。所以,根据受扶持对象的实际,政府财政扶持的方式也可以区别对待,发挥多种扶持方式的优点,共同提高财政扶持的实效。在具有普遍性的公共产品领域,财政扶持应该采取直接提供服务的形式,如开展技术培训、引进新品种、建设批发市场和交易市场、举办农产品交易展览会或其他的宣传等;在具有个性特点的建设领域,财政扶持可以采取直接补贴、事后报账的方式,如合作经济组织的开办补贴、注册补贴、规模较大的农业生产基础条件和设施建设、购买农业机械设备等;在具有示范性、先进性的典型实例上,财政扶持可以采取以奖代补的形式,对于那些运行机制、合作机制规范,对合作成员和地方经济带动辐射能力强,对其他合作组织示范性强的合作组织,政府财政扶持可以采取以奖代补的方式进行扶持,以促进更多的合作组织进一步做优、做强。

三、政府扶持农民林业专业合作经济组织的贷款政策研究

随着林业的发展和林权制度改革的推进,林农投资林业的积极性普遍高涨,林农组建的专业合作经济组织日渐增多,林农和专业合作经济组织对资金的需求量也随之逐渐增加,但是资金问题越来越成为制约合作组织发展的瓶颈。在这个过程中,各级政府积极引导金融部门大力创新,积极开展林权抵押贷款,从林业自身的特点出发,探索服务林农、扶持农民林业专业合作经济组织、促进林区经济和谐发展的新路子。

(一)贷款扶持的基本状况

1. 21世纪以来贷款扶持的发展沿革

贷款扶持既包括对农民林业专业合作经济组织的直接扶持,也包括对林农的扶持。对林农个体和对合作组织的贷款支持是相互联系的,作为合作组织成员的林农,只有解决了面临的资金困难,合作组织成员才有资金缴纳会费

或入股,专业合作组织的发展才有必要的资金基础;而对专业合作经济组织贷款的直接扶持又可发挥规模效益,带动林农改善生产经营条件,促进农户发展林业生产。因此,回顾21世纪以来贷款扶持的发展沿革,既有对林农个体的扶持回顾,也有对专业合作经济组织特别扶持的回顾。对农民林业专业合作经济组织的贷款扶持大致可以分为以下几个阶段:

(1)林权抵押贷款起步阶段

林权抵押贷款,是指从事林业种植、加工和经营的企业、个人或其他经济主体,按照有关规定,以林业行政管理部门颁发的林权证载明的拥有或有权依法处置的林地使用权和林木所有权作为抵押,经林业行政管理部门确权、评估和办理登记后向金融机构申请贷款的信贷品种。

我国森林资源资产抵押贷款最早开始于福建省。2003年福建省就根据林农的资金需求率先开展了抵押贷款试点工作。最初的抵押贷款主要是针对大户的试点,而且接受试点的金融机构也只有农村信用合作社。最初的试点县是宁德的屏南县和三明的永安市,这两个县市在没有现成模式的情况下,开始探索林权抵押贷款。2004年福建省林业厅和永安市政府分别与国家开发银行福建省分行签署了金融合作协议。同年,除了上述两个县市,三明的尤溪县和南平的邵武市、浦城县也开展了以林权抵押贷款为主要内容的试点工作。2005年福建省林业厅与人民银行福州中心支行在福州联合召开了"福建省投融资改革暨金融创新会商会议",标志着福建省林权贷款试点工作正式启动。此后,各省、市人民政府、金融机构纷纷响应,在江西、浙江、辽宁、安徽等地也开展了森林资源资产抵押贷款试点工作。

(2)林权抵押贷款在全国逐步推开

经过三年的试点工作,在不断地总结林权抵押贷款经验的基础上,福建省于2005年年底率先正式出台《关于加快金融创新促进林业发展的指导意见》(闽政文[2005]594号)。接着,浙江、湖北、贵州、湖南、云南、江西、辽宁等省相继出台了有关推进森林资源资产抵押贷款的指导意见和管理办法,各地通过森林资源资产评估,为林产企业及部分种植大户提供抵押贷款,林权抵押贷款在全国逐步推开。

(3)林农小额贷款有新进展

2006年,福建三明的永安、尤溪、泰宁,南平的邵武、浦城,宁德的屏南和福州的闽清这七个县市启动了林农小额贷款试点。通过试点,政府部门找到了一条扶持林农个体借助林权证解决林业发展资金问题的有效途径。贷款试行一年后,永安市累计发放贷款1068万元,其中2万元以下贷款受惠农户

371户,占贷款总户数的90%,森林抵押2.4万亩。贷款额度为1万～2万元,期限为1年,政府贴息3%,林农只负担3.12%的利息。

2008年是推进小额贷款发展的重要一年。这一年年初,中国南方发生了严重的雨雪冰冻灾害,给福建、江西和浙江等省部分林区带来重大损失。为了帮助受灾林农尽快恢复生产,降低灾害损失,经福建省人民政府同意,福建省林业厅与省财政厅、人民银行福州中心支行、省保监局、省农村信用社联合社、省农行、省人保财险公司等单位联合下发了《关于在雨雪冰冻受灾地区加快推进林业小额贴息贷款工作的通知》,要求在雨雪冰冻受灾严重的县(市)加快推进林业小额贴息贷款工作。

2008年6月,《中共中央国务院关于全面推进集体林权制度改革的意见》颁布,《意见》指出:"金融机构要开发适合林业特点的信贷产品,拓宽林业融资渠道。加大林业信贷投放,完善林业贷款财政贴息政策,大力发展对林业的小额贷款。完善林业信贷担保方式,健全林权抵押贷款制度。"为贯彻落实《意见》精神,各省纷纷出台实施意见,林业小额贷款取得新进展。

(4)农民林业专业合作社贷款取得进展

在加强对林农个体贷款扶持的基础上,从国家到地方政府都非常关注农民专业合作经济组织的资金需求,并对农民林业专业合作经济组织的贷款提出专门的意见。如中国人民银行、财政部、银监会、保监会、林业局《关于做好集体林权制度改革与林业发展金融服务工作的指导意见》(银发[2009]170号)鼓励各类担保机构开办林业融资担保业务,大力推行以专业合作组织为主体、由林业企业和林农自愿入会或出资组建的互助性担保体系。《国家林业局关于促进农民专业合作社发展的指导意见》中要求,"支持农民林业专业合作社开展多渠道融资和森林保险业务,支持农民林业专业合作社开展成员之间的信用合作"。

在浙江,农民林业专业合作社不仅可以获得贷款,而且政府还鼓励有资质的农民专业合作社为林农提供担保业务。浙江省庆元县林业部门还专门下发了《关于对农民专业合作社开展林权抵押贷款担保进行奖励的通知》,对开展林权抵押贷款担保业务的专业合作社给予奖励,并要求各农民专业合作社要遵守国家有关法律、行政法规、社会公德和商业道德,建立健全各项规章制度和登记台账,严格按规定收取担保金,不得提高收取标准或巧立名目、变相收取其他费用。

2. 贷款扶持的现状

(1)贷款扶持已经成为中央和省(市、自治区)林业主管部门、财政部门、金融机构的一项工作内容

为加强对农民林业专业合作经济组织的扶持,我国先后出台了《森林资源资产评估管理暂行规定》,中国人民银行、财政部、银监会、保监会、林业局《关于做好集体林权制度改革与林业发展金融服务工作的指导意见》,《国家林业局关于促进农民专业合作社发展的指导意见》,《林业贷款中央财政贴息资金管理办法》等文件。为响应中央的号召,各地政府纷纷出台了有关文件。在中央和地方政府的大力推动下,林权抵押贷款政策取得了较大的进展。到2010年6月,全国已有25个省(市、自治区)面向农户开展了林权抵押贷款,抵押面积2450万亩,贷款金额221.4亿元,余额73亿元,与2009年同期相比,增长了2.5倍,贷款农户100万户,同比增长了1.45倍。[①]

(2)中央和省级贷款扶持带动市、县(县级市、区)加大贷款扶持力度

中央和省级的贷款扶持带动了市、县(县级市、区)加大贷款扶持力度。例如浙江省丽水市于2007年出台的《推进森林资源资产抵押贷款业务的意见》中明确指出:"加大对股份合作林场、家庭林场等农村合作经济组织的信贷支持力度,鼓励林农走集约化道路。"[②]又如云南省富宁县出台的《富宁县农村信用社农户林权抵押小额贷款实施细则(试行)》、《富宁县林权抵押贷款实施方案》以及辽宁省本溪市出台的《全面推进林权抵押贷款工作实施意见》。

(3)贷款贴息已经成为各级财政预算的一项内容

如江西省从2007年开始,省财政每年安排林权抵押贷款贴息资金1000万元,用于林业贷款贴息。又如浙江省丽水市出台的《关于加快金融业改革发展的若干意见》,进一步明确了银行对林权抵押贷款实行优惠利率,贷款利率的上浮幅度原则上不超过50%,对低收入农户小额贷款和2万元以下的林权抵押贷款执行基准利率,市区给予基准利率50%的财政贴息贷款;财政安排专项资金对林权抵押贷款进行贴息,对发放林权抵押贷款的银行给予风险补偿。浙江省衢州市则出台"2+1"的财政补助政策,即对2万元以下的小额林权抵押贷款由当地财政按季直接给予全额贴息,对林权抵押贷款的利率上浮

---

① 陈荞.全国25个省区市向农户开展林权抵押贷款[EB/OL]. http://www.chinanews.com.cn/cj/cj-gncj/news/2010/06-22/2355345.shtml

② 浙江省丽水市.推进森林资源资产抵押贷款业务的意见

控制在 30％以内的金融机构,由当地财政按贷款余额的 1‰给予补贴。云南省富宁县也出台了《富宁县农村信用社农户林权抵押小额贷款实施细则(试行)》。福建省永安市政府从本级财政年度预算中安排部分资金设立林业产业发展风险准备金,为开发银行贷款提供偿债的资金保证,由市人大审议列入年度财政预算。

(4)森林保险工作逐步推开

为了降低金融机构的贷款风险,提高金融机构发放林权抵押贷款的积极性,许多地方政府加大对森林保险的扶持力度,逐步开展森林保险工作。到 2010 年 6 月,全国共有 15 个省与当地保险部门共同开展了森林保险工作。[①] 如江西省宜春市开展森林火灾保险试点工作,把铜鼓、靖安、袁州、宜丰、奉新五县(区)纳入了全省森林火灾保险工作试点县,商品林保费按照省财政、县财政、投保人各 20％、10％、70％的比例负担,公益林保费按照省财政、县财政、投保人各 30％、10％、60％的比例负担。其中铜鼓县对公益林实行全保制,省财政补贴不足部分由县财政全部补贴到位。[②] 四川省则建立政策性森林保险,由省级财政筹集相当于保费 70％的政策性森林保险补贴费,通过省级评定或招标的方式确定保险公司,集中接受财政保费资金,承担政策性森林保险业务。浙江则把林木综合保险纳入全省政策性农业保险,省、市两级财政共补贴保费 45％。

3. 贷款扶持的基本特点

(1)抵押的范围以商品林为主。目前金融机构只对商品林开展抵押贷款,对公益林则基本不给予放贷。商品林抵押的对象包括用材林、经济林、薪炭林等商品林,但森林景观资产、生态公益林、特种用途林、自然保护区的林地、林木资产等很难被列入抵押范围,这限制了一部分林农的发展机会。

(2)贷款的方式日益多样,但仍以林权直接抵押贷款为主。贷款的方式日益多样,主要有:①林农小额循环贷款,即在信用村、信用户的基础上,以林权作为最高额贷款担保,采取"集中评定、一次登记、随用随贷、余额控制、周转使用"的管理办法,简化了贷款手续。②林权直接抵押贷款,即把权属清晰、管理

---

① 陈荞.全国 25 个省区市向农户开展林权抵押贷款[EB/OL]. http://www.chinanews.com.cn/cj/cj-gncj/news/2010/06-22/2355345.shtml

② 杨碧玉.森林变身资本 林权抵押贷款盘活江西森林资源[N].江西日报,2009-08-25

规范、市场价值高、易流转变现的林权直接抵押给银行。③森林资源收储中心担保贷款,即通过收储中心为借款人提供担保,借款人以林权向收储中心提供反担保。④担保公司担保贷款,该方式类似于森林资源收储中心担保贷款,林农以林权向专业担保公司提供抵押,由担保公司向金融机构提供贷款保证。⑤农民专业合作社担保贷款,该形式为浙江省庆元县首创,它们的做法是:在农民专业合作社具有担保资格的前提下,由合作社同信用联社签订相关协议并提供一定的保证金,借款人将林权抵押给农民专业合作社,合作社对借款人的贷款提供担保。农民专业合作社担保贷款的单户额度最高不超过5万元,担保总额最高不得超过保证金的5倍。⑥农户联保贷款,即鼓励林业经营大户自愿成立贷款联保协会或小组,协会或小组成员互相进行监督,并承担连带保证责任,开展林农联保贷款。

尽管各地都在不断探索新的贷款模式,但是林权直接抵押贷款仍然是主要的形式,在有些地方占到贷款总额的85%以上。

(3)贷款的供给总量和授信额度较小,期限较短,利率较高。①从贷款的供给总量看,贷款的供给总量较小,满足不了林农对资金的需求。根据江西省宜丰县的初步估算,林农信贷资金的需求量达4.2亿元以上,但是信贷满足率不足5%。[①] ②从每个农户可贷款的额度看,小额信用和林权抵押的贷款额度都较小。最初各地每户林农的小额贷款授信额度只有0.3万~0.5万,在各地政府的努力下,农户小额贷款授信额度一般都有所提高,但仍然满足不了林农的需要;林权抵押贷款是根据林木经济价值的若干百分比发放贷款的,而林木在抚育期内对资金的需求高、经济价值低,所以农户和专业合作社的林权抵押贷款额度仍然与漫长的林业生产周期所产生的资金需求存在矛盾。③从贷款的利率看,尽管各地的文件所规定的林权抵押贷款利率上浮的幅度都在基准利率的50%以内,但是到了县乡一级的农村信用合作社,实际执行利率上浮幅度一般都超过基准利率的60%,再加上资产评估和担保等费用,实际贷款利息和费用总和在10%以上。④从贷款的期限看,林业的生产周期长,一般是5~10年,但是林权小额贷款的期限一般只有1年,最长不超过3年,林权证抵押贷款的期限最长也不超过5年,只有个别地方可以不超过8年,这就导致林农资金周转与林业经营周期不相匹配,不利于林业经济的发展。

(4)实施贷款扶持的金融机构以农村信用合作社为主。从各地贷款扶持

[①] 中国人民银行宜丰县支行课题组.江西宜丰县林权抵押贷款情况调查[N].金融时报,2009-05-19

的实践看,虽然提供贷款的金融机构不断增加,农业发展银行、建设银行、农业银行和农村信用社等金融机构都开展过林权抵押贷款,但是大部分开展过此项业务的金融机构不愿意扩大贷款规模、不愿意加大贷款额度,农村信用合作社仍然是实施贷款扶持的主力军。

(5)受扶持的对象范围狭窄。受扶持的对象以林农为主,部分地区的专业合作社可以贷到款项,而股份合作林场和家庭合作林场取得贷款的难度极大。虽然中国人民银行、财政部、银监会、保监会、林业局《关于做好集体林权制度改革与林业发展金融服务工作的指导意见》《国家林业局关于促进农民专业合作社发展的指导意见》、福建省《关于加快金融创新促进农林业发展的指导意见》等文件都强调要加大对专业合作社、股份合作制林场和家庭林场的扶持力度,但是在实际操作中,很多地方的专业合作社贷款扶持难以落实,股份合作制林场和家庭合作林场取得贷款更是难上加难。

(二)贷款扶持的初步效果

对农民林业专业合作经济组织的贷款扶持,不仅有效维护了生态安全,盘活了森林资源资产,有力促进了山区农民增收,激活林业经济快速发展,而且在抵押贷款、林木保险、合作经营等一系列方面都取得了新突破。

1.增加林农收入

四川省双流县黄龙溪响水村的巨桉种植专业合作社以林权为抵押,获得多达50万元的大额抵押贷款,合作社用这笔贷款分期分批地栽种巨桉经济林,给农民带来了实实在在的收益。根据合作社理事长贾成江的测算,在运用林权抵押贷款以前,一亩地一年的收入是10~20元,运用抵押贷款栽种巨桉经济林5年之后,每亩每年的经济纯收入将达到1500元左右。农民还可以在林下饲养凤凰鸡、种植食用菌等,实现更多渠道的增收。

2.改善生态环境

由于贷款条件的改善,林农和专业合作经济组织的造林积极性明显提高。在江西省德兴市,林业经营面积已超过1000亩,投资规模超过100万元的林业个体户就有 80 多户。① 据统计,"十一五"期间,全国落实林业贴息贷款 510 多亿元,各地利用林业贴息贷款及其配套资金营造速生丰产林 185 万公顷,抚育 213 万公顷,新造、改造经济林 67 万公顷,种植其他经济植物 31 万公顷,多种造林项目不仅创造了就业机会,发展了林区经济,而且也提高了森林覆盖率,改善了生态环境。

3. 提升林业产业化水平

许多大型企业采取"公司＋基地＋农户"的合作模式,利用林权抵押贷款与农户合作造林,既建立了稳定的生产原料基地,又延伸了产业链,提升了当地的林业产业化水平。如江西宜春的罗宾公司、宜春的青龙高科技股份有限公司、奉新的飞宇公司、赣州的华劲纸业、吉安的绿洲公司、抚州的大亚木业等林产加工企业就是先后利用林业贷款与林农合作造林,建立了自己的工业原料林基地,提升了林业产业化水平。

4. 优化林业产业结构

林权抵押贷款缓解了林农和专业合作经济组织贷款难的问题,也有力地促进了林业产业结构的改善。林农和林业专业合作经济组织不再种植单一的用材林,而是运用贷款购买了茶树苗、油茶苗等,发展收益较好的经济林。如福建省漳平云中山林业专业合作社还栽植降香黄檀、楠木、花榈木、香樟、乳源木莲、石楠、红豆杉等乡土珍贵树木,建设小果园、小竹园、小花园,发展森林之家、农家乐等生态旅游。林业贴息贷款也极大地推动了云南省木本油料等林业的发展,增强了林业产业发展的生机和活力。

5. 维护林区经济社会的稳定

由于林区生产存在较大的资金缺口,在正常的贷款需求得不到满足的情况下,民间高利贷应运而生,不利于林区经济社会的稳定。林权抵押贷款的开展,在一定程度上解决了林区资金需求的难题,有利于林区的稳定与和谐。

---

① 杨碧玉.森林变身资本　林权抵押贷款盘活江西森林资源[N].江西日报,2009-08-25.

(三)贷款扶持过程中存在的问题

1. 贷款资金的使用不规范

由于林权贷款资金使用的监管难度大,资金使用不规范的现象难以避免,个别林农将贷款资金用于林业生产、加工和销售以外的生产或消费活动。

2. 贷款风险难以控制

与其他贷款相比,林权抵押贷款风险的控制难度大。一方面,林业的特点导致风险控制难。林业自身的生产周期长,所面临的火灾、冻灾、病虫害、盗伐等风险多,风险防范难度大。另一方面,专业合作经济组织的不稳定性导致风险控制难。一些专业合作社虽经工商部门注册登记,但注册资金弄虚作假,部分会员名不符实,营利分配机制不符合合作原则,社员满意度低,合作组织营利能力和抗风险能力弱,合作经济组织的发展不稳定。这些问题的存在威胁了林权抵押贷款的信贷安全。

3. 贷款贴息政策落实难

尽管中央和地方的相关文件都对林权抵押贷款的贴息作了明确的规定,但是,有些地方的贷款贴息申报程序过于复杂、核实管理难度大,从而导致贷款贴息的落实十分困难,实际获得的贴息额度低,承办部门的工作积极性不足。

4. 部门协作机制缺失

林权抵押贷款涉及的部门多,需要林业主管部门、金融机构、财政部门、保险机构、森林公安、担保机构等多个部门的密切配合。但是,由于各部门的协调机制不够健全,在一定程度上削弱了金融机构的放贷积极性。

5. 缺乏完善的金融网点

除了农村信用合作社外,其他金融机构在乡镇很少有营业网点,而林区大多交通不便,金融机构的网点分布不能满足山区林农和专业合作经济组织的需要,贷款申请的难度大。

6. 缺乏完善的森林资源资产评估机构网络

从严格意义上说,资产评估应由社会上有资质的中介机构完成,但是,由于许多县(县级市)仍然缺乏有资质的森林资源资产评估机构,集体林森林资源资产评估只能由丙级资质以上的调查规划设计单位承担。虽然有些县市已成立相应的机构,但一般只有丁级资质。有资质的评估机构一般都在省、市政府所在地,而被评估的森林资源一般处于偏远山区,林权经营的规模不大,往往支付不起差旅费用,给森林资源资产评估与抵押贷款工作带来极大不便。

(四)进一步做好贷款扶持的政策建议

1. 加大对林区农民自发组建的专业合作经济组织的扶持力度

适当扩大贷款范围,在保证林农、林业专业合作社合理贷款的前提下,适当允许信用条件好、可预见贷款风险小、运作比较规范的自发组建的股份合作制林场、家庭合作林场享受和专业合作社相似的贷款条件和优惠;条件成熟时引导股份合作制林场和家庭合作林场向专业合作社转变。由于股份合作制林场和家庭合作林场不具备法人地位,给贷款带来很大的麻烦,因此,对于条件成熟的股份合作制林场和家庭合作林场,政府要引导、扶持它们向专业合作社转变。

2. 适当延长贷款期限,提高贴息工作的实效

为减轻林权抵押贷款的利息负担和还贷压力,一方面要根据林业生产的特点适当延长贷款期限,另一方面要提高贴息工作的实效。

从林权抵押贷款的期限看,由于林业的生产周期长、地处偏僻山区;林木又分为公益林和商品林,用途多样,收益存在很大差异,因此要适当延长一部分贷款的期限,以减轻林农的还款压力,提高资金使用效益。

从林权抵押贷款的贴息看,要提高贷款贴息工作的实效,实行贴息资金专户管理,确保贷款贴息及时拨付到位,逐步扩大贴息规模;逐步扩大林业小额贷款、贴息贷款的覆盖面,让财政贴息惠及更多的林农和农民林业专业合作经济组织;进一步规范林业贴息贷款项目的申报、审核以及中央财政贴息资金的申请、使用、拨付程序;加强对财政贴息贷款项目的资金检查,重点检查信贷资金及自有资金的落实情况,检查是否按项目内容组织建设,检查财政贴息资金

是否落实到贷款单位,严厉查处单位和个人以任何手段骗取国家林业贷款财政贴息资金,确保贴息的使用效益。

3.探索多样化的贷款模式

(1)探索多样化的利益紧密型贷款模式。允许农村各类林业专业合作经济组织、林业中小企业和经营大户建立林业信用共同体(林农信用联保小组)、农民专业合作社担保等融资信用平台,为林农的抵押贷款提供担保,形成"基地＋林农＋银行"、"林企＋合作社＋银行"、"林农＋共同体＋银行"等多样化的利益紧密型贷款模式,拓宽林业投融资渠道,推动林权抵押贷款的健康发展。特别要探索农民林业专业合作社的林权抵押贷款担保业务。专业合作社具有组织信誉,能够较好地连接林农和金融机构,从而在一定程度上消除金融机构的贷款风险。对于农民专业合作社开展的担保业务,每担保一笔业务就要给予一定的奖励,与此同时,还要按照担保发放的林权抵押贷款的总额度给予一定的奖励;或者考虑为提供担保业务的专业合作社发放风险补偿金。

(2)探索开展林木抵押贷款。即直接以林木为抵押向农村信用社办理贷款,该贷款方式减少了中间环节,可减少林农的费用支出。值得指出的是,林木贷款的管理难度和风险成本加大,所以采用该贷款模式时要有相关的资产评估、林产流转市场、林业贷款保险等服务体系。

(3)探索授信管理模式。授信管理即对具有良好资信的借款户,按照资信度为其确定不同的最高贷款额度,在最高额度内的贷款可采用"一次核定、余额控制、随用随贷、周转使用"的方法,简化信贷过程。

4.探索差别流程和差别利率

实行差别流程和差别利率主要是为了简化贷款手续,缩短贷款流程,提高服务效率。差别流程就是对不同额度的贷款按照不同的流程进行管理,对10万元以下的林权抵押贷款,可由银行自行估值,在经双方一致认可没有异议的情况下,由银行自行放贷,统一到林业部门备案;对10万元以上的,由县评估中心进行评估,适当收费;对于重点林区,可以采取集中办货、送贷上门,有条件的地方可与林业主管部门配合实行一站式服务。差别利率就是根据贷款主体、额度、用途、森林资产状况、信用等级等情况的不同,对不同的贷款实行不同利率,对林农和专业合作社要适用比企业更低的利率,财政贴息应该做到应贴尽贴;对信用和发展前景良好的林农、专业合作经济组织给予贷款优先、额度放宽、利率优惠等奖励;对于小额贷款和2万元以下的林权抵押贷款给予适当的利率优惠。

5.进一步拓展森林保险和农村社会保障

森林保险和农村社会保障不仅能够增强林农抵御风险的能力,能够促进林业的稳定发展,确保农民在财产抵押之后能够维持基本的生活,而且可以减少林业信贷风险,促进林权抵押贷款工作的顺利开展。

但是,由于林业面临的火灾、冻灾、病虫害和盗伐风险大,保险部门并不愿意接受林农投保。如果实行政策性费率,保险公司严重亏损;如果实行商业性费率,保费将十分昂贵。正因为如此,许多地方的森林保险经历了几度的开启和暂停。农村社会保障也仍然不健全。所以,要加强农民的社会保障工作,特别要努力探索适合中国特点的农村养老保障之路;各地人民银行、林业主管部门要配合试点保险公司按照低保费、低保额、保成本的原则,开展森林保险试点工作;要逐步拓展森林保险的覆盖面,在办好火灾、冻灾保险的同时,努力探索盗伐、病虫害等保险业务;要指导林业生产经营者做好防灾防损工作,有效降低保险标的损失频率和幅度,分散信贷风险压力;要设立森林保险风险准备金,建立森林保险风险补偿机制,在森林保险试点业务出现亏损时,对试点保险公司给予适当补贴;拓宽保险基金的来源渠道,多方面、多渠道筹集资金,政府可从林改试点森林资源流转收益中拿出部分资金建立保险风险准备金,破解森林保险难题。

6.加强风险控制,防范信贷风险

林业部门要设立相应的监管和服务机构,如设立林权管理中心,主要负责林权确认、变更、登记等事项,为林权抵押贷款提供抵押物登记、签发他项权证等服务;成立森林资源资产收储中心,主要负责林权收储、贷款担保、林权交易、森林资源资产调查评价等。

在促进贷款外部环境改善的同时,还要强化内部风险控制,防范信贷风险,从而保证信贷扶持政策的有效性和可持续性。要规范专业合作经济组织的发展,引导专业合作社按照《农民专业合作社法》、《合作社财务管理制度》等明确经营目标、明晰产权、规范运作、提升管理水平和营利能力。对于专业合作社的贷款申请,要严格考核专业合作社的运作状况,合作社必须有80%以上的投票权掌握在普通社员手中,且社员与合作社的产品交易至少占合作社交易总量的50%,谨防向空壳合作社发放贷款;要结合地方产业发展的方向,扶持符合本地产业发展方向、具有良好前景的合作组织及林农,推进本地林业的健康发展,减少贷款风险;要合理确定抵押物,抵押物必须是贷款人已经取得"林权证"的用材林、经济林及林地使用权;要合理确定抵押率,允许不同的林木资产林龄、林种、林地有不同的抵押率,但原则上都要控制在70%以内;合理确定登记备案机构,抵押物必须由县级以上地方人民政府林业主管部门登记备案。

要做好贷后检查和监管工作。对已抵押林权进行合理的监督、检查;对已发放贷款的用途进行合理的监管,必须保证发放的贷款用于林业生产、加工和经营;对违约的林业专业合作经济组织和个人,林业主管部门和金融机构应当及时联手通报,金融机构要对其实施停贷,林业部门要对其停发采伐证,并不予办理变更手续;对可能形成不良贷款的,金融机构有权要求以采伐方式处置抵押物,采伐相应价值的林木归还贷款,必要的要追究其法律责任;加强森林公安、森林防火、森林病虫害防治、林政管理等部门的工作,在抵押期间所抵押的林木未经抵押权人的同意不予发放采伐许可证,强化对抵押林木的保护管理。

7. 建立多部门的协调合作机制

林业主管部门要与财政部门、金融机构形成定期或不定期磋商制度,密切配合,通力协作,及时协调解决林业小额贷款中遇到的困难和问题;政府要加大对农村信用合作社放贷的支持力度,充分发挥农村信用合作社在小额贷款中的主渠道作用;林业主管部门还可以在农村信用合作社开设财政资金专户,将森林生态效益补偿金、植被恢复费等资金存入专户,以丰富农村信用合作社的存款资金来源;人民银行要给予优惠的支农再贷款支持,应优先、低息安排支农再贷款资金,以增加农信社的资金规模。

四、政府扶持农民林业专业合作经济组织的税收政策研究

税收是矫正农业税负外部性的重要经济杠杆之一。在农民林业专业合作经济组织发展的初期,政府的税收扶持可以增加合作组织的可支配利润,增强合作组织的制度创新动力,促进合作组织的发展。农民林业专业合作经济组织正处于发展的初期,实力较为薄弱,所以特别需要加强政府的税收扶持。

（一）税收扶持的基本情况

1. 21世纪以来税收扶持的发展沿革

根据扶持对象的不同，农民林业专业合作经济组织的税收优惠政策可以分为三种：第一种政策笼统地适用于农村合作经济组织；第二种政策只针对农民专业合作社；第三种政策只针对农民林业专业合作社。

回顾21世纪以来的税收扶持政策，不得不提到1994年财政部、国家税务总局《关于企业所得税若干优惠政策的通知》，该通知对农民合作经济组织的所得税政策作了重要的规定：为农业生产的产前、产中、产后服务的行业，即农民专业技术协会、专业合作社，对其提供的技术服务或劳务所取得的收入暂免征收所得税。① 同年，税改后营业税减免项目规定：由国家社团主管部门批准成立的非营利性社会团体成员按规定标准收取的会费等可免征营业税。②

进入21世纪后，政府更加重视对农民专业合作经济组织的鼓励和税收扶持。2002年修订通过的《中华人民共和国农业法》第11条提出："国家鼓励农民在家庭承包经营的基础上自愿组成各类专业合作经济组织。"2004年中央一号文件《中共中央、国务院关于促进农民增加收入若干政策的意见》第12条进一步要求："培育农产品营销主体。鼓励发展各类农产品专业合作组织、购销大户和农民经纪人。积极推进有关农民专业合作组织的立法工作。"紧接着，2005年中央一号文件《中共中央、国务院关于进一步加强农村工作 提高农业综合生产能力若干政策的意见》第20条强调指出："发展农业产业化经营。积极探索龙头企业和专业合作组织为农户承贷承还、提供贷款担保等有效办法。支持农民专业合作组织发展，对专业合作组织及其所办加工、流通实体适当减免有关税费。"

2006年中央一号文件《中共中央、国务院关于推进社会主义新农村建设的若干意见》在前两个文件的基础上进一步提出："积极引导和支持农民发展各类专业合作经济组织，加快立法进程，加大扶持力度，建立有利于农民合作经济组织发展的信贷、财税和登记等制度。"

---

① 财政部，国家税务总局.关于企业所得税若干优惠政策的通知(财税字[1994]001号)

② 中华人民共和国营业税暂行条例，1994

2006年10月全国人大通过了《中华人民共和国农民专业合作社法》,规定自2007年7月开始施行。它是关于农民专业合作经济组织的第一个国家立法,虽然其规范的只是农民专业合作社,但它从法律的角度明确规定:"国家通过财政支持、税收优惠和金融、科技、人才的扶持以及产业政策引导等措施,促进农民专业合作社的发展。"第52条指出:"农民专业合作社享受国家规定的对农业生产、加工、流通、服务和其他涉农经济活动相应的税收优惠。支持农民专业合作社发展的其他税收优惠政策,由国务院规定。"[①]

2008年,财政部和国家税务总局针对农民专业合作社的税收问题共同发出通知,《财政部、国家税务局关于农民专业合作社有关税收政策的通知》指出:对农民专业合作社销售本社成员生产的农业产品,视同农业生产者销售自产农业产品免征增值税(《中华人民共和国增值税暂行条例》,国务院令[1993]第134号,规定农业生产者销售的自产农业产品免征增值税);增值税一般纳税人从农民专业合作社购进的免税农业产品,可按13%的扣除率计算抵扣增值税进项税额;对农民专业合作社向本社成员销售的农膜、种子、种苗、化肥、农药、农机,免征增值税;对农民专业合作社与本社成员签订的农业产品和农业生产资料购销合同,免征印花税。

2009年《国家林业局关于促进农民林业专业合作社发展的指导意见》重申:农民林业专业合作社应当享受《财政部、国家税务局关于农民专业合作社有关税收政策的通知》(财税[2008]81号)中的有关税收优惠政策。

2. 税收扶持的现状

(1)从政策的层面对国家的税收扶持进行规范

为规范和加强对农民林业专业合作经济组织的税收优惠,国家先后在多个文件中对税收优惠作出明确指示,如《农民专业合作社示范章程》、2004—2006年连续三个中央一号文件以及《财政部、国家税务局关于农民专业合作社有关税收政策的通知》,使专业合作经济组织的税收优惠得以明确。由于中央政府的重视和多个全国性文件的统一规范,对包括林业在内的农民专业合作经济组织尤其是专业合作社的税收政策已在全国范围内实施,有力促进了农民专业合作经济组织的组建和持续发展。

(2)从法律的层面对国家税收扶持进行规范

为了给农民林业专业合作经济组织的税收政策提供法律保障,我国进一

[①] 中华人民共和国农民专业合作社法,2007

步从法律的层面对包括林业在内的农民专业合作社的税收扶持进行规范，如《中华人民共和国农业法》《中华人民共和国农民专业合作社法》等法律对农民林业专业合作经济组织的组建进行鼓励，并对税收优惠作出明确的规定。

(3)部分省份制定了地方性的税收扶持政策

为了促进农民林业专业合作经济组织的发展，许多省份制定了地方性的税收扶持政策。如浙江省地方税务局《关于支持社会主义新农村建设有关税收政策的通知》（浙地税函[2006]358号）指出，从事农业机耕、排灌、病虫害防治、植保、农牧保险以及相关技术培训业务，家禽、牲畜、水生动物的配种和疾病防治所取得的收入，免征营业税、城建税、教育费附加和地方教育附加。支持农民个人发展农家乐休闲旅游、森林旅游和民俗风情旅游，按期纳税的营业税起征点提高到5000元。

3. 税收扶持的基本特点

(1)税收优惠主要以增值税、所得税和营业税为主

国家对农民林业专业合作经济组织的税收优惠政策主要涉及增值税、所得税、营业税、城镇土地使用税，部分地方的优惠政策还涉及城建税、教育费附加和地方教育附加等，但主要的优惠仍集中在增值税、所得税和营业税等方面。

(2)税收扶持政策存在一定的复杂性

对于一个纳税主体而言，有些税收扶持政策过于复杂。例如，在不同的情况下，增值税减免情况不同，所得税的待遇也有所不同，这就造成同一项收入有征增值税不征所得税的，有征所得税不征增值税的，经营方式、经营范围的多样性与政策的复杂性叠加在一起，理解上容易产生歧义，操作难度大。

(3)税收优惠多以一般的农民林业专业合作经济组织为对象

现有的税收扶持政策多以广义的农业为研究对象，在优惠中对流转税的考虑相对较多，对生产环节的考虑相对较少；对销售环节的考虑相对较多，对购进环节的考虑相对较少。而林业生产的周期长，从营林到采伐、采摘、销售需要较长的时间，在生产环节中合作组织需要大量地采购生产资料、技术和劳务，而目前对这些业务的税收优惠并不多，不利于那些处于生产环节的合作组织的发展。森林的公益性强，而目前的税收扶持对天然林开发利用、林地逆转与人工林、退耕还林、荒山造林的税收扶持差别不大，难以体现森林的公益性特征。

(二)税收扶持的初步效果

1. 税收扶持减轻了农民林业专业合作经济组织的税收负担,直接增加了合作经济组织的可支配利润

由于增值税、所得税、营业税等相关税种的优惠,减轻了合作组织的税收负担,增加了合作组织的可支配利润。以浙江省缙云县仁岸杨梅专业合作社的增值税为例,在有关税收政策实施之前,为了减轻税收负担,合作社往往以农民的名义进行交易,在一定程度上抑制了合作组织的业务拓展。税收优惠政策实施之后,合作社以正常的渠道开展业务。仅增值税一项,假设每年每亩产量300千克,以每千克价格8元计算,每亩每年的销售额达0.24万元,若增值额为50%,增值税为13%,每亩每年可以减轻税收负担156元,增加了合作组织的可支配利润。

2. 税收扶持增强了农民林业专业合作经济组织的市场竞争力,进一步提升了合作组织的营利能力

如前所述,增值税一般纳税人从农民专业合作社购进的免税农业产品,可按13%的扣除率计算抵扣增值税进项税额,这有力地增强了合作组织的市场谈判能力,为林产品进入大型超市提供便利条件,并可以据此适当提高林产品价格。以浙江省缙云县笋峰茶叶专业合作社为例,假定每亩所产茶叶鲜叶的市场价为5510元,因进项税额可抵扣,合作社适当提高价格8%,那么每亩茶叶鲜叶的销售额将提高近450元。笋峰茶叶合作社拥有4000亩茶叶市场基地,即可增加收入180万。

3. 税收扶持改善了农民林业专业合作经济组织的生产条件,增强了合作经济组织的发展实力

由于税收优惠所增加的税后利润,农民专业合作经济组织将它们用于完善基础设施、改进生产技术、加强技术培训、对外开拓销路等,有力地增强了专业合作经济组织的发展实力。如江西省南丰县市山柑橘专业合作社,长期以来由于在保鲜技术上不能突破,蜜橘在销往外省市场、国际市场的过程中,腐烂率十分严重,合作社一度陷入严重的亏损。由于政府在财政税收等方面的扶持,合作社有了必要的资金,聘请了北京市、中山大学、江西农大等一批专家学者担任技术顾问,并与北京福润美农科技有限公司合作,研究南丰蜜橘保鲜、青果催熟、南丰蜜橘电子分选分拣,与中山先禾科技有限公司合作,把世界上最先进的农业保鲜和打蜡技术运用到南丰蜜橘上,开发研究出最适合南丰蜜橘的保鲜打蜡技术。新技术的开发和运用,大幅度地提高了蜜橘的保鲜水平,专业合作社的营利水平随之明显提高。

(三)税收扶持过程中存在的问题

1. 专业技术协会和股份合作经济组织的税收优惠缺乏法律依据

到目前为止,关于农民专业合作经济组织税收优惠的法律建设尚不完善。《中华人民共和国农民专业合作社法》仅对农民专业合作社的税收扶持作了明确的规定,专业技术协会和股份合作经济组织的税收扶持则缺乏法律的依据。若林业股份合作经济组织在工商部门登记,则只能视为企业法人,难以享受税收优惠政策,因此,约60%的股份合作经济组织尚未进行登记注册,而是以家庭合作林场或隐性合作林场的形式存在。这些尚未登记的合作组织虽然可以成功避税,但是生产经营活动却得不到法律保护,从而不利于合作组织的稳定运行。

2. 税收优惠政策实施中存在程序困难

税收优惠政策实施中的程序困难主要来自两个方面:一是使用发票困难。不少农民林业专业合作经济组织反映,由于它们在成立之初是纯服务机构,国税机关无法对其发售销售发票,即使已经办理了税务登记,可以申领到服务业发票,但是由于税务机关通常是对专业合作经济组织采取核定销售发票的办法进行管理,合作组织难以根据淡旺季业务的变化调整发票需求,从而导致生产经营活动中用票难的问题。二是申报手续繁琐。有些规模较大的专业合作经济组织,在销售环节可以免征增值税,但申报手续十分繁琐,给申报带来了一定的困难。

3. 税收优惠政策实施中存在界定困难

税收优惠政策界定的难度大,主要表现在两个方面:一方面是纳税主体界定的难度大。由于法律地位不明确,合作经济组织与企业,营利性组织与非营利性组织之间,专业合作社与股份专业合作经济组织、专业协会之间的界限不清晰,税收优惠政策的可操作性和实效性受到抑制。以企业所得税为例,我国新的企业所得税按居民和非居民划分企业所得税的纳税人,同时还规定,符合条件的非营利性组织所取得的收入免征企业所得税。但对如何界定非营利性组织却没有解释,这给农民专业合作经济组织如何适用企业所得税带来很大的困难。另一方面,课税对象的界定难度大。例如,在增值税的征收中,专业合作社和股份合作经济组织都可以和农产品加工、销售企业一样,享受进项税额13%的扣减。但是,在合作组织相关财务会计制度十分薄弱的情况下,时有挂账、包税等不规范现象,①如何确定其进项税额是一个亟待解决的问题。

4. 税收优惠政策遇到新挑战

如前所述,我国目前对农民专业合作经济组织的税收优惠政策大部分只针对专业合作社设立。《中华人民共和国农民专业合作社法》十分强调平等性、民主管理和按交易额分配盈余。如第17条规定,农民专业合作社成员大会选举和表决,实行一人一票制,成员各享有一票的基本表决权。出资额或者与本社交易量(额)较大的成员按照章程规定,可以享有附加表决权,但附加表决权总票数不得超过本社成员基本表决权总票数的20%;又如,第37条对盈余分配的规定是:在弥补亏损、提取公积金后的当年盈余,为农民专业合作社的可分配盈余。可分配盈余按成员与本社的交易量(额)比例返还,返还总额不得低于可分配盈余的60%。但是,从农民林业专业合作社发展的实践看,为了增强合作社的活力,调动社员的积极性,合作社内部按股表决、按股分配的趋势逐渐明显。如何跟踪专业合作社内部表决机制和盈余分配制度的变化,对未来税收政策的发展和调整提出了新的课题。

5. 税收优惠政策实施存在监管难题

农民林业专业合作经济组织自身的不规范性主要表现在三个方面:一是部分专业合作经济组织设立行为的不规范。因为农民专业合作经济组织可以享受到多项税收优惠,不少非合作组织也以各种各样的方式登记为专业合作经济组织。在税务部门办理税务登记的农民林业专业合作社中,有不少合作社实际上是专属于企业、经纪人的,农民成员只是名义上参与,并未分享到合作收益。二是部分农民林业专业合作经济组织的内部财务核算不规范。有些

---

① 财政部财政科学研究所外国财政研究室.支持新型农村合作经济组织的财税政策研究[J].经济研究参考,2008(7):36~56

合作组织虽然是正规设立的,但它们中的一部分合作组织在运行过程中出现了不规范的行为。例如有的合作组织账簿设置非常简单,甚至没有会计、没有设置账簿,财务核算不规范、不准确,难以准确划分应税项目和免税项目、应税收入和免税收入、准抵扣项目和不准抵扣项目,也难以确认收入和费用的真实性和合法性,有的合作组织人为地造假账来应付管理。三是有些合作组织对外提供的发票不规范。由于农民林业专业合作经济组织提供的发票具有增值税抵扣功能,所以部分农民专业合作社为下游企业虚开发票,为申请增值税进项税额抵扣提供便利。

(四)进一步做好税收扶持的政策建议

1. 按照营利性质和活动内容区别扶持

我国农民林业专业合作经济组织的营利性质较为复杂,所以可选择适当的时机,对现行的法律加以完善,把我国的农民林业专业合作经济组织区分为纯公益性和准公益性两个大类,并对两个大类的区分条件进行进一步的细分,使之更为具体、更具可操作性。对于纯公益性专业合作经济组织可考虑给予完全的免税;而对于准公益性专业合作经济组织则根据其行为的不同区别征税,[1]非营利性行为可以给予免税,而营利性行为应当征税。

农民林业专业合作经济组织的活动内容不同,所需要的扶持也有所不同,因此要根据活动内容的不同,在优惠政策上给予区别对待:向全社会或特定群体无偿提供服务或福利的活动可实行免税;[2]用于公益活动的收益可免征所得税;对农民合作经济组织与其他收益人之间的金钱或其他利益的给付活动,但给付与获益无对应关系的可给予免征各税;对合作组织的资产保值增值活动,在流通环节按照企业类似活动进行征税。当然,为了防止上述税收优惠政策被套用,合作组织的营利性和非营利性活动不能混同,而应该严格实行财务分开制度。

---

[1] 马衍伟.支持农村合作经济组织发展的税收政策选择[J].兰州商学院学报,2007(2):25~33

[2] 储德银,经庭如.政府支持农民合作经济组织发展的理论诠释及政策体系构建[J].当代经济管理,2009(1):6~10

2.按照利润分配依据的不同区别扶持

农民林业专业合作经济组织利润分配的通行做法是把按股分红和按交易额返还结合起来,所以,要加强对合作制组织与股份制组织的区分研究。按照国际经验,按股分红低于40%的合作组织,可以享受最优惠的政策,在此限度内,按股分红的比重每下降一定的幅度,税收减免也随之有所增加;按股分红在40%~60%的合作组织,可以享受一般性优惠政策;按股分红在60%~80%的合作组织,其税收优惠应当随着按股分红比重的增加而减少;按股分红在80%以上的合作组织,可不予享受针对农民林业专业合作经济组织制定的优惠政策。

3.明确各类专业合作经济组织的地位和类型

明确各类专业合作经济组织的地位和类型是完善税收扶持政策的法律前提。现行的《民法通则》将法人分为企业法人、机关法人、事业单位法人和社会团体法人,而将农民林业专业合作经济组织归为哪一类法人似乎都不妥当。在工商行政管理部门目前的"企业法人"注册门类中,习惯将专业合作社、股份合作林场、家庭合作林场等归于集体企业。但从实践上看,专业合作社和股份合作林场,尤其是家庭合作林场并不是典型的以营利为目的的组织,而是农民依法自愿联合组成的,不以营利为目的的,实行民有、民管、民享原则,为其成员提供生产经营服务的经济合作组织。所以,在我国的法律中应该将农民专业合作社从集体经济组织中分离出来,给予其民事主体资格,明确各类专业合作经济组织的地位,将合作社法人确立为一个新的法人类型。

4.适当加大税收扶持力度

农业在三大产业中属于弱势产业,农民林业专业合作经济组织的组建十分困难,而它的发展不仅能够有效地增加农民收入,而且也有利于加速林业现代化进程、转变林业生产方式,所以可适当加大税收扶持力度,进一步扩大增值税、营业税等主要税种的免税范围。在增值税方面,免税的范围应从销售农业生产者自产的农产品扩大到社员分级、加工、安装等初级农产品,向农民专业合作经济组织推广的新技术、销售的新种苗免征增值税,为社员提供的直接用于农业生产的各类生产资料免征增值税,并明确将农户植保机械维修服务纳入免征规定中;在营业税方面,免税范围可以扩大到所有提供应税劳务的合作社；在所得税方面，对专业合作社销售本社成员生产的农产品视同自身从事农产品的种植、采集，享受所得税的税收优惠；适当采用税收豁免、纳税抵免、优惠税率、亏损结转、加速折旧等手段，多角度对农民合作经济组织加以扶持。

5. 增强税收扶持的针对性

为了提高税收扶持政策的针对性，一要增强项目的针对性。充分考虑森林公益性价值和合理补偿，对发展人工林、退耕还林、荒山造林、规模生产和以节约资源消耗为主要目的的木材综合利用给予税收优惠；减少对天然林开发利用、林地逆转、重复建设等项目的税收优惠。二要增强环节的针对性。从林业生产周期长的特点出发，要考虑增加对专业合作经济组织生产资料采购、技术采购和劳务采购的税收扶持，对向专业合作经济组织销售生产资料、技术和劳务的单位给予税收优惠，降低合作组织的采购成本，提高谈判能力，促进新技术在专业合作经济组织中的推广。

6. 完善税法和税收扶持的监管

为了防止税收优惠政策被滥用，必须完善税法，加强税收监管，防止合作组织的团体成员利用有关优惠政策逃税、避税或瓜分农民林业合作经济组织的利润。具体而言，应着重加强以下几个方面的规制：第一，防止农民林业专业合作经济组织与营利企业利用关联交易转移利润；第二，严格按照财务规定对农民林业专业合作经济组织进行核算，防止管理人员瓜分利润；第三，对于合作组织的文化、福利事业支出和对特别困难成员的补助，对于成员和职工的物质奖励以及其他支出，严格按照财务会计制度进行核算；第四，对于公益性的合作组织，应当规定其慈善支出、捐赠支出的比例下限，保证其公益性质不被扭曲；第五，应积极推行计算机开具发票，申报时实行票表比对，不能实行计算机开票的合作组织在发票领购时必须验旧购新，明确、合理划分收购的成员农产品和外购农产品，确保发票管理的科学性；第六，应审核销售行为和销售价格的真实性，审核组织机构和成员构成的真实性，审核林产品销售价格是否与市场价格严重背离，并结合资金的流向判定货款结算情况，审核是否存在资金回流的现象。

五、结论和启示

(一)结论

1. 农民林业专业合作经济组织的发展,政府的扶持和引导是必不可少的。政府扶持农民林业专业合作经济组织的发展,首先应该通过增加非农就业机会、提升农民素质等手段提升农户的合作需求;应该培育林业经营大户,造就合作经济组织的组建者;应该延伸和拓展产业链,提高合作收益。

2. 政府扶持农民林业专业合作经济组织的发展,应该做农民想做又做不了的事,应该明确培育重点,提高发展的实效。可以按照经营对象的不同确定培育的突破口,水果和茶叶的经营、用材林的管护、笋产品加工和销售对合作的需求较强,应成为政府培育的突破口;可以按照组建者的不同确定培育的重点,林业经营大户是培育和扶持的首要对象,在合作组织发展的初期,农民的素质不高,合作的意识和能力不强,也要鼓励龙头企业、林业技术推广部门、村干部领建农民专业合作经济组织,并规范其角色和行为;可以按照生产环节的不同确定培育的重点,把用材林的管护、种苗选购、销售阶段等作为发展的重点;可以根据地区的不同确定培育的不同重点,把发达地区、交通便利地区、非农产业发达地区作为发展专业合作社和股份合作经济组织的重点。在经济欠发达地区、偏远地区、非农产业欠发达地区,由于相当一部分农户承担合作初始成本的能力较弱,所以政府应适当提供准公共产品性质的合作组织,支持这些地区林业的发展。

3. 农民林业专业合作经济组织的发展,政府已经运用财政、贷款、税收三大扶持政策给予不同程度的扶持。不论是财政政策、贷款政策还是税收政策的扶持,都在不同程度上改善了受扶持合作经济组织的生产经营条件、推进了标准化和科学化生产、推进了品牌化和产业化经营。但有些扶持政策还存在"重扶优、轻扶弱"的现象,扶持重点不明确、不规范等问题,促进农民林业专业合作经济组织的发展,应该对财政、贷款、税收三大扶持政策加以完善。

(二)启示

1. 农民林业专业合作经济组织的发展虽有政府的财政扶持政策,但扶持力度有待加强,效率亟须提高。要在明确目标的基础上,坚持扶优、扶强和扶弱相结合,坚持分级扶持、各有侧重,坚持硬件建设、软件建设和人才培养相结合,坚持奖励与监督、引导相结合,坚持重点突出和多种形式相结合的原则。

2. 农民林业专业合作经济组织的发展已经凝聚了政府的贷款扶持,但贷款政策的扶持力度有待加强,效率亟须提高。应该适当扩大贷款范围,延长贷款期限,探索多样化的贷款模式,探索差别流程和差别利率,拓展森林保险和农村社会保障,加强风险控制,建立多部门的协调合作机制。

3. 政府税收扶持对农民林业专业合作经济组织发展的作用已经显现,但税收扶持有待进一步规范,扶持效率尚有进一步提高的空间。税收扶持可按照农民林业专业合作经济组织的营利性质和活动内容区别对待;可按照利润分配依据的不同区别对待;适当加大税收扶持力度;增强税收扶持的针对性;完善税法和监管,防止林业专业合作经济组织的税收优惠政策被滥用。

附录

一、关于农民林业专业合作社的问卷调查

1. 贵专业合作社的名称是_____。
2. 贵专业合作社成立的时间是_____。
3. 贵专业合作社是由谁组建的？（   ）（可以选择多项）

   A. 农民   B. 龙头企业

   C. 村干部   D. 供销部门

   E. 政府农技部门   F. 乡政府

   G. 社会团体   H. 运销大户或经纪人

4. 贵专业合作社提供的主要服务是（   ）。

   A. 采购生产资料,具体提供____   B. 技术服务

   C. 产品销售,有否注册品牌____   D. 林业的管护

   E. 造林服务   F. 产品的粗加工

   G. 产品的精加工

5. 贵专业合作社的已有会员数量是_____。
6. 贵专业合作社是否已经注册？（   ）

   A. 没有注册   B. 已注册,在_____注册（填写注册的部门）。

7. 贵专业合作社的注册资金是（   ）。

   A. 0～1万   B. 1万～5万

   C. 5万～10万   D. 10万～50万

   E. 50万～100万   F. 100万～300万

   G. 300万以上

8. 贵专业合作社的资产规模是( )。

A. 0～10 万　　　　　　　　B. 10 万～50 万

C. 50 万～100 万　　　　　　D. 100 万～200 万

E. 200 万～500 万　　　　　　F. 500 万～1000 万

G. 1000 万以上

9. 贵专业合作社是否设经理?( )

A. 有　　　　　　　　　　　B. 没有

如果有,合作社的经理由谁出任?( )

A. 理事长兼任　　　　　　　B. 其他大股东

C. 普通社员　　　　　　　　D. 外聘

10.(1)贵专业合作社设立理事会吗?( )

A. 有　　　　　　　　　　　B. 没有

(2)如果已设立理事会,请问理事会成员的人数是_____人。

(3)请问理事会成员是由选举产生的吗?( )

A. 是的,由股东大会选举产生　　B. 是的,由全体社员选举产生

C. 是的,由会员代表大会选举产生　D. 不需要通过选举

(4)理事会成员的候选人是由谁提名的?( )

A. 经营大户　　　　　　　　B. 全体社员

C. 理事长　　　　　　　　　D. 政府部门负责人

E. 龙头企业负责人　　　　　F. 会员代表大会

G. 股东代表大会　　　　　　H. 供销部门负责人

I. 村委会

(5)理事的身份分别是( )。

A. 生产经营大户____人　　　B. 技术人员____人

C. 企业负责人____人　　　　D. 村干部____人

E. 政府部门的工作人员____人　F. 供销部门____人

G. 社员____人

11. 理事长的候选人是由谁提名的?( )

A. 生产经营大户　　　　　　B. 海选

C. 政府部门负责人　　　　　D. 龙头企业负责人

E. 会员代表大会

12. 理事长是如何确定的?( )

A. 由会员代表大会选举　　　B. 由理事会推举

C. 由政府指定　　　　　　D. 由股东代表大会选举

13. (1)贵合作社成立以来有没有更换过理事长或理事会成员？（　　）
A. 有　　　　　　B. 没有
(2)如果更换过，是由于什么原因？（　　）
A. 经营能力差　　B. 以权谋私　　C. 自动辞职
D. 职务调动　　　E. 退休　　　　F. 换届选举
G. 其他原因_____。

14. 贵合作社对理事长的更换是否规定了明确的程序？（　　）
A. 有　　　　　　B. 没有

15. 贵合作社有没有向银行贷款？（　　）

16. 贵专业合作社是否定期向全体社员公开财务和营运状况？（　　）
A. 是，每年____次　　B. 不是

17. (1)贵专业合作社设立监事会吗？（　　）
A. 有　　　　　　B. 没有
(2)如果已设立监事会，请问已有监事会成员的人数是____人。
(3)请问监事会成员是通过选举产生的吗？（　　）
A. 是的，由股东大会选举产生　　B. 是的，由全体社员选举产生
C. 不是通过选举
(4)贵专业合作社监事会成员的候选人是由谁提名的？（　　）
A. 经营大户　　　　B. 全体社员
C. 理事长　　　　　D. 政府部门
E. 龙头企业负责人

18. (1)贵专业合作社的社员是否缴纳会费？（　　）
A. 是　　　　　　B. 没有缴纳会费
(2)如果缴纳会费，社员缴纳_____元。

19. (1)社员是否缴纳股金？（　　）
A. 不需要　　　　　B. 全体社员都需要缴纳股金
C. 只有部分社员缴纳股金
(2)社员的入股方式是（　　）。
A. 按经营规模入股　　B. 自愿入股
C. 均等持有股份
(3)合作社的每股分红是_____，合作社成员还有其他什么收益？

20. 贵专业合作社对社员缴纳的股金有最高额度的限制吗?(　　)
   A. 没有　　　　　　　　　B. 有,最高不能超过____%。

21. 贵专业合作社是否有团体社员?(　　)
   A. 有,共有____个　　　　　B. 没有

22. 贵专业合作社对团体社员的加入有限制吗?(　　)
   A. 不允许　　　　　　　　　B. 允许,但有数量限制
   C. 允许,没有任何限制　　　　D. 允许,但有其他限制,如:_____。

23. 贵专业合作社对个人社员的加入有条件限制吗?(　　)
   A. 没有　　　　　　　　　B. 有,限制的条件是:_____

24. 贵专业合作社可以对社员行使以下哪些权利?(　　)
   A. 可以取消社员资格　　　　B. 可以要求社员分担税款
   C. 可以要求社员分担组织损失　D. 可以要求社员帮助偿还贷款
   E. 可以要求社员为组织贷款提供抵押品

25. 贵专业合作社对社员的退出有何规定?(　　)
   A. 可以自由退出,且可以撤回投入资金
   B. 可以自由退出,但不能撤回投入资金
   C. 可以自由退出,对退出的条件没有规定
   D. 不能自由退出

26. (1)贵专业合作组织的社员退出现象多吗?(　　)
   A. 多　　　　　　　　　　　B. 较多
   C. 较少　　　　　　　　　　D. 没有退出现象
   (2)如果有退出现象,贵专业合作社的社员退出主要是什么原因?(　　)
   A. 改行　　　　　　　　　　B. 组织无法提供原先所承诺的服务
   C. 合作组织的效益不好

27. 社员退出时股金是如何处置的?(　　)
   A. 把股金退还给个人　　　　B. 把股金自由转让给其他成员
   C. 可以继续持股和分红　　　D. 把股金收归组织所有

28. 贵专业合作社的社员资格可以继承吗?(　　)
   A. 可以　　　　　　　　　　B. 不可以

29. 在过去的一年里,贵合作社召开了____次会员代表大会,____次理事会会议。

30. 社员代表大会的内容主要包括(　　)。
   A. 提供技术咨询和培训　　　B. 宣传政府政策

C. 发布市场信息　　　　　　D. 决定增加社员
E. 扩充股金　　　　　　　　F. 决定对外投资事宜
H. 其他的经营决策

31. 贵专业合作社的理事会成员所持的股份占总股份的____%；理事长所持的股份占总股份的____%；持股最多的单个普通会员所持的股份占总股份的____%。

32. 贵专业合作社的投票方式是( )。
A. 一人一票　　　　　　　　B. 一股一票
C. 按人和按股相结合　　　　D. 按交易额和按股相结合
E. 其他方式，如_____。

33. 贵专业合作社在投票时对单个社员有没有票数的限制？( )
A. 没有　　　　　　　　　　B. 有，最多不超过____

34. 贵专业合作社的重大投资活动由( )决定。
A. 理事会　　　　　　　　　B. 社员代表大会
C. 股东代表大会　　　　　　D. 理事长

35. 贵专业合作社的重大分配政策由( )决定。
A. 理事会　　　　　　　　　B. 社员代表大会
C. 股东大会　　　　　　　　D. 理事长

36. 贵专业合作社的最大覆盖范围是( )。
A. 本村　　B. 本乡　　C. 本县　　D. 本省

37. 社员的产品有多大比例是通过专业合作社销售的？( )。

38. 龙头企业与合作组织的关系是( )。
A. 龙头企业就是合作组织的成员
B. 龙头企业不是合作组织的成员，但有稳定的购销关系
C. 龙头企业不是合作组织的成员，但与合作组织有一定的业务往来

39. 社员卖给龙头企业的产品占社员全部产品的比例约为( )。

40. 龙头企业有过违约行为吗？( )
A. 有　　　　　　　　　　　B. 没有

41. 社员有过违约行为吗？( )
A. 有　　　　　　　　　　　B. 没有

42. 合作社有过违约行为吗？( )
A. 有　　　　　　　　　　　B. 没有

43. 贵专业合作社与非成员的交易额占本组织总交易额的( )%。

44. 贵专业合作社与非成员的交易额占本组织总交易额的比例有限制吗？( )

  A. 有   B. 没有

45. 贵合作社平均每年提供____次技术培训,平均每年培训____人次。

46. 贵合作社是否为成员提供贷款？( )

  A. 是   B. 否

47. 贵合作社的成员从外部获得贷款,合作社是否为其提供担保？( )

  A. 是   B. 否

48. 贵合作社对外是否是营利组织？( )

  A. 是   B. 否

49. 在税后的利润分配中,提取的公积金占____%;公益金占____%;风险基金占____%;股金分红占____%;二次返利占____%;其他占____%。

50. (1)可供分配的盈余按照什么标准进行分配？( )

  A. 按股分红   B. 按股分红和按交易额返利相结合

  C. 按交易额返利   D. 没有利润

  (2)二次返利以什么形式返还？_____

51. 贵合作社曾获得过政府的哪些支持？( )

  A. 税收,额度是_____   B. 财政补助补贴,额度是_____

  C. 贷款,额度是_____   D. 人才和技术培训

  E. 土地和其他物质支持,额度是_____

  F. 帮助销售   G. 提供品牌

52. 贵合作社有没有统一的技术和标准？( )

  A. 有   B. 没有

53. 请你评价贵合作社的营利能力。( )

  A. 很差   B. 较差   C. 差不多

  D. 较好   E. 很好

54. 贵合作社的社员满意度是( )。

  A. 很不满意   B. 较不满意   C. 一般

  D. 较满意   E. 很满意

二、关于农民林业股份合作经济组织的问卷调查

1. 贵合作组织的名称是_____。
2. 贵合作组织成立的时间是_____。
3. 贵合作组织是由谁组建的?(   )(可以选择多项)

   A. 农户　　　　　B. 龙头企业　　　　C. 农技部门

   D. 村干部　　　　E. 乡政府

4. 贵合作组织提供的主要服务是(   )。

   A. 采购生产资料,具体提供____　　B. 技术服务

   C. 产品销售,有否注册品牌____　　D. 林业的管护

   E. 造林服务　　　　　　　　　　F. 产品的粗加工

5. 贵合作组织的已有会员数量是____。
6. 贵合作组织是否已注册?(   )

   A. 没有注册　　　B. 已注册,在_____注册(填写注册的部门)。

7. 贵合作组织的注册资金是(   )。

   A. 0～1万　　　　　　　B. 1万～5万

   C. 5万～10万　　　　　D. 10万～50万

   E. 50万～100万　　　　F. 100万～300万

   G. 300万以上

8. 贵合作组织的资产规模是(   )。

   A. 0～10万　　　　　　B. 10万～50万

   C. 50万～100万　　　　D. 100万～200万

   E. 200万～500万　　　F. 500万～1000万

   G. 1000万以上

9. 贵合作组织是否设经理?(   )

   A. 有　　　　　　　　　B. 没有

   如果有,合作社的经理由谁出任?(   )

   A. 董事长兼任　　　　　B. 其他大股东

   C. 普通成员　　　　　　D. 外聘

10. (1)贵合作组织设立董事会吗?(   )

A. 有 B. 没有

(2) 如果已设立董事会,那么董事会成员的人数是____人。

(3) 请问董事会成员是由选举产生的吗?(　　)

A. 是的,由股东大会选举产生

B. 是的,由全体成员选举产生

C. 是的,由股东代表大会选举产生

D. 不需要通过选举

(4) 董事会成员的候选人是由谁提名的?(　　)

A. 经营大户 B. 全体成员

C. 董事长 D. 政府部门负责人

E. 龙头企业 F. 股东代表大会

G. 村委会

(5) 董事的身份分别是(　　)。

A. 生产经营大户____人 B. 技术人员____人

C. 龙头企业负责人____人 D. 村干部____人

E. 政府部门的工作人员____人 F. 普通会员____人

11. 董事长的候选人是由谁提名的?(　　)

A. 生产经营大户 B. 股东代表大会

C. 政府部门负责人 D. 龙头企业负责人

E. 不需提名

12. 董事长是如何确定的?(　　)

A. 由股东代表大会选举 B. 由理事会推举

C. 由政府部门指定 D. 由股东大会选举

13. (1) 合作组织成立以来有没有更换过董事长或董事会成员?(　　)

A. 有 B. 没有

(2) 如果更换过,是由于什么原因?(　　)

A. 经营能力差 B. 以权谋私 C. 自动辞职

D. 职务调动 E. 退休 F. 换届选举

G. 其他原因_____。

14. 贵合作组织对董事长的更换是否有明确的程序?(　　)

A. 有 B. 没有

15. 贵合作组织有没有向银行贷款?(　　)

A. 有 B. 没有

16. 贵合作组织是否定期向全体成员公开财务和营运状况？（   ）

A. 是，每年____次　　　　　　B. 不是

17.（1）贵合作组织设立监事会吗？（   ）

A. 有　　　　　　　　　　　　B. 没有

（2）如果已设立监事会，那么监事会成员的人数是____人。

（3）请问监事会成员是由选举产生的吗？（   ）

A. 是的，由股东大会选举产生　　B. 是的，由全体成员选举产生

C. 不需要通过选举

（4）贵合作组织监事会成员的候选人是由谁提名的？（   ）

A. 经营大户　　　　　　　　　B. 全体成员

C. 董事长　　　　　　　　　　D. 政府部门负责人

E. 龙头企业负责人

18. 成员的入股方式是（   ）。

A. 按经营规模入股　　　　　　B. 自愿入股

19. 贵合作组织对成员的股份有最高额度的限制吗？（   ）

A. 没有　　　　　　　　　　　B. 有，最高不能超过____%

20. 贵合作组织是否有团体会员？（   ）

A. 有，共有____个　　　　　　B. 没有

21. 贵合作组织对团体会员的加入有限制吗？（   ）

A. 不允许团体会员加入　　　　B. 允许，但有数量限制

C. 允许，没有任何限制　　　　D. 允许，并有其他限制，如：____

22. 贵合作组织对个人会员的加入有条件的限制吗？（   ）

A. 没有　　　　　　　　　　　B. 有，限制的条件有：____

23. 贵合作组织可以对会员行使以下哪些权利？（   ）

A. 可取消会员资格　　　　　　B. 可要求会员分担税款

C. 可要求会员分担组织损失　　D. 可要求会员帮助偿还贷款

E. 可要求会员为合作组织的贷款提供抵押品

24. 贵合作组织对股权的转让有何规定？（   ）

A. 可以自由转让

B. 可以转让，但规定了一定的转让条件

C. 不能自由转让

25.（1）贵合作组织的会员有退出现象吗？（   ）

A. 有　　　　　　　　　　　　B. 没有

(2)如果有退出现象,主要是什么原因?(　　)

　　A.改行　　　　　　　　　B.组织无法提供原先所承诺的服务

　　C.合作组织的效益不好

26.成员退出时股金是如何处置的?(　　)

　　A.把股金退还给个人　　　B.可将股金自由转让给其他成员

　　C.可以继续持股和分红　　D.把股金收归组织所有

27.贵合作组织的会员资格可以继承吗?(　　)

　　A.可以　　　　　　　　　B.不可以

28.在过去的一年里,贵合作组织召开了____次股东代表大会,____次董事会会议。

29.股东代表大会的内容主要包括(　　)。

　　A.提供技术咨询和培训　　B.宣传政府政策

　　C.发布市场信息　　　　　D.决定增加会员

　　E.扩充股金　　　　　　　F.决定对外投资事宜

　　H.其他经营决策

30.贵合作组织的董事会成员所持的股份占总股份的____%;董事长所持的股份占总股份的____%;持股最多的单个普通会员所持的股份占总股份的____%。

31.贵合作组织的投票方式是(　　)。

　　A.一人一票　　　　　　　B.一股一票

　　C.按人和按股相结合　　　D.按经营规模和按股相结合

　　E.其他方式,如_____

32.贵合作组织在投票时对单个成员有没有票数的限制?(　　)

　　A.没有　　　　　　　　　B.有,最多不超过_____

33.贵合作组织的重大投资活动由(　　)决定。

　　A.董事会　　　　　　　　B.股东代表大会

　　C.股东大会　　　　　　　D.董事长

34.贵合作组织的重大分配政策由(　　)决定。

　　A.董事会　　　　　　　　B.股东代表大会

　　C.股东大会　　　　　　　D.董事长

35.贵合作组织的最大覆盖范围是(　　)。

　　A.本村　　B.本乡　　C.本县　　D.本省

36.合作组织平均每年提供____次技术培训,平均每年培训____人次。

37. 贵合作组织是否为成员提供贷款？（　）

　　A. 是　　　　　　　　　　B. 否

38. 贵合作组织的成员从外部获得贷款，合作组织是否为其提供担保？（　）

　　A. 是　　　　　　　　　　B. 否

39. (1)可供分配的盈余是按照什么标准进行分配？（　）

　　A. 按股分红　　　　　　　B. 按股分红和按劳动力分红相结合

　　C. 按人口平均分红

　(2)贵合作组织的每股分红是____，合作组织成员还有其他什么收益？_____

40. 贵合作组织曾获得过政府的哪些支持？（　）

　　A. 税收，额度是____　　　B. 财政补贴，额度是____

　　C. 贷款　　　　　　　　　D. 人才和技术培训

　　E. 土地和其他物质支持，额度是____

　　F. 帮助销售　　　　　　　G. 提供品牌

41. 贵合作组织有没有统一的技术和标准？（　）

　　A. 有　　　　　　　　　　B. 没有

42. 请你评价合作组织的营利能力（　）

　　A. 很差　　　B. 较差　　　C. 差不多

　　D. 较好　　　E. 很好

43. 贵合作组织的社员满意度是（　）

　　A. 很不满意　　B. 较不满意　　C. 一般

　　D. 较满意　　　E. 很满意

三、关于林区农民的问卷调查表

1. 家庭主要成员的文化程度是（　）。

　　A. 小学及以下　　　　　　B. 初中

　　C. 高中　　　　　　　　　D. 大专及以上

2. 家庭主要成员是否担任过或正在担任小组长或村干部？（　）

　　A. 没有担任过　　　　　　B. 担任过或正在担任

3. 家庭人口数量是____口。

4. 您家经营的主要对象是（　　）。

   A. 用材林　　　B. 竹　　　　C. 果树

   D. 茶　　　　　E. 其他

5. 您家经营的产品现在处于什么阶段？（　　）

   A. 造林　　　　B. 管护　　　C. 投产和销售

6. 您了解专业合作经济组织吗？（　　）

   A. 不了解　　　　　　　　B. 了解

7. 您愿意参加专业合作经济组织吗？（　　）

   A. 愿意　　　　　　　　　B. 不愿意

8. 您认为发展林业是否需要合作经济组织？（　　）

   A. 需要　　　　　　　　　B. 不需要

9. 家庭农业生产经营用地

单位：亩

一、耕地总面积	
其中：从集体承包的面积	
1. 水田面积	
2. 旱地面积	
二、园地总面积	
1. 茶园面积	
2. 果园面积	

10. 家庭收入（纯收入）来源

单位：元

家庭总收入	
农业种植业收入	
外出打工收入	
个体工商经营收入	
经营企业收入	
林业收入	
从事技术管理收入（教师、医生、村干部）	
其他收入	

11. 除了经营林业以外，您还有非农就业机会吗？（　　）

   A. 有　　　　　　　　　　B. 没有

12. 您具备非农就业技能吗？（　　）

A. 不具备 B. 具备

13.(1)在林业经营中,您主要在以下哪些方面有困难?(   )

　　A. 购买生产资料　　　　　　B. 造林

　　C. 生产技术　　　　　　　　D. 产品销售

　　E. 管护,即防盗、防火、防病虫害等

　　F. 资金的筹集

(2)您认为最大的两项困难是什么?(   )

14. 当您遇到以上困难时,主要靠什么力量解决?(允许选择多项)(   )

　　A. 自己解决　　　　　　　　B. 村级组织

　　C. 科技和金融服务部门　　　D. 林业基层部门

15. 您希望专业合作经济组织提供哪些服务?(允许选择多项)(   )

　　A. 技术培训　　　　　　　　B. 提供生产资料

　　C. 帮助销售产品　　　　　　D. 林业管护

　　E. 造林服务　　　　　　　　F. 加工服务

16. 您认为应由哪些力量兴办合作组织?(允许选择多项)(   )

　　A. 林业基层部门　　　　　　B. 村级组织

　　C. 科技服务部门　　　　　　D. 龙头企业

　　E. 林业大户或精英　　　　　F. 不了解

17. 您更希望加入以下哪种类型的专业合作经济组织?(   )

　　A. 专业协会

　　B. 专业合作社

　　C. 股份合作组织

18. 您对缴纳会费的态度是(   )。

　　A. 不要缴纳会费　　　　　　B. 愿意缴纳0～50元的会费

　　C. 愿意根据需要缴纳会费

19. 如果您不愿意缴纳会费,主要是因为以下哪种原因?(   )

　　A. 对合作组织的信任不足,预期并不太乐观

　　B. 缴纳会费有一定的困难

　　C. 因为其他方面的原因

20. 您愿意入股吗?(   )

　　A. 愿意　　　　　　　　　　B. 不愿意

　　C. 要看情况而定

21. 您认为合作组织的成员应该由(   )组成。

A. 亲戚朋友

B. 同村的农户或其他组织

C. 同乡(镇)的农民或其他组织

D. 同县或更大范围的农民或其他组织

22. 您认为专业合作经济组织管理者最重要的两项素质是什么?(　　)

A. 奉献和廉洁　　　　　　B. 营销能力

C. 管理能力　　　　　　　D. 技术专长

E. 其他能力

23. 您认为加入专业合作经济组织是否要有条件的限制?(　　)

A. 应该限制条件

B. 不清楚

C. 不应该限制条件

24. 关于决策机制,您认为下列哪种机制更为合理?(　　)

A. 一股一票

B. 一人一票和按股相结合

C. 一人一票

25. 您愿意带头组建农民专业合作经济组织吗?(　　)

A. 愿意　　　　　　　　　B. 不愿意

26. 如果不愿意,请问您不愿意的原因是(　　)。(可以选择多项)

A. 风险太大

B. 能力不足

C. 自身经营规模小,收益不高

27. 您对农民林业专业合作经济组织最大的期待是什么?_____

_____

_____。

参考文献

[1] Albaek, S. and C. Schultz. On the Relative Advantage of Cooperative [J]. *Economic Letter*, 1998(59):397~401

[2] Allen & Unwin. The General Theory of Labour-managed Market Economics. Ithaca. N. Y.: Cornell University Press,1970

[3] Cook, M. L. The Future of U. S. Agricultural Cooperatives: A Neo-Institutional Approach[J]. *American Journal of Agricultural Economics*, 1995, 77 (10):1153~1159

[4] Edwin G. Nourse. Economic Philosophy of Cooperation [J]. *American Economic Review*, 1922,12(4):578~597

[5] Edwin G. Nourse. The Place of the Cooperative in Our National Economy: American Cooperation 1942—1945[M]. *American Institute of Cooperation*, Washington D. C., 1995(35):74~87

[6] Eilers. C, C. H. Hanf. *Contracts between Farmers and Farmers Processing Cooperatives: A Principal-agent Approach for the Potato Starch Industry, In Vertical Relationship and Coordination in the Food System* [M]. Editted by G. Galizzi and L. Venturini, Publisher: Heidelberg, Physica, 1999:267~284

[7] Emelianoff, I. V.. *Economic Theory of Cooperation: Economic Structure of Cooperative Organization* [M]. Reprinted by the Centre for Cooperatives, University of California, 1995

[8] Fulton, M. The Future of Canadian Agricultural Cooperatives: A Property Rights Approach [J]. *American Journal of Agricultural Economics*, 1995, 77(5):1144~1152

[9] Hendrikse, G. W. J. & Veerman, C. P.. Marketing Cooperatives and

Financial Structure: A Transaction Costs Economics Analysis [J]. *Journal of Agricultural Economics*, 2001, 26(3): 205~216

[10] Helmberger, P. G. & Hoos, S.. Cooperative Enterprise and Organization Theory[J]. *Journal of Farm Economics*, 1962 (44):275~290

[11] Helmberger, P. G. Cooperative Enterprise as a Structural Dimension of Farm Markets[J]. *Journal of Farm Economics*, 1964(46):603~617

[12] Iliopoulos,C. & Cook, M. L.. The Efficiency of Internal Resource Allocation Decisions in Customer-owned Firms: The Influence Costs Problem [A]. *Paper Presented at the 3rd Annual Conference of the International Society for New Institutional Economics Washington*, D.C., 1999(9):16~18

[13] Kyriakopoulos, K.. The Market Orientation of Cooperative Organizations: Learning Strategies and Structures for Integration Cooperative Firm and members[J/OL]. Ph. D. Thesis Presented at Nyenrode Business University, 2000,5

[14] Phillips, R.. Economic Nature of the Cooperative Association[J]. *Journal of Farm Economics*, 1953(35):74~87

[15] Porter, P. K. & Scully, G. W.. Economic Efficiency in Cooperatives [J]. *Journal of Law and Economics*, 1987(30): 489~512

[16] Sexton, R. J.. Imperfect Competition in Agricultural Markets and the Role of Cooperatives: A Spatial Analysis [J]. *American Journal of Agricultural Economics*, 1990, 72(3): 709~720

[17] Staatz, J. M., Farmers' Incentives to Take Collective Action via Cooperatives: A Transaction-Cost Approach [A]. Royer J. Cooperative Theory: New Approaches [C]. ACS Service Report, USDA, Washington D.C., 1987, 18

[18] Sykuta, M. & Cook, M. L.. A New Institutional Economics Approach to Contracts and Cooperatives [J/OL]. *Working Paper*, 2001, http://cori.missouri.edu/wps

[19] Vanek. Self-Management: Economic Liberation of Man. *Penguin Education the Economics of Workers' Management: A Yugoslav Case Study*. London ,1975

[20] Ward, B. The Firm in Illyria: Market Syndicalism. *American Economic Review*, 1958:48

[21] Zusman, P.. Constitutional Selection of Collective Choice Rules in a Cooperative Enterprise[J]. *Journal of Economic Behavior and Organization*, 1992(17):353~362

[22] 安徽省财政厅支持农民合作组织发展课题组.积极支持农民实行新的联合与合作[J].经济研究参考,2003(84):17~25

[23] 阿尔钦,登姆塞茨.生产信息、费用与经济[A].科斯.财产权利与制度变迁[C].上海:三联书店,2004

[24] 奥利弗·威廉姆森.交易费用经济学:契约关系的规制[A].陈郁(编).企业制度与市场组织——交易费用经济学文选[C].上海:三联书店,上海人民出版社,1996:22~53

[25] 财政部农业司.加拿大合作社的发展过程及其启示[J].农村财政与财务,1998(10):37~39

[26] 财政部财政科学研究所外国财政研究室.支持新型农村合作经济组织的财税政策研究[J].经济研究参考,2008(7):36~56

[27] 财政部,国家林业局.林业贷款中央财政贴息资金管理办法,2009

[28] 财政部,国家税务局.财政部国家税务局关于农民专业合作社有关税收政策的通知,2008

[29] 财政部,国家税务总局.关于企业所得税若干优惠政策的通知,1994

[30] 陈荞.全国25个省区市向农户开展林权抵押贷款[EB/OL]. http://www.chinanews.com.cn/cj/cj-gncj/news/2010/06-22/2355345.shtml

[31] 程云行,汪永红,汤肇元.林业专业合作组织与林地产权制度研究[J].林业财务与会计,2004(5):35~37

[32] 储德银,经庭如.政府支持农民合作经济组织发展的理论诠释及政策体系构建[J].当代经济管理,2009(1):6~10

[33] 崔宝玉,张忠根,李晓明.资本控制型合作社合作演进中的均衡[J].中国农村经济,2008(9):63~71

[34] 杜吟棠,潘劲.我国新型农民合作社的雏形[J].管理世界,2000(1):161~168

[35] 杜吟棠.我国农民合作组织的历史和现状[J].经济研究参考,2002(25):13~19

[36] 马克思恩格斯全集(第36卷)[M].北京:人民出版社,1974:416~417

[37] 马克思恩格斯全集(第22卷)[M].北京:人民出版社,1965:580

[38] 马克思恩格斯全集(第22卷)[M].北京:人民出版社,1965:583

[39] 冯开文.建国前农村合作组织低效率的原因探讨[J].古今农业,1998(3):76~81

[40] 冯开文.论中国农业合作制度变迁的格局与方向[J].中国农村观察,1999(3):16~22

[41] 冯开文.从经典合作理论看中国农村合作的路径[J].中国农业大学学报(社会科学版),1999(3):9~13

[42] 冯开文.借鉴与反思——日本农协近况及其对中国农村合作经济发展的启示[J].农业经营管理,2003(6):46~48

[43] 冯开文.国外合作社经验纵横论[J].中国合作经济,2005(8):45~48

[44] 冯开文.合作社:兼顾公平与效率的经济组织[J].农村合作经济经营管理,2000(1):12~14

[45] 冯开文.合作社的分配制度分析[J].农业经济导刊,2007(1):90~96

[46] 冯开文.印度农村合作社的发展[J].中国农村经济,2007(4):75~80

[47] 冯开文.合作社在城镇化中的作用[J].中国农民合作社,2010(3):46~47

[48] 冯兰,沈小红,秦明春.国外农民合作组织发展的经验借鉴[J].红旗文稿,2006(13):33~36

[49] 傅晨.农村社区型股份合作制的治理结构——一个交易费用经济学的透视[J].农业经济问题,1999(6):16~20

[50] 傅晨."新一代合作社":合作社制度创新的源泉[J].中国农村经济,2003(6):73~80

[51] 傅晨.农民专业合作经济组织的现状及问题[J].经济学家,2004(5):6~9

[52] 傅晨.为什么要大量发展合作经济[J].中国合作经济,2005(5):6~9

[53] 傅圭璧,包应森,高兆蔚.福建省集体林股份合作制创建发展与展望研究[J].林业经济问题,2008(10):461~465

[54] 福建省林业厅.2010年部分林业专项资金项目申报指南,2010

[55] 福建省关于加快金融创新促进农林业发展的指导意见,2005

[56] 郭红东,徐柯庆.充分发挥农业合作组织作用,促进农业经济发展——浙江省慈溪市农业合作组织发展的实践与思考[J].西北农业科技大学学报(社会科学版),2001(11):14~17

[57] 郭红东,钱崔红.美国农业合作社发展面临的问题及启示[J].世界农业,2004(7):29~31

[58] 郭铁民.农民合作经济组织也是一种生产力[J].中共福建省委党校学报,2007(2):39~42

[59] 国鲁来.农民合作组织发展的促进政策分析[J].中国农村经济,2006(6):4~11

[60] 郭翔宇.西方发达国家农民合作组织的共同特征及启示[J].中国农村经济,1995(4):59~62

[61] 关于企业所得税若干优惠政策的通知,1994

[62] 国家林业局关于促进农民林业专业合作社发展的指导意见,2009

[63] 国家农业综合开发办公室.2009年国家农业综合开发产业化经营项目申报指南,2009

[64] 韩俊.中国农民专业合作社调查[J].上海远东出版社,2007:40

[65] 黄和亮,王文烂,吴秀娟,等.影响农户参与林业合作经济组织因素分析[J].林业经济,2008(9):55~58

[66] 黄祖辉.农民合作:必然性,变革趋势与启示[J].中国农村经济,2000(8):4~8

[67] 黄祖辉,徐旭初,冯冠胜.农民专业合作经济组织发展的影响因素分析[J].中国农村经济,2002(3):13~21

[68] 黄祖辉,徐旭初.中国农民的专业合作社与制度安排[J].山东农业大学学报,2005(4):15~20

[69] 黄祖辉,徐旭初.基于能力和关系的合作治理——对浙江省农民专业合作社治理结构的解释[J].浙江社会科学,2006(1):60~66

[70] 黄祖辉,韩玲梅.近年来农村组织及其关系的研究综述[J].中国农村观察,2006(4):73~78

[71] 洪远朋.合作经济的理论与实践[M].上海:复旦大学出版社,1996

[72] 贾蕊,陆迁,何学松.龙头企业与农民专业合作经济组织对接的障碍与对策[J].农村经济,2006(3):40~42

[73] 孔祥智,郭艳芹.现阶段农民合作经济组织的基本状况,组织管理和政府作用[J].农业经济问题,2006(1):54~59

[74] 孔祥智,陈丹梅.林业合作经济组织研究——福建永安和邵武案例[J].林业经济,2008(5):48~52

[75] 黄森慰,张春霞.私有林合作经营意愿影响因素分析[J].林业经济,2009

(6):51~53

[76] 姜长云,宋海英.我国农民合作组织的若干典型案例分析[J].经济研究参考,2004(70):22~29

[77] 秦中春.江苏省苏州市吴中区农民合作经济组织发展的调研和思考[J].农业经济问题,2006(7):31~34

[78] 瞿为民.中国农村合作社发展研究——理论分析与现实考察[J].南京农业大学博士学位论文,2003

[79] 李佳茜.尤溪县林业合作组织发展现状与对策研究[J].山西水土保持科技,2012(1):25~27

[80] 李湘蓉.我国农村合作经济组织发展中的信用困境及破解途径探讨[J].生产力研究,2005(12):47~48

[81] 李秀义,楚成亚,邢晓燕."智猪博弈"视角下的农民自发合作组织的建立[J].中共济南市委党校学报,2005(2):53~56

[82] 辽宁本溪市.全面推进林权抵押贷款工作实施意见,2006

[83] 林坚,王宁.公平与效率:合作社组织的思想宗旨及其制度安排[J].农业经济问题,2002(9):46~49

[84] 林南.社会资本:关于社会结构与行动的理论[M].上海:上海人民出版社,2005

[85] 刘一明,傅晨.农村专业技术协会的组织制度与运行机制[J].华南农业大学学报(社会科学版),2005(2):21~25

[86] 凌鹤.大力发展农民林业专业合作组织　加快林业产业化进程[J].云南林业,2008(6):22~23

[87] 卢敏,李云方.农民资金互助社的成因、运行与发展困境分析[J].农业经济问题,2012(3):38~42

[88] 罗必良.中国农村经济组织变迁:线索,趋势与目标模式[J].经济学家,1996(5):92~98

[89] 罗必良.经济组织的制度逻辑[M].太原:山西经济出版社,2000

[90] 罗必良.农民合作组织:偷懒,监督及其保障机制[J].中国农村观察,2007(2):26~37

[91] 马俊哲.对农民专业合作经济组织发展中若干问题的思考[J].吉林省经济管理干部学院学报,2001(6):3~5

[92] 马克思.资本论(第3卷)[M].北京:人民出版社,1975:498

[93] 马克思恩格斯选集(第2卷)[M].北京:人民出版社,1995:634~635

[94] 麦克内尔.新社会契约论[M].北京:中国政法大学出版社,1994
[95] 马彦丽,林坚.集体行动的逻辑与农民专业合作社的发展[J].经济学家,2006(2):40~45
[96] 马衍伟.支持农村合作经济组织发展的税收政策选择[J].兰州商学院学报,2007(2):25~33
[97] 马彦丽.我国农民专业合作社的制度解析[M].北京:中国社会科学出版社,2007
[98] 马玉波.黑龙江省林业专业合作社发展问题初探[J].林业经济问题,2011(5):417~420
[99] 毛泽东.毛泽东选集(第三卷)[C].北京:人民出版社,1991
[100] 毛泽东.毛泽东选集(第五卷)[C].北京:人民出版社,1977
[101] 毛泽东.毛泽东选集(第六卷)[C].北京:人民出版社,1999
[102] 梅莹.林业合作经济组织发展的理性思考[J].南京林业大学学报,2010(1):97~101
[103] 牛若峰.发展合作社与构建和谐社会[J].中国合作经济,2005(9):35~36
[104] 潘劲.农产品行业协会治理机制研究[M].北京:中国农业出版社,2005
[105] 齐联,叶劲松.农民林业专业合作社功能定位研究[J].林业经济,2011(10):12~14
[106] 施化云.云南省林业生产实行股份合作制的探讨[J].林业调查规划,2002(4):91~95
[107] 沈月琴,徐秀英,吴伟光,等.浙江省林业专业合作经济组织发展对策研究[J].浙江林业科技,2005(2):79~84
[108] 孙彩霞.积极推进我国农民合作组织创新[J].经济与管理,2004(1):80~81
[109] 孙翠,翟印礼.林农参与林业专业合作社行为的影响因素分析——以临沂市为例[J].林业经济问题,2011(4):114~117
[110] 孙涤非,曲宏成,徐善光.辽宁省林业合作经济组织建设情况综述[J].中小企业管理与科技,2010(4):208~209
[111] 孙亚范.新型农民专业合作经济组织发展研究[J].北京:社会科学文献出版社,2006:33
[112] 孙亚范.农民专业合作经济组织利益机制及影响因素分析[J].农业经济问题,2008(9):48~56

[113] 孙亚范,余海鹏.立法后农民专业合作社的发展状况和运行机制分析——基于江苏省的调研数据[J].农业经济问题,2012(2):89~97

[114] 汤杰,续珊珊.我国林业合作经济组织发展问题与对策研究[J].学术交流,2009(1):87~89

[115] 唐楚生.农村合作经济组织发展的主要障碍分析[J].农业经济,2005(5):23~24

[116] 唐陆法,刘瑛,王雅娟,等.淳安县农村林业专业合作经济组织现状与发展对策研究[J].中国林业经济,2007(9):48~51

[117] 王登举,李维长,郭广荣.我国林业合作组织发展现状与对策[J].林业经济,2006(5):65~68

[118] 王景新.中国农民组织建设的现状分析与趋势预期[J].农村经济,2008(8):8~10

[119] 王彦敏.从以色列莫沙夫看我国农村合作经济组织[J].理论学刊,2006(8):72~75

[120] 温铁军.合作社的组织创新与交易成本降低[J].中国合作经济,2009(10):21~22

[121] 吴浩.安徽省农民林业专业合作社建设现状分析及发展对策[J].安徽林业科技,2011(6):52~55

[122] 吴守蓉,郭月亮.政府推动型农民林业专业合作社发展模式研究[J].林业经济,2011(2):26~31

[123] 夏英,牛若峰.我国农村合作经济组织改革与发展的思路[J].中国农村经济,1999(12):40~43

[124] 夏英.农村合作经济:21世纪中国农业发展的必然性[J].调研世界,2001(9):7~12

[125] 肖富群.专业合作经营与农民合作能力的培育——来自广西贵港市农村的证据[J].农业经济问题,2011(12):35~42

[126] 谢旺生.试论股份合作林场在林权制度改革后促进林业规模经营中的作用[J].华东森林经理,2008(5):15~16

[127] 邢最荣.浙江:对进一步推进全省林业专业合作社又快又好发展的几点思考[J].中国林业产业,2008(6):23~24

[128] 徐晋涛,孙妍,姜雪梅,等.我国集体林区林权制度改革模式和绩效分析[J].林业经济,2008(9):27~38

[129] 徐旭.合作与社会[M].上海:中华书局,1950:164

[130] 徐旭初.合作社的本质规定性及其他[J].农村经济,2003(8):38~40

[131] 徐旭初.农民专业合作:基于组织能力的产权安排——对浙江省农民专业合作社产权安排的一种解释[J].浙江学刊,2006(3):177~182

[132] 徐智环.我国农村合作组织的变迁及其路径选择[J].广播电视大学学报(哲学社会科学版),2004(4):58~61

[133] 许向阳,聂影,张建华,等.政府在林业合作组织发展中角色定位的研究[J].林业经济,2007(2):52~55

[134] 杨碧玉.森林变身资本 林权抵押贷款盘活江西森林资源[N].江西日报,2009-08-25

[135] 杨欢进.河北省农村合作组织发展研究[J].河北经贸大学学报,2000(3):29~34

[136] 杨加猛,张智光.基于供需协同视角的林业产业链延伸与拓展[J].商业研究,2010(2):36~40

[137] 杨坚白.合作经济学概论[M].北京:中国社会科学出版社,1990

[138] 应瑞瑶.合作社的异化与异化的合作社[J].江海学刊,2002(6):69~75

[139] 应瑞瑶,刘营军.农业合作社经济的基本原则探析[J].马克思主义与现实,2003(3):116~118

[140] 苑鹏,潘劲.关于合作社基本概念基本原则的再认识[J].中国农村观察,1998(5):47~50

[141] 苑鹏.中国农民市场化进程中的农民合作组织研究[J].中国社会科学,2001(6):63~73

[142] 苑鹏,曹海清.妇女专业合作社发展初探[J].中国农村观察,2001(4):53~58

[143] 苑鹏.现代合作社理论研究的发展[EB/OL].http://rdi.cass.cn/manager/images/pic/20051014112819.DOC

[144] 苑鹏.农民专业合作经济组织:农业企业化的有效载体[J].农村经营管理,2003(5):4~7

[145] 苑鹏.关于理顺农民合作组织产权关系的思考[J].中国合作经济,2004(1):33

[146] 苑鹏.现代合作社理论研究发展评述[J].农村经营管理,2005(4):15~18

[147] 苑鹏.试论合作社的本质属性及中国农民专业合作经济组织发展的基本条件[J].农业经济导刊,2006(11):114~120

[148] 苑鹏.近年国外合作社理论的发展[N].中国社会科学院院报,2006-03-07

[149] 苑鹏.试论合作社的本质属性及中国农民专业合作经济组织发展的基本条件[J].农业经济导刊,2006(11):114~120

[150] 苑鹏.农民专业合作社联合社发展的探析——以北京市密云县奶牛合作联社为例[J].中国农村经济,2008(8):44~51

[151] 云南省富宁县.富宁县农村信用社农户林权抵押小额贷款实施细则,2009

[152] 云南省富宁县.富宁县林权抵押贷款实施方案,2009

[153] 张春霞.分林到户的家庭承包不应成为禁区:兼论林业生产的大包干责任制[J].林业经济问题,1985(1):17~21

[154] 张春霞.林权改革30年回顾[J].林业经济,2009(1):55~58

[155] 张广智,黎志成.农村合作经济组织发展的思路与对策[J].改革与理论,2003(25):40~44

[156] 张敏新."均山":集体林权制度改革的现实选择[J].林业科学,2008(8):131~136

[157] 张静,支玲.林业专业合作经济组织研究现状及展望[J].世界林业研究,2010(4):65~68

[158] 张明林,付春.集体选择,智猪博弈与农业组织的合作机制研究[J].商业研究,2006(6):202~205

[159] 张晓山.合作经济理论与实践[M].北京:中国城市出版社,1991

[160] 张晓山.浅析农民专业合作组织的发展与农业基本经营制度的创新[J].中国党政干部论坛,2006(6):8~11

[161] 张雪莲,冯开文.农民专业合作社决策权分割的博弈分析[J].中国农村经济,2008(8):61~69

[162] 张智光,陈勇.江苏林业产业发展战略研究[M].北京:中国林业出版社,2004:154~155

[163] 赵保住,冯开文.北美新一代合作社与我国农村合作社实践比较与借鉴[J].新疆农垦经济,2005(12):56~59

[164] 赵翠萍.农民合作,路在何方[J].河南农业,2006(6):32~33

[165] 赵继新.中国农民合作经济组织发展研究[D].中国农业大学博士学位论文,2003

[166] 赵凯.中国农业经济合作组织发展研究[J].北京:中国农业出版社,

2004
- [167] 赵闫春.林业经济合作组织的内部治理研究[J].中国高新技术企业,2010(7):60~61
- [168] 郑丹.农民专业合作社盈余分配状况探究[J].中国农村经济,2011(4):74~81
- [169] 浙江省地方税务局.关于支持社会主义新农村建设有关税收政策的通知(浙地税函[2006]358号)
- [170] 郑风田.制度变迁与中国农民经济行为[M].北京:中国农业科技出版社,2000
- [171] 浙江省丽水市.关于加快金融业改革发展的若干意见,2008
- [172] 浙江省丽水市.推进森林资源资产抵押贷款业务的意见,2007
- [173] 浙江省.农民专业合作社项目申报指南
- [174] 浙江省台州市.农民专业合作社项目申报指南
- [175] 浙江省宁波市.宁波市农村专业合作组织专项资金管理办法(试行),2007
- [176] 曾宪影,李钦.农村合作经济组织是农业领域产业组织的新发展[J].农业经济问题,2000(8):48~51
- [177] 中华人民共和国农业部.2009年农民专业合作组织示范项目指南,2009
- [178] 中国人民银行,财政部,银监会,保监会,林业局.关于做好集体林权制度改革与林业发展金融服务工作的指导意见,2009
- [179] 中华人民共和国农民专业合作社法,2006
- [180] 中华人民共和国农业法,2002
- [181] 中共中央国务院关于深化供销合作社改革的决定,2005
- [182] 中华人民共和国营业税暂行条例,1994
- [183] 中华人民共和国增值税暂行条例,1993
- [184] 中共中央国务院关于推进社会主义新农村建设的若干意见,2006
- [185] 中国人民银行宜丰县支行课题组.江西宜丰县林权抵押贷款情况调查[N].金融时报,2009-05-19
- [186] 周立群,曹利群.商品契约优于要素契约[J].经济研究,2002(1):14
- [187] 左婷,胡新萍,李婵娟.林农合作组织发展中结构性矛盾和瓶颈研究——湖南省浏阳、洪江两市案例[J].林业经济,2011(1):76~81